shindoro
Die Orangenstadt

Zum Buch

*E*ine Stadt erwacht aus ihrem Dornröschenschlaf. Aus langweiligem Stadtgrau wird lebendiges Stadtgrün. Aber das geschieht nicht von alleine. Ein neues Bewusstsein, das erwacht, initiiert die Wandlung. Da ist ein Buchhalter, der von einem Orangenbaum gewissermaßen aus seinem Zahlenreich, in dem er gefangen ist, befreit wird und zu neuem Leben, ja zu einer neuen Ausrichtung seiner Existenz erwacht.

Da ist auch die Tierwelt, die Einzug in die Stadt hält und deren Bewohner zu einer Auseinandersetzung mit ihr zwingt. Das zeigt sich auf eindrückliche Weise am Beispiel der kleinen Anna, die in einen zugelaufenen Kater vernarrt ist und lernt, dass zwischen frei lebenden, so genannten Wildtieren, und Haustieren ein Unterschied besteht.

Aber auch die Tiere selber müssen sich unter ihresgleichen arrangieren. Es gibt keine Gewinner oder Verlierer. Es gibt kein Entweder-oder, es gibt nur ein Miteinander und Nebeneinander in für alle Beteiligten neuen Verhältnissen. Und da profitieren trotz aller Konflikte, die es manchmal gibt, aber natürlicher Natur sind, letztlich alle. Hat der Mensch allein Kultur? Die Frage mag man sich neu stellen.

Bislang sind Hunderte von Tierarten in unseren Städten nachgewiesen, die da wild leben, also keine Haustiere und freiwillig zugezogen sind. Es sind Einwanderer, die in den Ballungen neue Formen der Nahrungsbeschaffung und des Unterschlupfs gefunden und sich an Menschen gewöhnt haben. Ursprüngliche Grenzen zwischen Mensch und Tier, aber auch unter den Tieren selber, sind aufgehoben, Bereiche, die ursprünglich getrennt waren, überlagern und durchdringen sich.

Die Erzählung lebt von Witz und Situationskomik. Es ist eine Geschichte über die Stadtfauna. Sie möchte beim Leser die Neugier wecken, unsere Tiere, die mit uns auf engstem Raum leben und oft nicht mal als Untermieter bemerkt werden, besser zu beachten und vielleicht sogar mehr über sie zu erfahren. Viele Fakten aus der Biologie der Protagonisten sind in die Geschichte eingeflossen. Auch da vermengen sich Fakt und Fiktion.

Zum Autor

shindoro (1946) ist ausgebildeter Biologe. Nach Jahren verschiedenen Engagements im Umweltbereich in der Forschung und der Mitarbeit in Firmen zur Verbreitung von Produkten aus der nachhaltigen Produktion sowie im Unterrichtswesen widmet er sich heute vorwiegend künstlerischen Aktivitäten: Bildern, Grafiken, Filmen, Musik und der Schriftstellerei. Natürlich fließt vieles aus seinen Erfahrungen in seine Kunst. Er lebt und arbeitet am Bodensee in der Schweiz.

shindoro

Die Orangenstadt

Eine Erzählung

IMPRESSUM

© 2012 shindoro
Herstellung und Verlag:
BoD – Books on Demand, Norderstedt, Deutschland
Covergestaltung durch den Autor
ISBN: 978-3-8482-2182-0
http://www.bod.ch
http://www.shindoro.jimdo.ch

Allen migrierenden Tierarten, die aus ihrer Heimat
Verfrachtet werden und ihr Glück in neuen Biotopen
Suchen

*W*as immer die Geschöpfe hier auf der Erde sind – Tiger, Löwe, Wolf, Wildschwein, Wurm, Schmetterling, Bremse oder Stechmücke – sie alle bestehen als Sein fort. Was auch immer diese sensible Essenz ist, das gesamte Universum besteht aus ihr. Sie ist die wahre Wirklichkeit, sie ist die große Seele. Sie ist Du.

Chandogya-Upanischad, Khanda 10

*J*edes Wesen ist wie ein lebendes Wort, das seine eigene Bedeutung hat; während die Erde wie eine Rede ist, die den Sinn aller Worte enthält. Die Menschen und die Tiere können nur als die Verben der Rede betrachtet werden. Ihre Komposition bringt einen höheren Sinn zum Ausdruck, als es das einzelne Wort an sich tun könnte.

Gustav T. Fechner

DER GEIST DER RABEN

*W*ären Aliens oder sonst Ortsfremde in ihren Raumschiffen per Anhalter durch die Galaxis oder auch anderswie über diesen Flecken Land geflogen, hätten sie sich wahrscheinlich gefragt, was dieser Haufen rötlicher oder bräunlicher Steine inmitten einer sonst grünen Landschaft, und noch an einem See gelegen, unter ihnen bedeutete. Sie wären der Neugier halber auf Tiefflug gegangen. Dann allerdings hätten sie die Steine als Häuser identifiziert. Die Ziegelsteinwüste war eine Stadt, wie es sie zu Hunderten gibt. Darin hausten Menschen, die offenbar an lebloses Grau gewohnt waren. Zu ihnen gesellten sich auch ebenso graue und langweilige Tauben, die die Stadt immer wieder bombardierten, weswegen man von Zeit zu Zeit Schüsse über die Dächer hinweg peitschen hörte, so dass das eine oder andere graue Flugobjekt zum Absturz gebracht wurde. Vielleicht beherbergte sie auch noch ein Naturreservat für die Steinlaus, die von Loriot entdeckt wurde und vielleicht dereinst die Stadt rübis und stübis, urbis et orbis in Gesteinsmehl verwandeln würde, wie Termiten in New Orleans Holzhäuser zu hochwertigem Sägemehl verarbeiten. Und sie wäre vielleicht auch in ihrer Unbedeutsamkeit und Langeweile ungebrochen verharrt und in ihrem Sosein für die nächsten Hunderten oder Tausenden von Jahren versteinert worden. Die unvermeidliche Schuttablade der Zeit hätte sie tief unter sich begraben, bis vielleicht findige Archäologen sie wieder ans Tageslicht gebracht und als Beispiel einer Zeitepoche beschrieben hätten, die sich durch Fantasielosigkeit, Gewohnheitstrott und einer Wirtschaftsdiktatur ausgezeichnet, die die Gesellschaft maßgeblich diktiert und anders Denkende vor die Tür gesetzt, die Einwohner schließlich krank gemacht, sie getötet und eine Geisterstadt geschaffen hatte.

Vielleicht wäre es wirklich so geschehen, wenn… ja wenn nicht eines Tages doch bestimmte Vorkommnisse diese Stadt und ihre Bewohner noch rechtzeitig aus ihrem dumpfen Schlaf aufgeweckt hätten. Vorwegnehmend sei erwähnt, es waren keine Aliens oder Raumfahrer, keine Außerirdischen darin involviert. Es waren… Aber genau davon handelt die Geschichte.

Vielleicht sind Bäume oder Felsen nicht die einzigen Nistmöglichkeiten, die geeignet sind, den Nachwuchs aufzuziehen. Und wenn es denn solche sein sollten, könnten doch auch Imitationen taugen. Warum also vermögen das nicht auch künstliche Felsen zu sein, die zum Beispiel in städtischen Agglomerationen von Menschen geschaffen wurden? In luftiger Höhe gibt es Simse, Vorsprünge oder Vertiefungen in Mauern und Zinnen, welche den natürlichen Gegebenheiten ziemlich nahe kommen. Das Kolkrabenpärchen mochte so gedacht haben, als es über der Agglomeration segelte. Aus großer Ferne mag es gekommen sein, vielleicht weit westlicher, viel weiter als dort, wo hinter den Bergen Schneewittchen und die sieben Zwerge leben. Dann stürzte es hinab auf einen Kadaver auf der Zufahrtstraße zu einem Randquartier der Stadt. Der lebhafte Verkehr, da herrschte, forderte seine Opfer. Sie bissen ins Aas und rissen die köstlichen Happen mit ihren Schnäbeln und schlangen sie gierig hinunter. Auch Verwandte kamen, wohl angelockt von ihnen, die schon zuerst da waren. Rabenvögel orientieren sich gerne nach ihresgleichen, wenn deren kreischende Gegenwart ihnen eine Futterquelle signalisiert. Dann muss allerdings eine gewisse Hackordnung eingehalten werden, die lautstark und mit Schnabelhieben bekannt gegeben wird, sollte sich einer über dieses nicht im Klaren sein. Es reichte für alle. Dann flog das Pärchen zum entdeckten Plätzchen den Nachwuchs vorzubereiten.

Menschliche Siedlungen versprachen im weiten Umkreis genug Futter und eben auch unkonventionelle Brutplätze. Die Menschen wussten nicht, dass sie ihnen diesbezüglich ungewollt Schützenhilfe leisteten, als sie die Gebirge aus Stein und Beton entstehen ließen. Sie mussten nicht erst von einem wild wuchernden grünen Dschungel gefressen werden, ehe sich nichtmenschliche Wesen hier einquartieren konnten, um von den Hinterlassenschaften einer ehemals blühenden Zivilisation zu profitieren. Solches geschah aber in tropischen Städten, in den Anden oder beispielsweise in Indien, wo eine blühende Stadt im Urwald zerfiel. Er hatte sie vollständig verschlungen. Als spezieller Mischbiotop wurde der Ort Heimstätte von Affen, Schlangen, Raubkatzen, Raubvögeln, Insekten und alles Mögliche an Getier und Pflanzen. Für die Menschheit geriet die Ruinenstadt infolge für Jahrzehnte- oder gar Jahrhunderte in Vergessenheit, bis das Dschungelkind Mowgli, der durch widrige Umstände sich im weiten Urwald verlor, dort allein unter den tierischen Bewohnern aufwuchs und erst im Erwachsenenalter in die entfernte Zivilisation zurückfand. Durch seine Memoiren im Dschungelbuch hatte er die Erinnerung an die lange vergessene Zivilisation wieder ins Bewusstsein der Menschheit gebracht.

Die beiden Kolkraben überflogen die Steinwüste unter sich, bis sie ein graues Gebäude, dessen Gestalt und Größe ziemlich auffällig waren, erreichten. Ein Mauervorsprung zuoberst unter dem Giebel, gut geschützt durch das vorstehende Dach und nicht besetzt von Konkurrenten, war eine gute Wahl. Das war ihre Destination, da wollten sie sich installieren. Eine grandiose Aussicht über einen beachtlichen Teil der Stadt, eine Übersicht über ihr Revier war ihnen geschenkt. Aus der Region holten sie in zahllosen Flügen Nistmaterial und Futter in ihren Horst. Raben achten wie Menschen auf das Tun ihrer Artgenossen, nach dem Motto: *Die Konkurrenz schläft nicht.* Vielleicht wurden sie wirklich von ihresgleichen beobachtet, denn andere suchten am gleichen Felsen ebenfalls einen Horst einzurichten. Sie versuchten nicht nur, sie taten es auch. Gute Ideen machen Schule, so wurden mehrere Plätze belegt und verteidigt.

Vielleicht ging es bei den Zuzüglern ja nicht nur um geeignete Horste, vielleicht waren noch andere Hintergründe mit entscheidend, dass sie Rathaus und Kirchturm wählten. Vielleicht wollten sie mit ihrem Geiste Einfluss nehmen auf jene, die in diesen Gebäuden das Sagen hatten. Denn unbestritten war, dass sich in der Folgezeit ihres Erscheinens ein unübersehbarer Wandel abzuzeichnen begann.

MIMIKRIE

*E*s waren wieder jene warmen frühsommerlichen Tage, deren Nächte kürzer traten und die einerseits mehr Vitalität und ein gehobenes Lebensgefühl versprachen, andererseits manchmal auch wieder ob der höheren Temperaturen bald mal schlapp und müde machten, sodass man sich gerne in ein kühles Loch verkroch. Eben in einem solchen nächtigte ein Gast, der dort die angenehme Kühle für sein nächtliches Lager gesucht hatte. Angenehm gewiss für den, der die Nacht zum Jagen nutzen konnte. Aber zu ihnen gehörte er nicht.

Langsam drang nun das frische Morgenlicht herein und vertrieb die Schwärze der Nacht. Zeit war es, sich aufzumachen, den neu beginnenden Tag zu begrüßen und sich nach Futter umzusehen.

Kasimir kroch aus seinem Loch. Das Loch gehörte zu einer Werkstatt, beziehungsweise zu einer Räumlichkeit, die das einmal war und altershalber in Pension ging. Sie diente nur noch als Materialkammer und hatte eine zerbrochene Scheibe im Oberfenster, die bislang niemand repariert hatte. Ungeschoren konnte sich Kasimir hinein und hinaus bewegen, sich drinnen unter das Gerümpel verkriechen, wo niemand ihn suchte. Nur hin und wieder kam ein Zweibeiner in seine Nähe, suchte irgendwas, fand es offenbar und machte sich wieder davon, ohne auch nur im geringsten genauer hinzuschauen, ob sich nicht fremdes Volk in der Rumpelkammer eingefunden hätte. Im Winter bot diese Unterkunft für obdachlose Kater eine willkommene Bleibe, solange sie sich ruhig und lautlos verhielten.

Kasimir schlich um Hausecken, horchte und forschte nach Mäusen, die sich irgendwo in Verstecken überraschen lassen könnten. Manch eine wurde Opfer seiner Jagdkunst. Er konnte sich allgemein über das Nahrungsangebot, selbst über einige Leckerbissen nicht beklagen. Eine dicht bewohnte Siedlung hat es in sich. Nicht nur für ihn. Kasimir war neugierig, begierig darauf, neue Gründe auszukundschaften, um sich neue Energiequellen zu erschließen, aber sich im Fall der Fälle auch Rückzugsmöglichkeiten offen zu halten oder für einen plötzlichen Umsiedelungszwang gewappnet zu sein. Er war alles andere als ein Schmusekater. Anpassungsfähigkeit und Neugier waren seine ständigen Begleiter. Dazu unterstützten ihn wache und gut entwickelte Sinnesorgane. Seine Streifzüge führten ihn durch innerstädtische saftige und für ihn ergiebige Parks, manchmal aber auch aus der Steinwüste hinaus. Nicht selten nächtigte er dabei auswärts, wenn seine Abenteuer ihn weit genug vom gewohnten Nachtlager trennten. Ansprüche stellte er keine. Das Urbane war für ihn kein Zwang. Er liebte die Abwechslung, die Vielfalt der Biotope, auch wenn nicht alle natürlichen Ursprungs waren. Nach seinen oftmals turbulenten Ausflügen kam er gegen Abend oft müde und abgeschafft zu seinem Nachtlager zurück, aber mit Katerglück in seinem Herzen.

Kasimir war jetzt wieder auf seinem Heimweg, zu seinem Loch. Die Sonne schickte sich an unterzugehen. Die Schatten machten sich im steinernen Tal langsam breit. Seine Schleichwege hatten ihm tagsüber viele erhoffte Trüffeln beschert. Wenn er noch weiter schlenderte, ehe er sich definitiv zur Ruhe legen wollte, so weniger, weil der Hunger ihn drängte, sondern vielmehr übernahm die Neugier gepaart mit etwas Abenteuerlust das Zepter. Er strich der Hausmauer entlang, spähte da und dort in ein vergittertes Loch an der untersten Kante zur Talsohle des senkrecht aufstrebenden Betongebirges.

„Dass die Zweibeiner auch nur solch künstliche Alpen bauen müssen, worin sie wohnen, und hier unten lauter Gefängniszellen mit verbarrikadierten Fenstern, dass unsereiner Mühe hat durch die Maschen hindurch zu schlüpfen, wo doch das Fenster ansonsten offen steht!", dachte Kasimir.

Jedoch schätzte er natürlich die vielen Vorteile für seinesgleichen. Unterschlupf, Nahrung, Spielzeuge und auch Damen, wenn ihm der Sinn danach stand. Das alles war ihm wichtig, dafür nahm er auch manch Unbill in Kauf, wenn eine temporäre Unterkunft nicht dem Luxussegment angehörte. An Balgereien ist er sich von klein auf gewöhnt, bringt nicht nur Ärger, sondern mitunter auch Abenteuer, Freunde, nicht nur Feinde. Gut, ernsthafte Feinde kennt er nicht, eher manchmal Gegner oder Rivalen, die ihm irgendwas streitig zu machen versuchten. Szenen des Augenblicks, kaum Dauerzustände. Er ist nie nachtragend. Ist es unter den Zweibeinern darum besser bestellt? Genügend Gekreisch, Schimpfen und Fluchen, oftmals Lärm von zerbrochenen Gläsern oder Geschirr, zuschlagenden Türen musste er mit anhören, wenn ihn seine Aktivitäten in die Nähe der Menschen brachten. Ihre Lautäußerungen waren leicht zu interpretieren, auch wenn er kein Wort verstand. C'est le ton, qui fait la musique!

Ein edler Kater war er. Sein Fell von mittelbrauner Farbe mit rötlichem Touch war weich, zum Kuscheln wohlig wie die Wolle aus Kaschmir, aber Kasimir war von hier, ein Kater von der Straße, ein edler Straßenkater, was keine Abwertung ins Gewöhnliche und Unbedeutende bedeutete, denn er war *der* Kater. Die Zweibeiner würden eine solche Person als eine Person mit Charisma bezeichnen. Er genoss die Achtung der andern Katzen, ja manchmal sogar der Hunde oder anderer artfremder Wesen. Er wurde sogar berühmt, doch davon später.

Kasimir hatte das Ende der geschlossenen Häuserreihe erreicht. Eine große Lücke klaffte, ehe die Wohnbunkerkolonne weiter führte. Früher waren hier auch noch Häuser gestanden, nun mehr ein potentielles Grundstück für neue Gebäude zu welchem Zweck auch immer. Der Platz war leer, nein nicht ganz. Niemand schien sich um diesen Fleck zu kümmern außer solchen, die gerne ihren Wohlstandsüberschuss hierher verschenkten. So wurde die Halde nach und nach ein Stück weit mit Food und Nonfood aller Art aufgefüllt, als befände man sich in Neapel und durchaus nicht immer mit Wohlgerüchen gesegnet. Gleichzeitig wurde sie von temporären oder gar permanenten Bewohnern in Beschlag genommen. Die auffälligsten Neusiedler waren Vierbeiner. Man hörte sie manchmal quietschen, schreien, bellen, fauchen, wenn zuweilen Raufereien um Futter, Schlafplätze oder brauchbare Objekte ausgefochten wurden.

Kasimir wusste, dass es sich lohnte, hier ab und zu vorbei zu schauen, ob vom Abfallreichtum nicht was Gutes für ihn abfiele. Er näherte sich dem erst besten Haufen, stocherte mit seinen Vorderpfoten vorsichtig herum, stieg auf eine kleine Krete aus Karton, Papier und Büchsen, steckte seine Schnauze in etwas Fressbarem, spuckte es aber gleich wieder aus, eine Magenverstimmung wollte er sich gewiss nicht holen. Dann packte er eine Dose, warf sie in die Luft, sprang auf sie, als wäre sie eine fette Beute, ließ sie mit einem Kick über den Boden scheppern, aber nicht ehe er den Inhalt, der in beachtlicher Menge ausfloss, beschnupperte, um dessen Trinkfähigkeit zu testen. Die braune Flüssigkeit war lecker. Genüsslich leckte sie Kasimir auf, wusch sich die Schnauze förmlich darin. Die Cola musste nicht lange hier gelegen haben, stammte von einem Zweibeiner vielleicht, der möglicherweise hier herumgelungert war und das Getränk weggeworfen oder im Streit mit einem andern verloren hatte.

Kasimir schlürfte den Rest auf, warf die Pfote mit Wucht gegen die Dose und schmetterte sie weit von sich. Offensichtlich hatte er dabei jemanden erschreckt, denn dort, wo sie hinfiel, bewegte sich etwas. Kasimirs scharfe Sinne gingen sofort auf Empfang. Seine Augen suchten nach Details, seine Ohrenmuscheln drehten sich in die gleiche Richtung wie die Schüsseln auf den Balkonen oder auf den Dächern der Menschen, um Signale in bester Qualität zu orten. Natürlich, ein kleines Etwas lugte aus den Abfällen hervor, aus seinem Versteck, das offenbar vom Aufprall der Dose getroffen wurde. Der Kater duckte sich, sodass er gerade noch das Objekt seiner Aufmerksamkeit sehen konnte, aber umgekehrt verborgen blieb. Vorsichtig und langsam kroch er voran, auf dem Bauch wie Politiker vor mächtigen Staatspräsidenten, von denen sie ein profitables Geschäft für den Clan, den sie vertreten, erhoffen. Das Etwas schöpfte keinen Verdacht, es zog seinen Kopf wieder ein, nur sein Schwanz winkte hin und wieder aus dem Abfallberg heraus.

Kasimir vermochte in ausreichender Deckung voran zu pirschen. Und das tat er mit Bravour, ohne jemals eine Rekrutenschule besucht zu haben, die ihm das eingedrillt hatte. Lerning by doing, klar mit gelegentlichen Misserfolgen zu Beginn seiner Karriere. Aber davon ist man allerdings nie jemals gefeit. Er dachte sich eine Strategie aus. Wenn er den kleinen Berg aus Karton, Papier und undefinierbarem Gerümpel umschleicht, wird es ihm möglich sein, die fette Maus von hinten zu überraschen. Mit aufs Äußerste gespannten Sinnesorganen umrundete er erfolgreich das Hindernis und wartete auf den richtigen Augenblick. Jetzt konnte er sie aus seiner Deckung heraus beobachten. Ahnungslos knabberte sie an etwas Essbarem oder was sie dafür hielt, indem sie es mit ihren Vorderpfoten festhielt, genau so wie die Menschen es auch tun, wenn sie unzivilisiert essen. Ihre feinen Schnauzhaare zitterten nervös während ihrer schnellen Kaubewegungen. Dann und wann hielt sie inne, blickte kurz um sich, ihre Ohren bewegten sich dabei ebenfalls nach verschiedenen Seiten, denn sie könnten jederzeit bedrohliche Signale gewahren. Dann fraß sie weiter, als nichts dergleichen sich zeigte. Sie war offensichtlich in der Lage, rasch und zuverlässig zwischen Gefahr und Harmlosigkeit zu unterscheiden, sonst hätte sie nach dem Einschlag der Aludose Hals über Kopf das Weite gesucht.

Keine Zeit zu verlieren, der Augenblick war günstig! Die Sprungfedern spannten sich bis ans Limit. Und jäh entluden sie sich, Kasimir warf sich aufs Ziel. Schon wollte er *Goal!* schreien, aber Pech, die Maus nicht weniger reaktionsfähig, schoss wie ein Pfeil gerade rechtzeitig vom Fleck und ließ zwangsläufig einen Teil ihres Schmauses fallen, worauf Kasimir landete, als hätte er es auf diesen minderwertigen Fraß einer beschissenen Maus abgesehen.

Diese verschwand in ein sicheres Versteck, in eine grüne Flasche, deren Hals groß genug war, um der Flüchtenden Durchschlupf zu gewähren, aber natürlich zu klein für einen Katerkörper. Andererseits gleichzeitig ein sicheres Gefängnis für die Maus, wie sie zu ihrem Ärger feststellen musste. Kasimir war erst erzürnt, erkannte aber gleich die neuerliche Chance für den Jäger. Siegesgewiss postierte er sich vor dem einzigen Fluchtweg für die Eingeschlossene, schnurrte zufrieden und klopfte demonstrativ mit der rechten Vorderpfote aufs Glas. Zu groß war leider der gläserne Käfig für den Wächter draußen vor der Tür und außerdem im Abfallallerlei fest eingeklemmt. Keine Chance ihn frei zu rütteln und die Maus aus ihrer Einzelhaft gewinnbringend zu befreien. Warten und Cola trinken. Doch die war längst schon alle.

„Hallo Mäuschen!", rief Kasimir nach einer Weile in die Flasche, während er stolz posierte, seinen berühmten Katzenbuckel machte und den Schwanz hoch hob, um noch größer und mächtiger zu erscheinen als er ohnehin schon war. Das Machogehabe ist nicht nur bei Prominenten diverser Branchen und der Mafia zu finden. „Wie lange geht's, bis dir die unerträgliche Einsamkeit des Gefangenseins verleidet? Tut mir leid, dich beim Essen gestört zu haben, soll ich dir was Feines holen? Komm zu mir, Schätzchen, ich will dich füttern! Was denkst du?", spottete Kasimir.

„Oh, danke der freundlichen Nachfrage! Kein Problem!", erwiderte die Maus, die sich ganz ins hintere Abteil begeben hatte. „Ich habe für einige Tage auf Vorrat gefressen. Dein eigener Hunger wird dich früher von deiner aussichtslosen Belagerung meiner Hochburg vertreiben, als der Tod mich holen wird, und der unerträglichen Leichtigkeit deines Seins ein grausiges Ende setzen! Tut mir leid, dir einen fetten Schmmaus vermmust zu haben!", revanchierte sich die Maus, während sie die M demonstrativ gedehnt aussprach.

„Wir sind doch per Naturgesetz für einander geschaffen oder?", gab Kasimir nicht auf. Ihm gefiel das Spiel, gehörte zu seinem Jagdritual.

„Also komm, Mmäuschen, es bleibt dir gar keine andere Wahl. Ich verstopf dir den Ausgang, dann wirst du jämmerlich ersticken. Schade doch um eine so edle Mmaus!", äffte er die Angesprochene nach.

„Hahaha! Da kannst du lange warten! Ich und meinesgleichen haben dieses Gesetz, von dem du sprichst, nie ratifiziert. Übrigens, in Luftanhalten habe ich die Olympia Goldmedaille gewonnen, nehm's mit einem Wal auf! Du wirst früher verhungern und schlapp machen. Gib lieber auf, rette deine eigene Haut! Wisse, Biologie war mein Lieblingsfach und mein Steckenpferd dabei die Feliden und Kaniden, wie man sie austrickst!", höhnte die Maus.

So betrieben sie eine Weile ihr Pingpong von Spott und Gegenspott und dann schwiegen beide.

Die Maus hatte sich hingelegt, die Augen und Ohren der Öffnung zugekehrt. Ebenso legte sich der Kater hin, seine Sinne ebenfalls auf den einzigen Ausgang gerichtet. Ihn wollte zeitweise die Müdigkeit überfallen, war er doch den ganzen Tag auf Trab gewesen. Sein Gehirn ließ ihn aber wach bleiben, das eifrig nach einer List sann, wie er der Maus habhaft werden könnte. Dem Reiz dieses Schachspiels konnte er nicht widerstehen. Wie Mückenschwärme schwirrten viele Ideen durch den Kopf, aber die meisten verwarf er als unbrauchbar bis auf eine, an die er sich sofort klammerte. Dann überlegte er eine Strategie zu deren Umsetzung. Er erhob sich und drückte seinen Bauch dicht an den Flaschenhals, um sie gleichsam zu verschließen. Mit den ausgefahrenen Krallen der Vorderpfoten trommelte er so kräftig wie möglich gegen das Glas. Aber außer Energieverlust brachte es nichts, nicht mal den billigsten Kratzer auf dem Material, nur das schrille Hohngelächter in den oberen Tonfrequenzen aus der hintersten Ecke im Innern. Dennoch, ein aufmerksamer Zuhörer hätte einen leisen Unterton der Verzweiflung aus dem Gehege der spitzen Mauszähne gehört. Auch ihre Lage war nicht gerade rosig. Ein wenig Selbstvorwürfe machte sie sich schon, etwas gar kopflos mit dem Rücken zur Wand geraten zu sein. Ihre Zähne waren ebenso wenig geeignet das Material aufzubrechen wie die Krallen des Katers. Aber auch ihr Gehirn arbeitete und sie kratzte alle Schlauheit der ganzen Nagerevolution zusammen, um daraus eine Leben rettende Strategie, auf ihre persönlichen Umstände anwendbar, herauszudestillieren.

Kasimir gab es auf, die Flasche zu bearbeiten. Er spielte bereits mit dem Gedanken das Kater- und Mausspiel aufzugeben. Schließlich haben andere Mütter auch noch leckere Mäuse in die Welt gesetzt. Ihm ging es ja mehr um Abwechslung und weniger um ein gediegenes Abendbrot. Er wollte eben wegziehen, ohne die Inhaftierte weiter zu beachten, als deren Stimme erneut an sein Ohr drang. Da hatte sie seine Aufmerksamkeit wieder.

„Machen wir einen Deal?", rief sie.

Oh, das war nun wirklich was Neues. Und der Ton klang gar nicht nach Verzweiflung, im Gegenteil selten selbstsicher. Nicht doch zu selbstsicher für ein so kleines Ding wie eine Maus vis-à-vis des Katers und dazu noch Kasimir? Was verbirgt sich dahinter? Was führt sie im Schilde?

„Was für ein Deal?", fragte er neugierig und argwöhnisch zurück.

„Ganz einfach: Du lässt mich raus und dann darfst du mich fangen!"

Hoppla, das ist ja noch schöner!

„Hört, hört, eine Beute, die sich freiwillig ergibt! Gibt's doch nicht! Widerspricht dem Naturgesetz von Katz und Maus. Aber du sagtest ja, es sei nie von euch ratifiziert worden."

Zu neugierig war er, um nicht auf dieses ungewohnte Ansinnen einzutreten. So war Kasimir einverstanden.

Er trat ein wenig von der Flasche zurück und gab so die Öffnung frei. Die Maus ließ sich offenbar Zeit, trottete langsam und gemütlich, als befände sie sich auf einem romantischen Abendspaziergang in einer lauen Sommernacht, zum Ausgang, hinter dem die Freiheit auf sie wartete und daneben Kasimir, gespannt wie eine Feder, um sich unverzüglich auf sie zu stürzen, sobald auch nur das winzigste weiße Bisschen von der Maus aus dem runden Loch käme. Die letzten Zentimeter vor der frischen Luft machte die Maus Halt. Zum Teufel! Welches Spiel trieb sie? Zermürbungstaktik? Eine bis ans Limit gespannte Feder verpufft ihre Energie ins Leere, wenn die Spannung sich zum falschen Zeitpunkt entlädt. Das wusste nicht nur der Kater, sondern offenbar auch die Maus. Kasimir machte es sichtlich nervös. Seine Muskeln begannen leise zu zittern. Sein Schwanz peitsche in Angriffsbereitschaft wild hin und her und sein Hinterteil vibrierte. Er fühlte sich wie ein Sprinter, der im Startloch vergebens auf den erlösenden Schuss wartet, der doch eigentlich laut

Countdown eben jetzt kommen müsste. Die Spannung riss und zerrte ungeduldig an den Nerven von Kasimir, aber auch an der Maus. Wie zwei Duellierende aus *Spiel mir das Lied vom Tod* standen sie sich gegenüber, nur durch wenig Glas voneinander getrennt. Keiner durfte dem andern eine Gelegenheit zu einem Vorteil zuspielen. Bewegungslos mussten sie die Nerven des andern bis an die Grenzen treiben und dann losschlagen. Nicht ein einziges Schnurrbarthaar an der Schnauze durfte innere Nervosität verraten. Kasimir konnte nur unter größter Anstrengung ein Fauchen unterdrücken.

Spiel ihm das Lied vom Tod! sang es in der Maus.

Tod, spiel ihr dein Lied! klang es im Kopf von Kasimir.

Aber keiner ließ es nach draußen dringen. Die Mundharmonika, ihre dramatischen Klänge dieses melancholischen Instruments, auf den Höhepunkt gesteigert, würde sich gut machen, würde die Emotionen zum Explodieren bringen, würde die Erlösung auslösen. Ennio Morricone wusste, was er tat.

Und dann schoss sie urplötzlich hinaus, stoppte aber ebenso überraschend wieder, als wäre sie gegen eine undurchdringliche Mauer gedonnert. Kasimir verdutzt, sprang und landete unmittelbar hinter der Maus. Im Normalfall wäre es für ihn, den geübten Meister der Mäusejagd ein Leichtes gewesen nochmals hoch zu springen wie ein Gummiball, der durch die eigene Elastizität vom Boden abprallt, um die Beute doch noch zu erwischen. Aber dieser Mäusefall wich von der Norm ab, eine Ausnahme, die die Regel bestätigte. Kasimir verschlug es förmlich den Atem, mehr noch, er war völlig blockiert, als sei auch er gegen eine Mauer gerannt. Handlungsunfähig federte er nur noch passiv im Leerlauf einige Male auf und ab und stoppte schließlich. Das Hohngelächter der Maus brachte ihn in die Katerrealität zurück, jedoch diese hatte zwischenzeitlich Reißaus genommen und spazierte dann seelenruhig weiter. In einiger Entfernung blieb sie stehen und blickte zu ihm zurück. Auch Kasimir blieb, wo er war, nahm keine Verfolgung auf.

„Ich heiße Edelweiß, eine Tochter aus gutem Hause, freut mich dich kennen gelernt zu haben. Nimm's mir nicht übel, aber ça c'est la vie!", rief sie dem Jäger zu, drehte sich, rannte davon und verschwand im undurchschaubaren Abfalldschungel.

Kasimir gewahrte es erst jetzt so richtig bewusst. Er fühlte sich förmlich eingelullt in eine Wolke übel riechenden Gestanks, der eindeutig von der Maus herrühren musste. Ein Hammerschlag gegen seinen Geruchsinn war es, der ihn völlig lähmte. Wo hatte er ihn nur all die Zeit gelassen? Hätte er dies früher gewahrt, wäre er wohl kaum auf die Idee einer Belagerung gekommen. Ein prüfender Blick in die Flasche klärte ihn auf. Sie hatte in einer Pfütze gebadet, einem Cocktail widrigsten Geruchs, verursacht durch ein Gemisch aus Urin, misslungenem Deodorant, meinetwegen Wein vom Schattenhang mit ungeeigneter Bodenqualität, Zugaben von was-weiß-ich für Chemikalien aus der Pharma- und Agrochemie. Dieses Biest muss mit allen Wassern und Wässerchen gewaschen sein, dass ihr dies nichts ausmachte. Aber es brachte ihr darüber hinaus eine List zur Flucht. Diese hinterlistige Maus, das Hinterste und Letzte! Wer weiß, vielleicht heißt sie ja nicht zufällig Edelweiß.

„Nimm's cool!", tröstete Kasimir sich selbst und tippte sich mit seiner rechten Vorderpfote auf die Stirn. „Erfolge lassen sich ebenso wenig exakt programmieren wie das Wetter von den besten Meteorologen. Was ist denn schon 1% Fehlerquote in deiner Jagdkunst? Die besten Wetterhexen und Wetterhexer leisten sich in ihren Aussagen eine Fehlerquote bis zu 15%. Da bist du noch lange auf Vordermann! Andererseits, wie sagte Mama doch immer: *Trink nie vor dem Essen!* Aber warum in aller Welt müssen die Zweibeiner diese starken und leckeren Getränke einem um die Schnauze streichen, da kann doch unsereiner nicht nein sagen! Ist wie ein Naturgesetz!", plapperte Kasimir vor sich hin und machte Feierabend für diesen Tag. Unvermittelt suchte er sein Wigwam auf und legte sich zur Ruhe. Andere Tage endeten manchmal in gerissenen Partys und Ausschweifungen. Dann folgte der Katzenjammer und am Morgen stellte sich notgedrungen der Kater ein, wenn er nicht selber einer wäre.

Edelweiß war nicht allein. Sie hatte eine Schwester. Die hieß Edelschwarz. Präfix Edel gaben sie sich selber, sie wollten sich ihrer edlen Abstammung bewusst bleiben. Ihrem Selbstbewusstsein, das aber nie zu einer Überheblichkeit ausartete, waren sie dies schuldig. Edelschwarz war von Natur aus genauso weiß wie Edelweiß. Edelhaar war ihr ursprünglicher Name. Denn ihre Haare neigten leicht zur Struppigkeit, was ihr aber durchaus kein unansehnliches Äußeres bescherte, im Gegenteil, es passte genau zu ihrem temperamentvollen, neugierigen und mutigen, manchmal gar draufgängerischen Wesen, wogegen Edelweiß bedächtiger, etwas langsamer, dafür in allen Wagnissen vorsichtiger war. Beide Temperamente haben ihre Vor- und Nachteile. Aber sie ergänzten sich ausgezeichnet.

Eines Tages kam Edelhaar über und über verschmutzt nach Hause, als habe ein Anfänger unter den Malern seine vermeintliche Kunst an ihr ausprobiert und ein angehendes Gemälde tüchtig verpfuscht. Ihre natürliche Farbe war beinah völlig übertüncht.

„Du bist ein unglaublich schmutziges Ding, weißt du das? Warum musst du deine Federn auch immer in der schwärzesten und stinkigsten Brühe aus Dreck und Motorenöl baden? Was sollen denn die Mäuseriche von dir denken? Musst dich nicht wundern, wenn sich dir keiner annähert!", schimpfte Edelweiß ihre Schwester aus, als sie sie so richtig extrem herausverschmutzt ansah.

Edelhaar lachte nur und schüttelte verständnislos den Kopf.

„Ich habe keine Federn, liebes Schwesterchen. Gefällt dir mein Fell nicht...?"

Edelweiß fiel ihr ins Wort:

„Siehst du, deine scheußliche Schminke greift meinen Geist an und wird ihn auf die Länge zerstören!"

„Ich kann doch nicht täglich in Glanz und Seide herumlaufen, und jedes einzelne Härchen beaufsichtigen, dass es ja kein Staubkörnchen erwischt, um den Männern und dir zu gefallen!", protestierte Edelhaar und fuhr fort: „Sieh dich doch um! Leben wir im reichen Wohlstandsviertel, wohin kein billiges Stäubchen schneien kann? Schlafen wir in Kuschelnestern wie die dicken, verwöhnten, verfressenen und kaum mehr bewegungsfähigen Katzen und unseresgleichen in den goldenen Felsen der reichen Zweibeiner? Zugegeben, von solchen Katzen müssten wir uns kaum mehr in Acht nehmen, da sie unsere Art längst vergessen haben, geschweige denn noch wissen, wie uns zu fangen. Motorenöl ist das beste Antiparasitenmittel, das solltest du doch auch bemerkt haben oder ist dir das bislang entgangen? Außerdem bin ich in der Schwärze der Nacht besser getarnt als du, wenn ich in eine dunkle Nische flüchten muss. Dazu kommt noch, dass mich eine Katze sowieso nicht frisst, wenn ich so stinke, wie du meinst. Du solltest dich ebenfalls parfümieren, dass sie auch dich verschmähen. Warum, glaubst du, werden Spitzmäuse verschont und wenn eine dennoch zwischen die räuberischen Zähne gerät, verlässt sie das Gehege ebenso rasch wieder?"

Fortan nannte Edelweiß ihre Schwester Edelschwarz, was dieser sogar gefiel, sodass sie sich selbst so bezeichnete, wenn sie jemandem ihren Namen sagte.

Was die Verteidigung angeht, hatte sie natürlich Recht. Edelweiß hatte die Idee ihrer Schwester eigentlich gar nicht so daneben gefunden. Und so hatte auch sie sich zu parfümieren begonnen, wenn auch nicht mit Motorenöl. Und just mit diesem Trick konnte sie sich aus einer Notsituation retten. Nichtsdestotrotz war sie in großer Sorge um Edelschwarz, fürchtete sie doch, ihre Schwester könnte sich eines Tages vergiften, wenn sie ihrem Temperament so gedankenlos nachgäbe und überhaupt sich einst ernsthaft gefährden. Es täte ihr Leid ihre bis dahin treue Gefährtin zu verlieren. Sie hoffte, dass ein künftiger Lebenspartner und die damit verbundene Familie sie mäßigen würden, ohne dass ihr Temperament verloren gehen müsste. Dass die Sorge nicht unbegründet war, zeigte sich auch darin, dass Edelschwarz begann Zigarettenstummel aufzusammeln und zu Ende zu rauchen, sofern sie noch etwas Glut enthielten. Sie klemmte sie zwischen die

Zähne, sog die Luft ein und blies den bläulichen Nebel aus. Das hatte sie den Zweibeinern abgeguckt.

Als Edelweiß das erstmals an ihr beobachtete, war sie außer sich vor Zorn und brüllte sie an, sofern Mäuse überhaupt brüllen können. In Wirklichkeit war es ein lautes, energisches und schrilles Schreien in den oberen Frequenzen, was da herauskam.

„Sag, bist du jetzt vollkommen übergeschnappt? Eine Maus, die raucht! Dann verlagerst du dein Logis am besten in einen rauchenden Kamin, falls dir das so gut gefällt! Mäusebündnerfleisch ist mal was ganz Neues. Die Menschen werden es bestimmt zu schätzen wissen, aber dazu müsstest du allerdings noch gehörig dazulegen!"

„Hahaha! Schmeckt so gut oder noch besser als diese chemische Scheiße, die wir schlucken und fressen mussten, zum Wohle der Menschheit, wie man uns eintrichterte. Aber wie viele unseresgleichen sind zum Wohle dieser Menschen draufgegangen - schon vergessen? Ich möchte vergessen, ich möchte..."

Zum Wohle... Dienst an... Das haben auch die Vietnamveteranen zu hören gekriegt! Doch davon wussten die beiden Schwestern natürlich nichts.

„Wo sind all unsere Freunde, he? Trauerte ihnen irgendjemand nach? Kriegten sie Orden und ein mit Lorbeer bekränztes Grabmal? Auch wir wären schon längst als Rauch und Asche durchs Kamin in die Luft ins ewige Vergessen geblasen worden, wenn die Flucht uns nicht gelungen wäre!"

Edelschwarz Stimme hatte beim letzten Auswurf zu zittern begonnen. Beide schwiegen. Sie blickten einander kaum mehr an, sondern zu Boden. Sie fürchteten, wenn sie einander in die Augen sähen, kämen beiden die Traurigkeit und der Schmerz im vollen Umfang hoch. Die Augen sind der Spiegel der Seele. Und das würde ihnen beiden den ganzen ungeheuren Schmerz aus den tiefsten Winkeln ihres Gemütes mit aller Wucht herauszwingen und ihn ins Unermessliche und Unkontrollierbare steigern. Das hielten sie nicht aus. Es könnte sie umbringen, das befürchteten beide. Sie wollten vergessen, was man ihnen und den Artgenossen angetan hatte. Sie wollten leben. Sie wollten mehr sein als Versuchsmäuse. Sie wollten keine billigen Sklaven im Dienste der Wohlstandsgesellschaft und schon gar keine Werkzeuge des Profitgeistes einer Oligarchie sein, überhaupt keiner Zivilisation, deren Exzesse und Dummheit keine Grenzen kennen. Ebenso wenig rechtlose Sklaven einer Spezies, die sich das Recht herausnimmt, Herr über Mitleid, über Mitgefühl sowie über Leben und Tod zu sein. Sie wollten niemandem gehören, niemandem verpflichtet sein, sie wollten nur sich selbst gehören. Daher flohen sie.

„Weißt du übrigens, dass unsere Fellfarbe in der Designbrache einen besonderen Stellenwert hat?"

Edelschwarz hatte zuerst ihre Fassung wieder zurück gewonnen.

„Viele Objekte sind als spezielle Linie in Weiß oder Schwarz designt. Mobiliar, Verpackungen, Hüllen, Chassis, Dekors, Lampenschirme, Halterungen, Was-weiß-ich, eine Mischung aus Alltagsgegenstand und Kunstobjekt. Schachbretter sind schwarzweiß gemustert als Orientierungshilfe beim Spiel. Und schwarzweiß gestreift sind die Zebras. Denn das macht sie für Moskitoaugen unsichtbar; so bleiben sie von ihnen verschont und stellen kein Parasitenreservoir dar wie die anderen Säugetiere im gleichen Biotop!"

Jetzt musste Edelweiß lachen ob der Fantasie ihrer Schwester. Aber sie hatte Recht.

„Klar, mein schlaues Schwesterchen, wir waren doch schon immer bedeutend oder?"

„Siehst du, wir sind edel, nichtwahr? Aber es geht noch weiter!", verkündete Edelschwarz froh, dass ihre Schwester wieder bei Laune war. „Wir beide standen zusammen für die Digitalwelt Pate."

„Was soll denn das nun wieder heißen?"

„Dein Weiß strahlt alle Farben des Sonnenlichtes wieder ab, du hast den Lichtwert 0. Meine Schwärze dagegen absorbiert sie alle. Ich habe den Lichtwert 1. Mit 0 und 1 werden in der digitalen Welt alle Zahlen codiert, auch in der Finanzwelt, wo doch alles mit Großrechnern bewerkstelligt wird. Ohne EDV und ohne diese Digitalkunst brechen ganze Wirtschaftszweige zusammen. Das zeigt doch, wie wichtig wir sind? Nicht zufällig sprechen die Menschen von Mäusen und meinen Geld oder? Haben wir nicht lange der Hochfinanz gedient, zum Wohle und im Dienste der Menschheit, wie man uns einhämmerte? Nur, wir haben ihnen mit unserer Demission den Spaß vermmust!", lachte Edelschwarz und dehnte dabei das M.

Auch Edelweiß musste lachen, nickte zustimmend und gab gleich noch eins drauf:

„Nicht nur für Wirtschaft auf hohem Niveau, sondern überhaupt auch für physische Kraft waren wir schon seit jeher, von der ältesten Antike bis in unsere Zeit, Vorbild und Symbol. Hör doch zu, was Leute reden, wenn sie vor mächtigen Abbildungen des menschlichen Körpers stehen: *Der ist durchtrainiert, der hat Mäuse. Treib Sport, mach Body Building, dann kriegst du Mäuse!*"

EIN FUCHS ZIEHT IN DIE STADT

Mit seinem Unterschlupf war Nardi sehr zufrieden, auch wenn es nirgends geschrieben stand, dass er hier auch seinen Lebensabend verbringen wollte. Da kann noch manches geschehen, bis es soweit ist.

Im Wald in einem alten Dachsbau, den seine Eltern bewohnten, kam er mit seinen Geschwistern als vitaler und kräftiger männlicher Welpe zur Welt. Dann kam die Zeit, selber ein eigenes Territorium zu finden. So zog er weg. Er durchstreifte den Wald auf der Suche nach einer neuen Bleibe. Konkurrenten musste er aus dem Wege gehen, sofern er keine Ansprüche an deren Besitzrechte stellte. Dann und wann ließ er sich auf Kämpfe ein, jedoch in erster Linie gar nicht, um deren Besitztümer zu übernehmen, sondern um seine physische Kondition und Kampffähigkeit auf die Probe zu stellen. Befand er sich als unterlegen, zog er sofort Leine. Er wollte bloß seine Grenzen kennen lernen und auch sie zu überschreiten versuchen. Das war in seinen Augen legitim. Den Kampfpartnern schadete es ja nie.

Eines Tages hörte er einen ungewohnten, fürchterlichen Schrei, der sehr laut war, aber nur sehr kurz dauerte und ihn grausam erschreckte. Es tat weh in den Ohren. Keine Ahnung hatte er, was dies zu bedeuten hatte. Der Gesang des Waldes mit seiner enormen Vielfalt und seiner Poesie war ihm von klein auf bekannt. Es war stets Musik in seinen Ohren und er wusste sie wie seine Eltern und Geschwister zu deuten, ob Freundschaft oder Feindschaft, ob Tag oder Nacht, ob Sommer oder Winter. Die Stimmen des Waldes machten den Rhythmus der Zeit mit. Er war sich rasch im Klaren. Das konnte keine Lautäußerung eines ihm bekannten Tieres sein, es musste ein neuer Eindringling, vielleicht ein Monster oder ein Alien, sein, was auch immer, das erstmals den Wald betrat und ihn zu beherrschen beabsichtigte. Gut, Aliens sind Nardi unbekannt, aber gleichwohl muss man mit unbekannten Begegnungen rechnen.

Neugier gehört zu seinem Leben, doch stets nur von der nötigen Vorsicht begleitet, wollte man nicht für immer ausgespielt haben. Das hatten ihm die Eltern sehr wohl beigebracht. Die rechte Balance zwischen Neugier und gebotener Zurückhaltung zu finden, musste er als junger Fuchs mitunter mit schmerzhaften Misserfolgen lernen. Aber gerade darin liegt ja die Kunst zu überleben. Damals war er aber unter der fürsorglichen Obhut seiner Eltern, die einzugreifen wussten, wann es Not tat. Jetzt aber war er auf sich allein gestellt und musste zeigen, dass er in der Lage war, stets Herr in jeder Situation zu sein.

Er schlich unter Wahrung genügender Tarnung in die Nähe der Quelle dieses unbekannten Schreis. Er war in einem Gebüsch in sicherer Deckung. Daraus beobachtete er ein merkwürdiges Tier mit braunem Fell in aufrechter Haltung, nur auf zwei Beinen stehend, die von blauer Fellzeichnung waren. Die Vorderpfoten trugen etwas Seltsames. Kein Geweih, keine Hörner, keine großen Mundwerkzeuge waren es. Undefinierbar für Nardi. Er blieb in Deckung und beobachtete nur sehr aufmerksam. Vielleicht, dass die nächsten Augenblicke das Rätsel lösten. Der braune Alien auf den blauen Stelzen bewegte sich und starrte irgendwohin, glücklicherweise nicht in seine Richtung. Dann streckte er das undefinierbare Ding mit den Vorderpfoten aus, schmiegte den Kopf eng daran. Jetzt sah es aus, als besäße er eine lange Nase, eine sehr lange. Instinktiv befühlte Nardi seine eigene Schnauze, die auch etwas länger war als bei andern Vierbeinern, aber nicht so sehr wie die gesehene. Vielleicht kann er wie er besser riechen oder es in versteckte Spalten und Löcher einschieben, wie er das tun kann. Warum aber geht er nicht auf den Boden runter oder steckt seine Nase in hohle Bäume? Für ihn war das Gehabe rätselhaft.

Dann bewegte sich der Jäger langsam nach der einen Seite und verschob sich ganz langsam und bedächtig in die andere, als folgte er einem Ziel. Ja tatsächlich! Jetzt gewahrte Nardi in einiger Distanz etwas Rötlichbraunes im üppigen Unterholz. Es bewegte sich in die gleiche Richtung wie die lange Nase des Zweibeiners. Es schien nichts zu bemerken. Da gellte wieder dieser fürchterliche laute, aber kurze Schrei, der in Nardis Ohren weh tat und ihm durch Mark und Bein ging. Wieder erschrak er, nahm sich aber fest zusammen, um im Schreck keinen lebensgefährlichen Fehler zu machen und seine Beobachtungen nicht zu versauen.

Gleichzeitig mit dem Lärm kippte das bewegliche rötlichbraune Ding zur Seite und lag still. Dann hörte er ein Bellen, gerade ähnlich wie seinesgleichen es tat, und im nächsten Augenblick rannte ein Hund mit dem Kopf eines Tiers in der Schnauze und den restlichen Körper auf dem Boden schleifend zu diesem zweibeinigen Wesen. Der hatte inzwischen die große Nase umgehängt, nahm die Beute ab und brachte sie in einen Sack am Boden. Liebevoll tätschelte er den Hund und kraulte ihn. Der Anblick des Beutetiers fuhr Nardi nochmals in die Knochen. Es hätte sein Bruder oder seine Schwester sein können. Das war Warnung genug für ihn und ein Signal, sich in Acht zu nehmen. Gleichzeitig wusste er dadurch auch, dass hier zu viele seinesgleichen lebten.

Jetzt erinnerte er sich an die Berichte seiner Eltern, die ihm Geschichten von Menschen erzählt haben, besonders von solchen, die er gerade eben erlebt hatte und vor denen sie in diesen weiten und tiefen Wald geflohen waren. Aber da sie während seiner Jugendzeit nie mehr mit ihnen in Berührung kamen, konnte er sich kein klares Bild von ihnen machen, bis heute. Das Bild des schießenden Jägers aber hatte sich detailgenau in sein Gedächtnis eingebrannt.

Nardi blieb in seinem Versteck. Er duckte sich, zog sich noch enger zusammen, als könnte er sich in nichts auflösen, und verhielt sich laut- und bewegungslos, behielt aber wachsame Augen und Ohren für die Umgebung. Er musste alles in seinem Gehirn nochmals durchgehen. Ja auch Tiere machen sich Bilder von der Welt, nicht nur die Menschen, manchmal sogar noch die besseren. Er wollte warten, bis die Luft rein war. Denn der beißende fremde Gestank, der nach dem Schrei von dieser langen seltsamen Nase aus ging, kam für sein sensibles Geruchsorgan als eine bläulich neblige Schockwelle, die ihn heftig traf. Sie musste verebben, ehe er sich entschließen konnte weiter zu ziehen, außerdem musste der Jäger mit seinem vierbeinigen Begleiter definitiv außer Sicht- und Hörweite sein. Dann wagte er sich aus seinem Versteck und streunte durch den Wald. Aber kaum war er einige Bäume weiter gekommen, sah er die beiden wieder. Er nahm sofort wieder einen geeigneten Wachposten ein, denn er sah die Zeichen, dass der Jäger wieder eine Beute ins Visier nahm. So wurde er erneut Zeuge. Jetzt konnte Nardi die ganze Abfolge nochmals genau beobachten. Da er nun mit den Gewehrschüssen Bekanntschaft gemacht hatte, konnte ihn der Knall nicht mehr so erschrecken. Als der Jäger abgezogen war, besichtigte Nardi den Platz des Geschehens und fand die Patronenhülsen am Boden liegen. Sie waren noch warm und gaben noch etwas von diesem unangenehmen Geruch frei, wenn auch in erster Linie nur noch für eine hochempfindliche Nase wie die Seine wahrnehmbar. Dann schlich er definitiv von dannen und beschloss weit weg zu wandern, um ein Jagdrevier und eine Bleibe zu suchen, wo er sich sicher fühlen konnte.

Seine Entdeckungsreise brachte ihn nach langem Marsch schließlich aus dem großflächigen menschenleeren Wald hinaus in offenes Gelände. Wiederum nach längerem Marsch landete er schließlich in einem großen Park. In einem Gebüsch, das dicht gewachsen war, richtete er sich ein. Die Erde darin ließ sich gut aufwühlen, um eine Höhle auszubuddeln. Die Stille in der Nacht schätzte er sehr und Beute gab es genug und leicht zu erjagen. Da schien sich auch kein Zweibeiner mit seinem lärmenden Eisen aufzuhalten. Tagsüber schlief Nardi in seinem unterirdischen Bau. Nur manchmal gab es Menschen, die von Zeit zu Zeit im Park erschienen, aber nie jemals den Versuch unternommen hatten, ihn oder auch andere Tiere im Park zu stören oder gar für alle gefährlich zu werden. Es waren also nicht alle Zweibeiner Jäger.

Dennoch fühlte er sich im Verlaufe der Zeit nicht richtig wohl in seinem Territorium. Nicht dass es an Beutevielfalt gemangelt hätte, zumal er von hier aus beachtliche Steifzüge weit über den Park hinaus unternehmen konnte, nein die Atmosphäre an diesem Ort machte ihn zunehmend depressiv. Es war nicht die Nacht, wann Grabesruhe herrschte, sodass er ungestört seinen Aktivitäten nachgehen konnte, sondern der Tag war es, der ihm zu schaffen machte. Denn manchmal wachte er unfreiwillig auf und dann erfasste ihn eine triste Stimmung, die von Außen an ihn herangetragen wurde. Er beschloss der Sache auf den Grund zu gehen und schlich tagsüber im Park umher, um die Ursache herauszufinden.

Da erblickte er sie. In Schwarz vermummte Gestalten standen irgendwo dicht beisammen. Sie schienen an einem Platz zu warten, wo ein großes Loch mit einem Haufen Blumen darum herum ausgegraben war. Da lullte ihn wieder diese depressive Stimmung wie eine Wolke dichten Nebels ein. Es war der Ton in ihren Lautäußerungen, in einem Singsang, der eindrucksvoller und mächtiger als der Gesang der Vögel war und der seine Laune niederdrückte wie eine Faust im Nacken, die ihn niederzwang, und versuchte seine Lebensfreude aus ihm zu pressen. Er musste gehen. So entschied er, diesen Ort der Hässlichkeit und Negativität unvermittelt zu verlassen.

Auf seiner neuerlichen Wanderschaft begegnete Nardi vielen Menschen, die er nicht auf Anhieb als gefährlich oder auch nur bedrohlich befand. Es waren keine direkten Begegnungen, sondern nur Beobachtungen aus sicherer Entfernung, die aber reichten, sie in ihrer Umgebung zu studieren. Er bewunderte ihre mannigfachen Instrumente, die sie benutzten, und die großen Höhlen oder sollte er sagen eigentümlichen Felsen, die sie gebaut hatten, um darin so zu wohnen wie er in seinen Löchern unter der Erde? Manchmal horteten sie viele saftige Beutetiere hinter Zäunen oder in Verschlägen, sodass bei deren Anblick der Saft in Nardis Mund zusammenfloss. Er lernte, dass in der Nacht Ruhe herrschte rund um diese Behausungen der Menschen. Dann nahm er sich vor, sein Glück zu versuchen, zur rechten Zeit eine solch saftige Beute aus ihrer Gefangenschaft zu befreien.

Der Bauernhof, den er ins Auge fasste, war ein kleiner Familienbetrieb in einer von der Landwirtschaft geprägten Siedlung mit vielen Obstbäumen, Wiesen, Äckern, einigen Kühen im Stall und natürlich Hühner, die sofort Nardis Aufmerksamkeit auf sich zogen. Die frühsommerliche Zeit war recht warm und erleichterte nicht nur Nardi den Aufenthalt in der Natur, sondern vielen andern Wesen auch wie der Klein- und Kleinstlebewelt, die für die menschliche Ernährung so wichtig waren. Ganz anders klang hier die Musik als in jenem Walde, wo der Fuchs aufgewachsen und lange gelebt hatte, aber nicht weniger schön. Nardi hörte in stillen Momenten, wann er sich ausruhte, zu und versuchte sich vorzustellen, wie sie hier zu interpretieren war. Er würde es im Verlaufe seines Lebens lernen und so an Erfahrungen zulegen.

Bienen summten in hohen Tönen als rasche und mit hoher Begabung manövrierende Kunstflieger um Bäume und Blumen und sorgten für deren Vermehrung. Die Hummeln taten es ihnen gleich, schaukelten wie schwere Brummer über Wiesen und Felder und verblüfften den Betrachter damit, dass sie sich trotz ihres nicht unerheblichen Körpergewichtes so gut in der Luft halten können. Nardi war manchmal versucht, nach ihnen zu greifen, erwischte sie aber nicht, zu geschickt war ihre Luftakrobatik. Luftfahrtgesellschaften schicken ihre Piloten regulär zu ihnen in Fortbildungskurse, auch Konstrukteure lassen sich von ihnen gerne inspirieren. Libellen traten ebenfalls dieser Gilde bei und stellen sich mittlerweile als Ausbilder und Berater für Flugapparate zur Verfügung insbesondere für Helikopterprojekte.

Nardi wartete, bis die Nacht hereinbrach und in der Siedlung Ruhe eingekehrt war. Seinen Schlafplatz hatte er in einem kleinen Nachbarwäldchen. Von dort genoss er den Blick auf die ersten Häuser. Es waren Bauernhäuser mit ihren Gärten. Sie hielten Haustiere. So etwa Hühner in Einzäunungen, innerhalb derer Holzverschläge dem Geflügel Schutz vor schlechter Witterung boten und offenbar auch die Gelege enthielten. Nardi hatte ein bestimmtes Gehöft dort ins Visier genommen. Er dachte sich eine Strategie aus, wie er seinen Plan realisieren könnte. Warum sich stets auf eine Energie raubende Jagd im Wald und auf dem Feld einzulassen; wenn doch saftige Mahlzeiten zuhauf direkt vor seiner Nase flatterten? Ein Versuch wäre es zumindest wert, gäbe Abwechslung und eine Abenteuernummer mehr für sein Poesiealbum.

Die Lichter waren erloschen. In der lauen Nacht blieb das Federvieh draußen, aber innerhalb der Umzäunung aus starkem Maschendraht, der tief bis auf den Boden runter gespannt war. Nardi schlich lautlos nah ans Gitter. Seine Sinne waren auf Hochleistungsniveau aufgeschaltet. Er vergewisserte sich, dass er allein war, unbemerkt, ein Dieb in der Nacht. Schlau war er wie der Dieb von Bagdad, nur das dieser sich kaum nur mit Hühnern zufrieden gab. Aber das gehörte ja zu seinem Beruf. Mit den Vorderpfoten versuchte er den Draht von unten anzuheben, doch es misslang. Der Zaun war sehr gut gesichert. Darüber klettern wollte er nicht, das würde zu ungemütlich, denn Stacheldraht bildete den oberen Abschluss. Wer würde ihm schon das zerrissene Fell nähen? Er hatte noch keine Frau, die ihm diese Arbeit abnähme.

Die einzige Möglichkeit, die ihm blieb, erkannte er rasch und machte sich fleißig an die Arbeit. Nach einer Weile hatte er genug Erde ausgebuddelt, um durch die Unterführung hindurch hinter das Gitter zu gelangen. Nun aber mit äußerster Vorsichtig ans Gefieder! Er setzte seine ganze Kunst des Kriechens und Schleichens ein, wofür ihm an der Olympiade gewiss eine Goldmedaille sicher wäre, und alle Politiker, die dasselbe tun, vor Neid erblassen ließe, könnten sie ihn nur sehen. Es gelang ihm so, ein ahnungsloses Huhn anzugreifen, seiner habhaft zu werden und den Rückzug anzutreten. Das war gar nicht so einfach, sich mitsamt der Beute wieder durch die Unterführung zu zwängen. Er musste diese erst etwas erweitern, ehe er sich und die saftige Mahlzeit in Sicherheit brachte. Alles ging so glatt und schnell, dass die übrigen Hühner nur schlecht Notiz davon nahmen, denn außer ein bisschen Flattern verrieten sie nichts. Haus und Garten blieben dunkel, nichts regte sich. In seinem Unterschlupf verzehrte Nardi genüsslich seine Beute und entschied, sich Tage später nochmals zu bedienen.

Indes der Bauer oder vielmehr seine Frau entdeckten natürlich den Schaden und fanden auch die Spuren, die Nardi nicht verwischt hatte. Sie schütteten fluchend und schimpfend das Loch unter dem Gitter wieder zu und entschlossen sich, den Draht zu elektrifizieren, außerdem legten sie eine Schusswaffe bereit, um den Räuber zu verjagen oder dingfest zu machen, wenn es nicht anders ging.

Einige Tage später warf sich Nardi wieder in sein Abenteuer. Klar war er ein bisschen enttäuscht, seine Passage verschlossen vorzufinden, aber er war fest entschlossen, seinen Trick zu wiederholen, wurde aber jäh zurückgeworfen, als er in Berührung mit dem Draht kam. Zum Teufel, was war das denn? Mit Elektrizität kannte er sich nun mal beim besten Willen nicht aus. Auch an einer anderen Stelle erntete er dasselbe Resultat. Nichts zu machen! Doch schnell kapierte er, dass er nur eine Berührung zu verhindern hatte. Also nahm er alle seine Geschicklichkeit zusammen und begann wieder zu buddeln. Doch dann erkannte er eine zweite Hürde, die zu nehmen war.

Die Tiere waren im Holzverschlag, keins im Freien. Oh das hatte gerade noch gefehlt! Er musste seine Strategie neu überdenken. Dort einzudringen war nicht so leicht. Der Holzverschlag war sehr solide gebaut, die Bretter dicht an dicht, nirgends eine Spalte oder ein unvergittertes Fenster und wenn schon zu hoch oben für ihn. Nardi war sehr enttäuscht und war gezwungen unverrichteter Dinge wieder nach Hause zu gehen. Aber da hatte er nicht mit dem Bauer gerechnet. Der hatte das Gitter nicht nur elektrifiziert, sondern gleich noch eine Anlage im Hause installiert, die sofort Alarm auslöst, wenn jemand mit dem Maschengitter in Berührung kommt. Schnell packte er seine Flinte und kam zur Tür heraus zum Hühnergatter. Da sah er den Dieb, der sich eben anschickte wieder zu fliehen. Der Bauer rannte auf ihn zu, legte die Flinte an und schoss mehrmals. Doch Nardi hatte gerade rechtzeitig das Gatter geräumt und verschwand im Dunkeln der Umgebung. Der Schuss ging daneben. Der Bauer fluchte, weil er den frechen Dieb nicht erwischt hatte und Nardi fauchte und fluchte, weil er kein Huhn zu ergattern vermochte. Alle Schüsse waren um Haaresbreite neben Nardi in die Erde eingeschlagen. Sein Puls raste, sein Adrenalin machte Hochsprung in seinem Blut, sodass er rannte, als sei Feuer unter seinem Hintern ausgebrochen. Er rannte um sein Leben. Die Dunkelheit und das hohe Gras, das auf Ernte wartete, halfen ihm zur erfolgreichen Flucht.

Nur dieser grässliche Pulvergestank, der an seinem Fell klebte, stach wieder in die Nase. Er hustete und schnaufte, schüttelte und wand sich auf dem Boden, um ihn los zu werden. Dann legte er sich mit hungrigem Magen in sein Versteck. Aber in der späten Nacht trieb ihn der Hunger wieder hinaus und er vermochte sich dann doch noch eine leckere Mahlzeit in der nahen Umgebung seines Schlafplatzes zu holen. Dabei lernte er, dass Mühlmäuse zu fangen für ihn kostengünstiger war als die aufwändige Zerlegung von Hühnerbeute, um an genug Energie ran zu kommen, abgesehen von der drohenden Gefahr selbst zur Beute von Zweibeinern zu werden. Fortan unternahm er keine Jagd mehr auf Hühner. Erst als er später selbst eine Familie zu ernähren hatte, lohnte es sich eine große Beute wie ein Gefieder zu erlegen.

Nach diesem Abenteuer fand er es angebracht, abermals eine Wanderung zu neuen Gründen zu unternehmen. Er marschierte des Nachts, wann es ja seine Arbeitszeit war. Doch darüber hinaus fühlte er sich dann stets sicher, sogar auf der Landstraße, die so viel bequemer und leichter zu begehen war als andere Pfade, die er kannte. Dennoch musste er auch jetzt die Gefahren kennen lernen, wenn ein Ungetüm mit zwei großen grellen Augen, die ihn blendeten, rasend schnell auf seinem Wanderpfad dahinbrauste. Instinktiv hielt er sich dicht am Straßenrand. Das versprach ihm Sicherheit. Diese merkwürdigen Dinger, in denen sich ein oder mehrere Zweibeiner versteckt hielten, hatte er schon bei seinem letzten Aufenthalt kennen gelernt und wusste um deren Gefährlichkeit. Aber andererseits, wenn es ihm gelänge sich ebenfalls darin zu verstecken, dachte er, könnte er ebenso rasend schnell seine Wanderschaft vorantreiben, wenn es denn große Eile haben sollte. Nach vielen Kilometern gelangte er schließlich in eine Stadt, in die Stadt von Kasimir, Edelweiß und Edelhaar alias Edelschwarz.

Hügelreihen mit und ohne Wald auf ihren Höhen stellten eine fotogene Kulisse im Hintergrund der großen Siedlung zu ihren Füssen dar. Es begann schon zu dämmern, die Sonne wollte bald hinter den Hügeln hervorbrechen, als Nardi in die Nähe der ersten Häuser kam. Müde war er vom langen Marsch. Aber zufrieden war er, denn er hatte sehr wohl gelernt, dass das Leben in der Nähe der Menschen nicht nur erhöhte und vor allem spezielle Gefahren bedeutete, sondern weit mehr Vorteile brachte. Er hätte nie gedacht, dass es sich an solchen Orten so gut leben lässt. Bis hierher hatte er keine unangenehme Bekanntschaft mit Gewehren mehr gemacht, zumal er eine Situation nun besser einschätzen konnte, und an die schnellen Fahrzeuge der Zweibeiner hatte er sich mittlerweile gewöhnt, wusste, wie man sich verhält, um schadlos zu bleiben. Er wäre nicht Nardi, hätte er nicht viel dazu gelernt seit seinem Abschied von seiner Kinderstube.

Er suchte sich möglichst schnell einen geeigneten Schlafplatz, wo er den Tag verbringen konnte. Auf Erkundigungstour in die Stadt wollte er erst, wenn er ausgeschlafen war. Die weit fortgeschrittene Vegetationszeit hatte bereits die Ackerfelder mit schon ziemlich hoch stehenden Pflanzen bereichert. Jetzt boten sie mit ihrem saftig grünen Dschungel gute Versteckmöglichkeiten für ihn, aber auch für das Wild. Vielleicht würde er noch eine leckere und energiereiche Mahlzeit finden. Er bog vom Weg ab und drückte sich vorsichtig und aufmerksam zwischen die dicht stehenden Halme. Er horchte und spähte angespannt hinein. Nichts regte sich. Er pirschte voran. Er schlich geduckt und versuchte nah am Boden zwischen den Halmen möglichst weit hindurch zu blicken, um jede verdächtige Bewegung frühzeitig wahrzunehmen. Nichts regte sich. Doch nach einiger Zeit hatten sich seine Geduld und Ausdauer trotz aufkommender Müdigkeit gelohnt. Er stöberte einen Kleinsäuger auf, der unvorsichtigerweise sein Versteck verließ und so zwischen die Zähne des heranschleichenden Räubers gelangte.

Nardi fraß die Beute an Ort und Stelle, legte sich dann zwischen die großen im leichten Morgenwind sanft schaukelnden Getreidehalme hin und rollte sich zum Schlafe zusammen. Der Sandmann brauchte keine Beihilfe zu leisten, außerdem hatte das leise Rauschen des Windes, der über die reifenden Ähren strich, für ihn dieselbe Wirkung. Es war, als flüsterten sie ihn, den müden Wanderer liebevoll wie eine Mutter in seinen wohl verdienten Schlaf.

DER ORANGENBAUM

*E*igentlich hieß er ganz gewöhnlich Max Bleiche. So stand es auch auf seinem einfachen Namensschild unten an der Haustür geschrieben. Das war er für die Polizei, die Banken, die Behörde, die Gemeindeverwaltung, den Briefträger, für jeden Fremden. Aber man nannte ihn ziemlich schnell Mr. Green. Seine Wohnung war eine unter vielen anderen im Stadtquartier. Doch sie war anders als alle anderen, sie unterbrach das eintönige Grau von Straße und Häuserfassade durch eine üppige Pflanzenwelt, die im zweiten von den drei Stockwerken seinen Balkon, ja beinahe auch alle Scheiben von Türen und Fenstern förmlich überwucherte, als ob sie die Asphalt- und Steinwüste dieser Großstadt von hier aus langsam aber sicher bekämpfen und irgendwann einmal besiegen wollte. Sicher gab es immer wieder Balkone und Simsen, die reich an allerlei Pflanzen waren, aber niemals dieses Ausmaß erreichten wie jene von Mr. Green.

Max Bleiche, ein ganz gewöhnlicher Name eines ansonsten ganz gewöhnlichen Bürgers in einer gewöhnlichen Wohnung unter Hunderten von andern gewöhnlichen Wohnungen hinter einer grauen Fassade in einem gewöhnlichen Quartier einer ebenso langweiligen und gewöhnlichen Stadt. Da war Max Bleiche einst eingezogen. Seither lebte er da. Jeden Tag kam er morgens aus der Haustür und verschwand abends zum Feierabend wieder dahinter. Sein Leben war geregelt, sehr geregelt, um nicht zu sagen programmiert. Er arbeitete als Buchhalter in einer Großhandelsfirma, die weltweite Geschäftsbeziehungen unterhielt. Da hatte Herr Bleiche sein eigenes Büro.

Er musste am Computer viele Zahlen zusammenrechnen. Dabei kämpfte er mit sehr viel Papierkrieg, musste Dokumente für lange Sitzungen auf graues oder weißes Papier ausdrucken und zusammenstellen. Und das besorgte er mit Hilfe eleganter und attraktiver Sekretärinnen, die wie teure Schaufensterpuppen eingekleidet waren, stets ein sonniges Lächeln aufgesetzt, als befänden sie sich im Land des Lächelns, auch dann, wenn Katzenjammer und Katerstimmung in ihnen tobten. In den oberen Etagen, wo ein Boni-Lüftchen wehte und die Böden mit samtenen, grauen Teppichen ausgelegt waren, musste das Papier ausgehändigt werden. Dort wohnten temporär die Chefs, die selbstverständlich alle verheiratet waren, aber gerne nach leckeren Nachspeisen hungerten und denen es nach Mandarinen gelüstete, wenn sie in eine verlockende Parfumwolke eingelullt wurden, die von den kurvenreichen Sirenen ausging. Zappelig waren sie dann alle, wie Teenager vor ihrem ersten Rendezvous, sodass man das erotische Knistern im ganzen High Society Stockwerk, ja mitunter bis zum Büro des fleißigen Herrn Bleiche zu spüren bekam.

Doch dieser war immun gegen solche Anwandlungen, die besonders ältere Semester gefährdeten, war er doch auch noch nicht in deren Alter. Nicht, dass Frauen für ihn nicht anziehend waren, nein, aber er hatte einfach nichts für oberflächliche Eskapaden übrig und hasste das Lügenspiel gegenüber einer Lebenspartnerin, die wo möglich zuhause warten würde, von nichts wüsste, bis sie eines Tages aus allen Wolken fiele. *Ehe* käme aus dem Latein und seien die Anfangsbuchstaben von *Errare Humanum Est* (Irren ist menschlich), aber warum müsste dies gleich zur Anstandsregel erhoben werden? Er hatte schon mit ansehen müssen, wie mit einer Beziehung gleich auch noch alle Beteiligten daran zerbrachen. Und das tat ihm leid. Doch einmal abgesehen davon hielten die Zahlen ihn fest im Griff und stellten sich standhaft und beinahe unüberwindlich zwischen diesen Beautys und ihn.

Seine Arbeit verfolgte ihn den ganzen Tag. Denn er nahm sie sehr ernst, zu ernst vielleicht. Kaum tat er den ersten Bissen zur Mittagspause, standen schon wieder die Zahlen hinter ihm und mahnten ihn, er möge doch seine obligate Nahrungsaufnahme beschleunigen. Die Moleküle der Eiweiße und der Gemüse hätten ja den ganzen Nachmittag Zeit in seinem Magen zu fuhrwerken und sich in sein edles Gewebe einzuverleiben, aber die Faktura und Bilanzen, die Kontierungen und Abrechnungen könnten das nun mal alleine nicht schaffen und benötigten dazu seine unabdingbare Hilfe. So schlang er wie ein Wolf, der seine Happen ohne zu kauen einfach in den Magen runter presst, gleich alles auf einmal runter, schmiss eine oder zwei Gläser Flüssigkeit hintendrein, dass die Sache etwas besser runter glitt. Dann stand er auf, rülpste ordentlich, als sei er in arabischen Kulturen, wo solches Gebaren obligatorisch ist, um dem Verschlungenen das Gütesiegel akustisch aufzudrücken, und stürzte wie ein gehetztes Tier aus der Firmenkantine. Nur den Teller ließ er gewöhnlich leer zurück, ein Glück, dass er ihn in der Hitze des Gefechtes nicht auch noch mit verschlungen hatte. Warteten die Zeilen und Kolonnen der allmächtigen Zahlen nicht gleich hinter seinem Rücken, so blieben sie zumindest vor der Eingangstür stehen und trommelten solange ungeduldig gegen die Tür oder stampften auf den Boden, wenn diese nicht geschlossen war, bis er den Tisch verließ und wie von einem Raubtier gebissen hinausstürmte, die Aufsässigen mit sich riss und bald wieder in seinem Büro vor dem Bildschirm saß, wo sie ihm entgegenflimmerten.

Meist war er allein, die Türe hinter sich zu. Er kam sich zuweilen vor, als sei er in Isolationshaft, da selten jemand zu ihm musste, es sei denn, mit der Lohntüte wäre etwas nicht in Ordnung oder einer der Vorgesetzten bräuchte schnell eine Bilanz per Soundsovielten bis Soundsovielten und das möglichst heute, besser gleich, am liebsten schon gestern.

Den Feierabend verbrachte er meistens zuhause, nahm ein kühles Bier aus dem Kühlschrank, setzte sich vor den Fernseher und schlief auf seinem bequemen Sessel ein oder, wenn er noch wach genug war, las er die Zeitung. Wenn der Sommer in die Stadt eingezogen war und die Nächte warm oder schwül waren, gönnte er sich ein Bier in einem der Gartenrestaurants und spazierte hinterher das Seeufer entlang und in einem größeren Umweg wieder in seine Klausur in seiner gewöhnlichen Wohnung hinter der grauen und trostlosen Fassade in einem gewöhnlichen Stadtquartier. Er versuchte stets, am Feierabend wenigstens die Buchhaltung aus seiner Wohnung zu verbannen und ihnen unter gar keinen Umständen Einlass in sein privates Refugium zu gewähren. Er wehrte sich vehement gegen ihre Zudringlichkeit. Wo käme er denn hin, ließ er sie herein? Er war ja schließlich mit ihnen trotz allem nicht verheiratet. Ja wo käme er denn hin? Klar, in die Klapsmühle und das wollte er tunlichst verhindern.

Und dennoch fanden diese frechen Buchstaben und vor allem diese Zahlen ihren Weg zu ihm. Auf welch raffinierte Weise es ihnen trotzdem gelang, war ihm unverständlich. Sie waren einfach plötzlich da. Er vermochte sich ihrer nicht zu wehren. Sie umschwirrten ihn wie aufdringliche, stechbereite Moskitoschwärme. Erst konnte er sie im Einzelnen identifizieren, jedoch wuchsen sie zu Monstern heran und bedrohten ihn von allen Seiten. Die Eins verwandelte sich in einen spitzen Stachel, der ihn zu piksen drohte. Höllische Schmerzen fürchtete er in seinem Fleisch. Die Acht wurde zu zwei höhnisch grinsenden Zwillingsgesichtern, die Drei legte sich auf die Seite und wuchs zu einem eisernen Gefängnistor, zu einem undurchdringlichen Gitter, das ihn von aller Welt abschloss. Die Sechs und die Neun tanzten um ihn herum, entrollten sich zu peitschenden Lassos, die sich gegen ihn schwangen, als wollten sie ihn wie ein Wildpferd in die Schlinge nehmen, die ein verrückter Cowboy gegen ihn warf. Angst und Entsetzen packten ihn. Welchem Schicksal stürzte er entgegen?

Max Bleiche spürte, wie das Blut in seinen Adern stockte, wie er totenbleich wurde und am ganzen Körper zu zittern begann. Seine Zähne fingen an zu klappern, sie klapperten schließlich so laut, dass sie das Kreischen und Hohngelächter der wild um ihn herum wirbelnden Monster und Zahlenungeheuer fast übertönten. Er flüchtete in sein Schlafzimmer, schloss sofort die Türe hinter sich zu und kroch in sein Bett. Aber sie waren da. Er verbarg sich unter die Decke und schloss die Augen. Alles war schwarz um ihn, stockdunkle Nacht. Und sie waren da. Und sie glotzten ihm in die Augen, rannten wild in seinen brummenden Schädel, durchkämmten alle seine Hirnwindungen. Er war wie gelähmt, völlig unfähig sich ihrer zu wehren. Sie verwandelten sich in gefräßige Viecher. Er spürte, wie sie sein Gehirn aufzufressen begannen. Bald würde er nichts mehr spüren. Wahrscheinlich gelangten sie vom Großhirn ins Kleinhirn und infolge ins Rückenmark. Sie würden ihm alle Sinneswahrnehmungen, alle Bewegungsfähigkeit rauben, ganz zu schweigen, dass sie auch alle kognitiven Fähigkeiten zerstörten. Er würde bewusstlos, total gelähmt in seinem Bett liegen bleiben, ein lebender Toter. Wenn sie ihn nicht überhaupt umgebracht haben, dann würde er eines langsamen, qualvollen Todes sterben. In seinem Bett würde man ihn eines Tages finden, vielleicht nur noch als Skelett.

Er fühlte, wie kalter Schweiß aus seinen Poren drang, wie Kälte von den Füssen langsam nach oben kroch und ihn zu umarmen drohte. Mit aller Kraft versuchte er die Decke von sich zu werfen, aufzustehen und zu fliehen, solange noch ein Rest Leben in ihm war. Doch es war unmöglich. Komplett gelähmt blieb er, wo er war. Hatte es ihn schon ganz erwischt, musste er sich unweigerlich in sein Schicksal ergeben? Er versuchte ein letztes Mal alle seine Kraftreserven aufzubieten, versuchte zu schreien, dass ihn vielleicht jemand hörte, um ihn aus dem Wahnsinn zu befreien, versuchte gewaltsam das Maul zu öffnen und die Luft durch die Stimmbänder zu pressen... und erwachte schweißgebadet mit einem lauten Stöhnen aus dem Schlaf.

Zerschlagen war er, durch den Wolf gezogen fühlte er sich. Noch größere Müdigkeit erfasste ihn als vor dem schlafen gehen. Er richtete sich im Bett auf und nahm sich Zeit langsam in die Gegenwart und in seinen Alltag zurückzukehren. Aber es gelang ihm nur schlecht. Gequält schleppte er sich ins Badezimmer, um sich für den neuen Arbeitstag zurechtzumachen. Aber auch die Dusche war nicht in der Lage alle Qual, aller Verfolgungswahn von ihm abzuwaschen. Die verrückten Monster waren irgendwie noch da. Gut, gut, er spürte seine Augen, seine Ohren, Beine, Füße, Hände, seinen Nacken, auch sein Gehirn musste im Prinzip noch da sein. Aber es brodelte, es kochte. Sein Schädel war in Aufruhr, Gedanken jagten durch seine Gehirnwindungen, wollten beinahe seinen Schädel sprengen. Zwar zitterte der bleiche, fahle und magere Körper von Max Bleiche nicht mehr, aber gesund sah er gewiss nicht aus, wenn er das überhaupt jemals war. Und endlich wurde er sich dessen bewusst, als er sich lange im Spiegel betrachtete. Wie eine fremde Person, wie ein Unmensch, wie ein Gespenst nahm er sich wahr.

War das er, Max Bleiche, Buchhalter in einer Großhandelsfirma mit weltweiten Geschäftsbeziehungen? Ja das musste er sein. Ein Zahlendompteur war er geworden all die Jahre. Eingeschlossen als Sklave eines Konzerns, nur Hirn, aber unter seinem Schädel, der ihm eckig und kantig wie die Eins, die Vier oder Sieben vorkam, die ihn aufspießen wollten, war kein Körper. Er befühlte sich seine Arme, seine Brust, seinen Oberkörper. Wo waren die Muskeln, wo waren überhaupt die Formen, der Sexappeal? Vielleicht wollten die nächtlichen Besucher ihn gar nicht töten, nur warnen, mehr noch ihn aus dem Schlaf wecken, der ewig zu werden drohte, wie seinerzeit Dornröschen. Vielleicht würde er sich selber umbringen, sich zu einem lebenden Toten machen, würde nichts geschehen. Nachdenklich schlürfte er seinen Morgenkaffee und dachte nach. Er musste der Sache nachgehen. Beinah hätte er sich zur Arbeit verspätet. Das wäre das erste Mal in seiner ganzen Karriere gewesen. Gerade noch rechtzeitig erschien er an seinem Arbeitsplatz.

An diesem Tag beschloss er, die Zahlen, egal wie sehr sie ihn auch bedrängten, einfach zu ignorieren und sich eine längere Mittagspause zu gönnen. Ja vormittags und nachmittags unterbrach er ganz bewusst seine Arbeit für eine Kaffeepause. Da war es ihm, als betrete er zum ersten Mal die Cafeteria seiner Firma. Hatte er sie in all der Zeit, seit er hier ist, so wenig wahrgenommen? Auch die andern Angestellten sah er zum ersten Mal und doch waren sie wie er täglich hier gewesen zumindest während der Mittagspause. Er musste sein Leben neu ordnen, aber wie? Einsicht ist der erste Schritt zur Veränderung und birgt die Aussicht auf Erfolg. Er tat die Arbeit wie gewohnt, gemächlicher vielleicht als früher, sonst aber änderte sich nicht viel außer den neuen Pausen, die er von da an getreulich einhielt.

Die Tage vergingen, noch immer zwirbelten Veränderungsgedanken und viele Fragezeichen durch seinen Kopf, aber die Zahlen, die konnte er in Schach halten. Auch eine Wiederholung des nächtlichen Albtraums blieb aus. Und doch, Max Bleiche war zusehends weniger bleich, bekam Farbe ins Gesicht, sein Körper unter seinem Kopf bekam mehr Form und die Eckigkeit des Schädels verlor mehr und mehr seine Ähnlichkeit mit Vier, Sieben oder Eins. Das jedenfalls empfand er, wenn er morgens in den Spiegel schaute. Offenbar auch seine berufliche Umgebung, auch wenn er dies nicht sofort gewahrte.

Eines Tages, Max Bleiche war wie immer nachmittags bei der Arbeit, klopfte es an die Tür seines Büros. Das konnte kaum einer der Vorgesetzten sein. Die kämen einfach rein und meldeten ihre Wünsche an, noch ehe die Tür richtig offen ist. Verblüfft rief er:

„Ja, Herein!"

Die Tür öffnete sich und ein lächelndes weibliches Gesicht zeigte sich. Max Bleiche drehte sich um. Er wollte gerade etwas sagen, da gewahrte er, dass eine Frau, eine der Sekretärinnen, im Türrahmen stand und mit ihr eine Begleitung. Er brachte im Augenblick kein Wort heraus. Sie aber ignorierte sein schweigendes Erstaunen, tat so, als hätte er sie freundlich begrüßt und betrat den Raum. Da überwand Max Bleiche endlich seine Hemmschwelle und sagte:

„Hallo, was kann ich für Sie tun?"

Fürchterlich! Da arbeitet man schon Jahre miteinander und kommt über das Sie nie hinaus, als sähe man sich, wann immer man einander begegnete, einer fremden, unbekannten Person gegenüber, der man sich vorstellen müsste. Eine unsichtbare, rigorose Barriere verhindert vehement, dass diese Krawatten- und Schalentiere in Perlmutterhemden untereinander endlich auf Du und Du stehen und sich als gleichwertige Kollegen und Kolleginnen betrachten und behandeln, obwohl sie doch eigentlich stets auf Augenhöhe, auf gleichem Level operieren und sich schließlich doch Kumpel sind. Die grauen und weißen Dielen, die leeren, trostlosen Gänge und Räume lassen die temporären Bewohner zu ihresgleichen ebenso grau und unpersönlich werden. Die Umwelt prägt die Menschen. Es sind lebende Roboter für diverse Dienstleistungen, eingebettet in der Hierarchie eines künstlichen Organismus, der sich Firma und bei gewaltigen Ausmaßen Konzern und wenn es sich um Aggregate von Konzernen handelt, Multikonzern nennt. Schlimmer als ein ähnlich organisierter Termitenstaat oder Ameisenhaufen, denn diese sind wenigstens natürlich und werden von Lebewesen besetzt, die sich nie nach außen als Krone der Schöpfung deklarieren, erhobenen Hauptes, um anzudeuten, wie sehr sie Herr über alles sind.

„Lieber Herr Bleiche, ich habe hier eine große Topfpflanze. Ich habe sie geschenkt bekommen, aber in meinem Raum ist zu wenig Platz für sie. Da dachte ich, was Grünes könnte bei ihnen nicht schaden. Die trostlose Leere hier könnte man damit ein wenig auffüllen. Was meinen Sie?"

Sie stellte ihre Begleitung in eine passende Ecke ganz nah ans Fenster, damit der Pflanze genügend Licht sicher wäre, und lächelte gewinnend zu Max Bleiche. Der aber hatte mit der Hand nur stumm auf jene Stelle im Raum gezeigt, wo der Baum eine neue Bleibe gefunden hatte. Die Sekretärin bedankte sich und begab sich zur Tür. Sie wollte den Herrn Buchhalter nicht länger als nötig belästigen und schwebte beinah lautlos durch die Tür. Ehe sie aber diese schloss, drehte sie sich rasch nochmals um, als hätte sie etwas Wichtiges vergessen. Ja das hatte sie.

„Oh, Verzeihung! Es ist ein Orangenbaum. Im Topf ist eine Anleitung zur Pflege. Wenn Sie nicht klar kommen, kann ich Ihnen helfen. Vielen Dank auch!" Sagte es, drehte sich zum Gang und schloss die Tür ohne eine Reaktion vom Angesprochenen abzuwarten.

Max Bleiche, Buchhalter in einer Großhandelsfirma mit weltweiten Geschäftsbeziehungen, betrachtete lange den Baum. Die grün sprießende Pflanze strebte aus dem Topf in die Höhe, noch hatte sie genügend Raum zwischen sich und der Decke, sie durfte noch wachsen, ohne gleich an eine Grenze zu stoßen.

„Der Baum hat es gut, der hat nur dazustehen, die Pflanzennahrung und Wasser entgegenzunehmen und zu wachsen!", dachte er, während er eine Weile den schönen Orangenbaum betrachtete.

Er versuchte sich vorzustellen, der Baum trüge große schöne, goldorange Früchte, die reif an den Ästen hingen. Ja rund sind sie, diese Früchte, nicht so eckig oder kantig wie er. Ja wie sie, so müsste er sein! So sinnierte er, dann arbeitete er weiter. Doch plötzlich stand er auf, verließ den Computer, trat zum Topf, zog die Anleitung heraus, die wie ein Brief in der Erde steckte, wie ein Brief an ihn, und las aufmerksam. Er war fest entschlossen, seinen Gast sorgfältig zu pflegen. Gleichzeitig spürte er, wie er im Innern berührt wurde. Etwas wie Begeisterung wurde seiner habhaft. Es interessierte ihn, mehr über Orangenbäume und deren Pflege zu erfahren. Er schenkte dem Baum eine Weile seine Aufmerksamkeit, strich sanft über die saftig grünen und glänzenden Blätter, die sich leicht ledrig anfühlten. Schließlich hatte er ja bisher nur die Früchte gekannt und geschätzt. Es beruhigte seine Augen, ja sein Gemüt, half ihm sich besser zu konzentrieren, fast mehr noch als eine Kaffeepause in der Firmenkantine.

Die Zahlen und alle die Dinge mit ihnen im Zusammenhang hatten ihre Dominanz verloren. Der Orangenbaum brachte eine neue Ordnung ins Gefüge seines Alltags, ja in sein Leben überhaupt. In der Folgezeit verbrachte er oft mit der Sekretärin, die ihm den Baum gegeben hatte, die Essenszeiten und sie freute sich, dass er sich am Baum freute und versicherte ihm, dass er nicht mehr ihr, sondern ihm gehöre.

Zuhause dachte er wieder darüber nach, wie er sein Leben neu ausrichten könnte, denn er war noch immer nicht zufrieden. Er besah sich im Spiegel und sprach mit sich selber:

„He Max, du musst dein Leben in deine beiden Hände nehmen! Du bist ein Mensch und keine Topfpflanze, du bist beweglich, du brauchst nirgends Wurzeln zu schlagen, auch nicht in deiner Firma. Der Orangenbaum kann dir dabei helfen, daher ist er zu dir gekommen!"

Dann stutzte er, schüttelte verneinend den Kopf und schlug sich an die Stirn. Wie kann er auch nur auf diese Schnapsidee kommen, ein simpler Orangenbaum aus einer simplen Gärtnerei, von einer simplen Sekretärin aus welchen Gründen auch immer zu ihm als Geschenk gebracht, könnte ihm helfen, auch wenn diese simple Sekretärin eine attraktive junge Dame ist, die ihn gewinnend anlächelt, wenn sie zusammen Kaffee trinken oder gemeinsam die Mittagspause verbringen? Also wie kann er nur diese Idee haben, dieser Orangenbaum könne für ihn den Lebensberater oder den Psychologen spielen, ausgerechnet für ihn, den simplen Max Bleiche, Buchhalter in einer Großhandelsfirma mit weltweiten Geschäftsbeziehungen? Sehr seltsam erschien ihm dieser Gedanke, sehr seltsam.

Aber gibt es nicht Kräuter, deren heilende Wirkung auf den menschlichen Körper eindeutig gegeben ist? Empfand er sich selbst nicht leblos, roboterhaft, wie er ehedem durchs Leben ging, 24 Stunden am Tag programmiert? Wäre es möglich, dass dieser Baum eine Heilpflanze ist, sodass sie zu beleben vermag? Betrachtete er am Arbeitsplatz von seinem Stuhl aus den Orangenbaum, war ihm klar, das ist kein totes Etwas, das ist ein Lebewesen, der Baum lebt, in einem Topf zwar, aber dennoch, er lebt. Vielleicht, dass er ihn später irgendwo in die Erde setzen kann, in einen Garten, wo er zu einem großen, echten Orangenbaum auswüchse. Vielleicht trüge er eines Tages sogar wirklich schöne große schmackhafte Früchte, die er selber pflücken, zur Nachspeise als Tafelfrucht oder als köstlichen süßen Orangensaft genießen könnte. Soll sehr gesund sein, hatte Nina gesagt, als er wieder mit ihr Kaffee trank. Er wusste es inzwischen, Antioxidantien in ihnen zaubern alle aggressiven Sauerstoffradikale im Stoffwechselgeschehen weg. Vielleicht ist er irgendwie mal in seinem Menschenleben vergiftet worden, möglicherweise gerade in dieser Firmenumgebung. Der Mensch soll von seiner Umwelt mit geprägt sein, sagt man. Vielleicht ist der Heilbaum tatsächlich imstande mehr für ihn zu tun. Er kam ins Grübeln.

In der Freizeit begab er sich häufig in die Stadtbibliothek, begann Pflanzenbücher zu studieren, insbesondere Zitrusfrüchte, aber auch allgemein angewandte Botanik. Während er so ins Pflanzenreich eintauchte, bemerkte er, wie ihn eine Faszination dieser Lebewesen packte, die zwar stumm und buchstäblich sesshaft waren, aber außerordentlich vielfältig und ein reiches Inventar an Überlebensstrategien und wenig beachtete Intelligenz aufzuweisen hatten. Seine bisher betrachtete Zahlenwelt begann diesen Wesen gegenüber stark in den Hintergrund zu treten, ja wie ein Nebel sich zu lichten und zu verflüchtigen. Zahlen in Zusammenhang mit dem Reich der Pflanzen traten auf andere Weise in Erscheinung, aber jetzt nicht mehr als stupide, trockene Buchhaltung von Gewinn und Verlust. Sonnenschein drang in Max Bleiches Gemüt.

Das befand auch Nina und meinte:

„Jetzt Max, bist du schon rundlicher geworden, fast wie eine schöne, reife Orange! Auch ein wenig südliche Wärme strahlst du ab, wie aus dem Mittelmeerraum, über den diese Früchte zu uns in den Norden verbreitet wurden. Du beginnst aufzublühen wie dein Orangenbaum, bald wirst du Früchte hervorbringen!"

„Oh, das wäre noch, wenn plötzlich Äpfel, Birnen oder eben Orangen an meinen Armen hingen! Aber dann würde ich sie alle dir schenken."

„Und ich würde aus ihnen einen leckeren Fruchtsalat oder einen bekömmlichen, nein den besten Orangensaft der Welt, für uns beide zubereiten", rief sie und beide lachten.

Einige Zeit später, es war Freitag, nicht ein 13., ein beliebiger, einer vor einem Wochenende, stand Max Bleiche, Buchhalter einer Großhandelsfirma mit weltweiten Geschäftsbeziehungen zur Feierabendzeit im Büro seines Chefs und reichte ihm seine Kündigung ein. Er sei selbstverständlich bereit, während der restlichen Zeit bis zu seinem definitiven Weggang noch alles in Ordnung zu bringen, was in seiner Kompetenz und Pflicht läge, versicherte Herr Bleiche. Er hatte seine Kündigung mit einer spitzen Nadel auf Orangenbaumblätter geritzt und sie in einen Briefumschlag gesteckt. Den hielt der Chef in seinen Händen. Diesem fiel beinahe die dicke dunkelbraune Hornbrille von der Nase, die von seiner Visage krumm abstand, als er den Inhalt aus der Umhüllung zog. Missmutig runzelte er die Stirn.

Von einer Denkerstirn konnte kaum die Rede sein. Er hätte gewiss auch die Ohren gestellt und mit ihnen bestürzt gewackelt oder gar seine Brust geschwellt und mit den ebenso geschwollenen Händen auf sie getrommelt und gebrüllt, während sich seine Nackenhaare gesträubt hätten, alles wie es für Alphatiere üblich ist, wenn er das hätte tun können, doch musikalisch war er noch nie und ebenso wenig sportlich. Bestimmt war er schon als kleiner Junge oft mit seinem Papa im Affenhaus bei den Gorillas gewesen und hatte sich von Jung auf in alledem geübt. Aber vergeblich! Ob er mittlerweile einen Silberrücken hatte, das könnten allenfalls seine Gattin zuhause oder noch besser seine erste Sekretärin im Schwimmbad oder in der Sauna feststellen.

Dennoch, das Büro des Chefs war nicht ohne natürliche Einflüsse geblieben. Quer über den Raum führte eine Ameisenstraße. Für diese fleißigen Winzlinge, die andauernd auf Wanderschaft zu sein schienen, war die kürzeste Distanz zwischen A und B offenbar eine Gerade, auch wenn sich mitten in ihrem Weg ein großes Pult aus Mahagoniholz als riesiges Verkehrshindernis auftürmte, das sie zwang, die steilen Flanken nach oben und dann über das Plateau und auf der andern Seite wieder hinunter zu klettern. Den Chef störte dies begreiflicherweise. Mehrmals hatte er die Putzfrau angewiesen, diesem Wanderzirkus endlich ein Ende zu setzen. Das tat sie, indem sie mit dem Staubsauger kurzerhand die gesamte Heerschar dort aufsaugte, wo sie aus der Mauerritze auftauchte.

Aber wenn sie geglaubt hatte, das wäre die Lösung, sah sie sich getäuscht. Nach einiger Zeit der Ruhe hatten die vermehrungsfreudigen Tierchen den Verlust schnell wieder wettgemacht und es gleichzeitig als unnötig erachtet einen neuen Verkehrsweg einzuplanen. Da stellte die findige Putzfrau eine chemische Keule neben die Tabakpfeife aufs Pult, die griffbereit in ihrer Halterung aus Elfenbein thronte und auf ihren Einsatz wartete. Wohin die Nomaden marschierten, einer hinter dem andern der Duftspur des jeweiligen Vordermanns folgend blieb ihr Geheimnis. Manchmal verschwanden sie in einer andern Ritze des Mauerwerks, manchmal führte die Straße hinauf zum Fenster und hinaus ins Freie.

„Was in aller Welt soll denn das? Sind Sie nicht fähig, eine ordentliche Kündigung auf ein ordentliches Papier zu schreiben?", fragte er seinen Buchhalter in gereiztem Ton.

„Nein, ich bin unordentlich geworden und passe daher nicht mehr in eine ordentliche Firma wie diese, die weltweit ordentliche Geschäftsbeziehungen unterhält und ein ordentliches Geheimkonto auf einer ordentlichen Schweizer Bank führt. Ich bin ein einfacher Mensch, aber ein Exot in Ihrer Firma, wie mein Orangenbaum in meinem Büro."

Er wartete nicht mal die Antwort des Chefs ab, sondern kehrte ihm den Rücken zu und trat in den Gang. Er hörte noch beim Weggehen, wie das Silberrückenmännchen eine Order in den elektronischen Spucknapf, der mit seiner ersten Sekretärin verbunden war, brüllte, den unordentlich präsentierten Text des Herrn Max Bleiche, Buchhalter seiner Großhandelsfirma mit weltweiten Geschäftsbeziehungen und einem geheimen Bankkonto in der Schweiz auf ein ordentliches Firmenpapier zu übertragen, das von Max Bleiche blanko vorunterzeichnet worden war. So war die Kündigung rechtskräftig. Ja das hatte er getan auf die dezidierte Aufforderung des Chefs hin, als entgegenkommende Abschiedsgeste sozusagen.

Während seiner Kündigungsfrist von drei Monaten versuchte Max Bleiche alles zu Ende zu bringen, wie er es versprochen hatte, um seinem Nachfolger keine Hypotheken aufzubürden. Aber er beschränkte seine Arbeit auf das Minimum, seine Energie wollte er vor allem für andere Dinge seines Privatlebens aufheben, zugunsten seiner neuen Zukunft.

Immer häufiger sah man ihn nun in Gärtnereien herumstöbern, in ausgiebigen Diskussionen, Gesprächen und zuweilen in ernsthaften Verhandlungen verwickelt. Er schien eine klare Absicht zu verfolgen. In den Pausen, wenn sie nicht mit andern Kollegen und Kolleginnen zusammen waren, was seit seiner Kündigung häufiger geschah, diskutierten beide über Pflanzen. Nina legte ein Buch oder ein Fachmagazin auf den Tisch, blätterte darin und zeigte Max auf bestimmte Beschreibungen und Zeichnungen oder Fotos darin. Dann machte sich Max Notizen und manchmal brachte er selber Informationen mit, über die sie in intensiven Fachgesprächen brüteten. So verging die Zeit rasend schnell und nicht selten mussten sie zur Arbeit zurückeilen. Wenn sich dann Max an den Kopf griff und sichtlich nervös geworden aufsprang, sodass der Stuhl nach hinten auf den Boden krachte, lachte Nina nur und rief beim Hinauseilen:

„Wovor hast du Angst, Max? Du hast dich ja schon selbst auf die Straße geworfen, der Chef kann das nicht nochmals tun!"

Dann musste auch er lachen.

Im Parterre unter seiner Wohnung existierte ein Laden für technische Artikel. Am Schaufenster klebte eines Tages die Anzeige, der Laden sei, weil für die Bedürfnisse des Besitzers zu klein geworden, zu mieten. Die Objekte wurden zu reduzierten Preisen angeboten. Max kam das sehr gelegen. Er sprach vor und konnte sich mit dem Inhaber auf eine Übernahme des Lokals einigen. Als der Laden zwei Monate später im letzten Monat seiner Kündigungsfrist geleert und für den neuen Mieter bereit war, dislozierte der Orangenbaum an seinen neuen Standort.

Nach und nach füllte sich der Raum mit Pflanzen von klein bis groß, mit Blumenbeeten in Trögen, mit Topfpflanzen, Sträuchern, kleinen Bäumen, Bonsai, allerlei Pflanzen mit oder ohne Dekor, Zwerge, aus deren Köpfen Blumen wuchsen oder Blumenbärte, Kreativarrangements. Sie alle gesellten sich zum Orangenbaum und der erhielt natürlich einen Ehrenplatz und war überdies unverkäuflich. Auf diesbezügliche Fragen seitens der Kundschaft antwortete Max nur:

„Das ist mein Stammbaum! Ich stamme wie die Orange aus China, weil ich in meinem Leben, ehe ich diesen Laden eröffnet hatte, vom Leben chinesisch verstanden hatte. Da trat dieser Orangenbaum in mein Leben und da erst begann ich langsam zu begreifen, bin aber noch immer in Ausbildung. Aber er verhalf mir gleichsam zu einer neuen Geburt. Es war eine gute Fee, die mir den Baum gebracht hatte, Nina, die jetzt meine Frau ist."

Die Kunden verstanden. Der Orangenbaum blieb an einem Platz, wo er schon bald bis zur Diele reichte. Aber Früchte trug er noch nicht.

Nach und nach eroberten die grünen Lebewesen mit ihren oft farbenprächtigen Blüten, die so effizient den Sonnenschein einzufangen und zu nutzen wissen, auch die Wohnung und den Balkon von Max und Nina über dem Laden und verwandelten alles langsam aber sicher in einen prächtigen, blühenden Dschungel. Außen auf einer großen weit sichtbaren Tafel über dem Schaufenster stand in großen farbigen Lettern *Mr. Greens Blumenshop*. Und so hieß Max Bleiche, ehemals Buchhalter einer Großhandelsfirma mit weltweiten Geschäftsbeziehungen und einem geheimen Bankkonto in der Schweiz, fortan nur noch Mr. Green. Und so nannten ihn alle, die ihn kannten, so nannte er sich mittlerweile selber, wenn er sich vorstellte.

„Max Green ist mein Name. Oder nennen Sie mich einfach Max und das ist Nina."

Auch Nina hatte ihren Job in der gleichen Firma gekündigt. Sie wollte mit Max zusammen den Blumenladen führen. Hatten sie doch gemeinsam alles geplant und erarbeitet. Im Verlaufe der Zeit konnten sie in einem typisch städtischen Hinterhof noch mehr Räumlichkeiten dazu gewinnen und richteten ein Gewächshaus ein. Darin wollten sie ihre Sprösslinge hegen und pflegen.

„Wollt ihr denn nicht aufs Land ziehen mit eurer grünen Menagerie?" wurden sie oft gefragt.

Ihrer beider Antwort war ein einstimmiges, klares und definitives Nein.

„Wir bleiben hier in der Stadt. Da wollen wir Keimzellen zu deren Begrünung schaffen. Wir möchten das trostlose Grau in lebensfrohes Grün verwandeln. Die alten Urbewohner Amerikas waren in der Lage, im grünen Dschungel oder hoch oben in den grauen, unwirtlichen Felsen der Anden wohnliche Städte für tausende Menschen auf engem Raum zu verwirklichen. Warum sollte es uns modernen Menschen nicht auch gelingen Grau und Grün in eine Balance zu bringen, miteinander zu versöhnen? Unsere Kinder sind die Pflanzen und Tiere, die wir schützen und fördern wollen, hier in dieser Stadt. Es ist möglich, dass wir Menschen in einem guten Einvernehmen mit ihnen leben können, Kommensalismus, nicht Konkurrenz, Symbiose, nicht Parasitismus des einen oder andern Partners!"

In der Tat. Gemeinsam gründeten sie einen Verein zur Förderung der Stadtbegrünung. Dieser beriet Menschen, wie sie Hinterhof und Dächer, Balkone oder Terrassen und Fenster für Blumen, Sträucher, Bäume oder Kräuter nutzen konnten. Der Verein organisierte Demos, wenn irgendwo Grünflächen sinnlos zerstört oder Bäume zugunsten einseitiger wirtschaftlicher Interessen gefällt werden sollten. Sie brachten Gegenvorschläge ein, vermittelten zwischen den Parteien und suchten für alle gangbare Lösungen. Treibende Kräfte waren natürlich Nina und Max.

Die Kritik, es stünde reines, verkapptes Businessdenken dahinter, sich fürs Pflanzengeschäft eine goldene Nase verdienen zu wollen, konnten sie entkräften mit dem Hinweis, dass ihre Vereinsbemühungen und Beratungen für jedermann kostenlos und ohne jegliche Kaufverpflichtungen seien, und dass zwischenzeitlich doch neue Blumengeschäfte und Gärtnereien hinzugekommen seien, die zufriedenstellende Umsätze verzeichneten. Sie hätten somit Arbeitsplätze initiiert.

Nina und Max gehörten lediglich das Pflanzengeschäft vorne an der Häuserfront und das Gewächshaus im Hinterhof. Wer unter den Ärzten, Politikern, Rechtsanwälten, Beratern, Treuhändern, CEOs von Multis usw. ist bereit gegen ein bescheidenes Honorar oder oft sogar noch kostenlos Dienstleistungen anzubieten?

„Ob gut oder schlecht: *An den Früchten werdet ihr sie erkennen*! heißt es in der Bibel", kommentierte Nina, wenn Max in solche Diskussionen involviert war.

„Mir ist durch den Orangenbaum, den mir die gute Fee geschenkt hatte, nicht nur ein grüner Daumen gewachsen, sondern ich habe zur grauen

Hirnmasse auch noch eine grüne dazu gewonnen. Nach einer Obduktion meiner Wenigkeit würde man bestimmt das feststellen können", sagte Max immer wieder und grinste.

Nina engagierte sich in der Politik, indem sie sich als Vertreterin der Orangen, der neu gegründeten Orangenpartei, in die Regierung wählen ließ, wo sie sich für Umwelt- und soziale Belange sowie auch die Rechte der Tiere einsetzen möchte. Max wollte sich ganz der biologischen Facharbeit widmen. So wollten sie sich in die Aufgaben teilen. Mit der Zeit konnten sie einige Mitarbeiter im Laden und Gewächshaus beschäftigen. Sogar einen Gärtnerlehrling betreute Max.

Die Sonne begann ihren Aufstieg zum Zenit und schickte ihre wärmenden Strahlen auf die erwachende Stadt nieder. Ein neuer Sommertag brach an. Zeit, dass Kasimir den frisch anbrechenden Morgen begrüßte sowie Edelweiß und Edelschwarz aus ihren Schlafplätzen hervor krochen, um Futter für ihre hungrigen Mägen zu suchen.

Nardi war in Tiefschlaf abgetaucht wie ein U-Boot der US-Marine oder der Europäer, eingerollt zwischen den hohen Getreidehalmen, die einen temporären Urwald bildeten und so mancher Kreatur ein willkommenes Versteck boten, solange wenigstens noch keine Erntemaschinen oder Sicheln der Bauern ihnen wieder den Garaus machen und die temporären Bewohner des Schutzes berauben. Doch die Zeit dafür war noch nicht gekommen.

Max machte im Gewächshaus die morgendliche Visite seiner Sprösslinge, als Nina herein kam und unter der Eingangstür stehen blieb.

„Hast du die Zeitung gelesen, Max?"

Nina hielt sie ihm fragend entgegen.

„Noch nicht alles, habe ich was Wichtiges verpasst? Ich lese selten *Verschiedenes* oder *Unfälle und Verbrechen*. Sollte ich dort was Dringendes finden?"

„Ja, Verschieden ist das Stichwort. Unser ehemaliger Chef ist tot. Es kommt noch schlimmer, er wurde ermordet!"

„Du meine Güte, Mord? Von wem? Ich mochte ihn ja auch nicht sonderlich, aber gleich umlegen?"

„Du wirst es kaum glauben, aber die Ameisen, die sein Büro chronisch heimsuchten, haben ihn auf dem Gewissen!"

„Bei allen Tier- und Pflanzengeistern! Mit Ameisensäure kann man nur sehr schwer einen Menschen killen, sonst muss das Opfer schon sehr, sehr sensibel sein!"

„Das war er ja auch vielleicht, was weiß man denn schon von einem Gemüt in einer harten Schale! Laut Zeitung sind die Mörder in sein Sandwich gekrabbelt, ohne dass er es bemerkt hatte, während er ein längeres und womöglich aufregendes Telefonat hatte. Tüchtig zugebissen, haben sie seinen Hals gekitzelt. Er bekam fürchterlichen Husten, dass es ein kleines Erdbeben auslöste, und war erstickt. Man fand ihn rücklings auf dem Boden über dem Stuhl, ziemlich blau angelaufen. Der vergoldete Hörer der Luxusklasse baumelte noch an der Schnur. Alle Reanimation war für die Ameisen, will sagen für die Katz. Exitus letalis!"

„Sage ich doch immer, man soll nicht essen *und* reden! Wie viele Ameisen hat er selbst auf dem Gewissen und nicht nur sie! Seine Firma stellte Insektizide, Pestizide, Fungizide und solchen chemischen Agrarschmarren her. Diese Ameisen müssen ihn doch schon sehr gehasst haben, dass sie ein Selbstmordkommando losgeschickt haben! Aber ist es nicht ein schöner Tod für einen Boss einer solchen Firma? Offenbar hat ihm seine Höhenzulage in der Chefetage nicht genug Sicherheit gebracht."

„Du bist makaber! Aber höre, da steht noch was Interessantes dabei. Ich habe davon schon früher munkeln gehört. Das neue Management will nun die Umstellung der Produktion und Dienstleistungen auf biologische Schädlingsbekämpfung und Ökoprodukte vehement vorantreiben. Das wird wohl funktionieren, wo der Alte, der sich stets schwer damit tat und sich querstellte, nicht mehr da ist. Er schnallte die Zeichen der Zeit einfach nicht schnell genug. Aber er mag sich ob seines frühen Endes trösten, Louis XVI. kam mit der ehrlich gemeinten Reform der französischen Gesellschaft ebenfalls zu spät, die Revolution holte ihn ein und köpfte ihn und den Adel," erklärte Nina.

„Und in einer solchen Firma habe ich jahrelang gearbeitet. Ein Glück, dass ich rechtzeitig den Orangenbaum von dir bekam. Du warst früher erwacht als ich!", bekannte Max.

„Auf seine Art war der Chef ja auch grün. Denn sattgrüne Pflanzen mit farbenfrohen Blüten belebten doch einige Räume wie etwa die Kantine. Nur, die waren aus PVC", meinte sie beinahe ihn verteidigend und beschwichtigend. „Aber weißt du, Ameisen waren ja auch nicht die einzigen Untermieter in seinem Heiligtum."

„Ach ja?", war Max neugierig.

„Eine amüsante Begebenheit mag es dir erklären."

„Erzähl schon, ich bin ganz Ohr!", bat Max.

Dann berichtete Nina.

Ein gellender Schrei drang aus dem Büro des Chefs, als sei jemand von einem brutalen Messerstich getroffen worden. Dann hörte man einen Gegenstand auf den Boden fallen. Nina, die gerade in der Nähe beschäftigt war, rannte rasch ins Büro. Sie sah sich im Geiste schon sich über eine Schwerverletzte beugen. Da brach sie aber in schallendes Gelächter aus, als sie eine erschreckte und verdatterte Putzfrau dastehen sah, steif wie eine Steinskulptur vor einem griechischen Marmortempel oder Lots Frau, die bei Sodom und Gomorrha zur Salzsäule erstarrt war. Die Steinfigur brachte notgedrungen kaum ein vernünftiges Wort heraus. Aber nichts sah man, was auf einen schweren Unfall mit Körperverletzung hindeutete. Nur einige Bücher und etwas Papierkram aus dem Abfalleimer, der umgestürzt war, lagen verstreut am Boden.

Nina sprach sie an und die diplomierte Raumreinigungsfachfrau stammelte nur und zeigte auf das Bücherregal und den Computer, der auf dem Pult stand, jedoch von seinem Stammplatz etwas verrückt war. Aus den bruchstückhaften Worten konnte sich Nina reimen, dass offenbar einige widerliche Krabbeltierchen bei ihrer Aufräum- und Putzarbeit zwischen Büchern hervor und aus dem Gehäuse des Computers heraus an die frische Büroluft spaziert kamen, aber dann rasch wieder in andere Schlupflöcher im Raum verschwanden, da sie möglicherweise von einem menschlichen Angesicht erschreckt wurden. Ihr unerwartetes Erscheinen hatte auch der diplomierten Raumpflegefachfrau einen beinahe tödlichen Schrecken in ihr Mark und Bein gejagt.

„Es sind harmlose Tierchen, meine Liebe! Sie fristen gerne in Gebäuden und Häusern ihr verstecktes Dasein. Und da bevorzugen sie Bücher auf verstaubten Bücherregalen oder die Innenräume von Geräten wie etwa Computer mit ihren meist großzügigen Hohlräumen zwischen den Platinen und elektrischen Installationen. Die tun Ihnen doch nichts. Im Gegenteil sie sind sehr nützlich. Sie sind Räuber und jagen andere weit unangenehmere oder für uns gar schädliche Sechs- oder Achtbeiner. Es sind Braunbandschaben und Bücherskorpione. Letztere sind Miniausgaben von den Skorpionen, die sie wahrscheinlich von warmen Ländern kennen. Sie haben auch Zangen, die mit Giftdrüsen ausgestattet sind. Damit fangen und töten sie ihre Beute. Keine Angst, Ihnen können sie nichts anhaben oder sind Sie etwa angegriffen worden?"

„Nein, das nicht, aber ich hasse solch kleines, hinterhältiges Ungeziefer! Es reicht mir, dass sich hier immer Ameisen tummeln oder manchmal Spinnen, brrr! Aber danke für die Aufklärung."

Sie hatte ihre Stimme wieder gefunden und setzte ihre Aufräumarbeit fort.

„Soll ich für sie einige Skorpione fangen? In einem Glas können Sie sie gut nachhause nehmen. Haben Sie Wanzen in Ihrem Schlafzimmer oder Hausstaubmilben in Ihren Teppichen oder Läuse? Diese nützlichen Hausgenossen machen allen diesen doch eher problematischen Winzlingen den Garaus. Sie sind eine effiziente biologische Waffe gegen diese. Die chemische Keule ist weit schlimmer."

„Danke, ich verzichte großzügig darauf!"

„O, da fällt mir noch ein, sind keine Bücherwürmer raus gekrochen? Nein? Die haben ihren kleinen Mithausgenossen vielleicht das Lesen beigebracht. Schreiben Sie doch einen Brief an sie. Etwa: Liebe kleine Hausgenössschen! Hier ist kein Tummelplatz für euresgleichen. Wenn ihr das nächste Mal mich wieder zu Tode erschreckt, ziehe ich euch das Fell über die Ohren und mache Putzlumpen aus euch, klar so weit! Mit unfreundlichen Grüßen eure diplomierte Putzfachfrau! Wer weiß, vielleicht verstehen sie es ja oder?"

„Und, hatte sie Skorpione mitgenommen?", fragte Max und lachte, nachdem Nina geendet hatte.

„Nein, ich konnte auch keine fangen, wäre doch nicht so leicht gewesen für mich. Vielleicht ist ihr Haus ja auch clean, ich weiß es nicht, sie hatte auf alle Fälle nichts mehr gesagt und weiter gewerkelt."

„Und die Ameisen, die haben sich jetzt offenbar bitter gerächt, weil man sie gewaltsam umbringen wollte, mit den Spezialitäten des Hauses. Aber das wusstest du damals noch nicht, dass es so kommen sollte. Vielleicht ist sie mittlerweile ebenfalls wie der Chef umgekommen. Sie hat ja die Giftkeule in seinem Namen eingesetzt. Aber einfache Angestellte kommen nicht in die Zeitung", grinste Max.

„Sei nicht so gemein, Max!"

„Ja, ja! Aber vielleicht hätten der Chef und die Raumreinigungsfachfrau eine Ameisendressur einstudieren sollen. Die hätten sie am Firmenpolterabend präsentieren können. Zum Beispiel ein Wettrennen unter ihnen. Ein Highlight wäre das gewesen! Sicher wären sie deswegen von ihnen verschont worden. Oder das Gleiche mit seinen Läusen. Hatte er keine?"

„Du bist unverschämt! Aber vielleicht könntest *du* ja zum Dompteur avancieren. Wie wär's mit Blattläusen in deinem Gewächshaus?", lachte sie.

„Und du mit Küchenschaben! He, gar nicht schlecht, eine solche Show passt gut ins Varieté in Dan's Orangerie oder?"

„Uiui!"

„Was den Sinneswandel der Manager angeht, bist du ja nicht ganz unschuldig, Nina! Eine Veränderung in ihren Köpfen nahm offensichlich den Anfang, als du einen Orangenbaum auch ins Zimmer für die wöchentlichen Geschäftssitzungen gestellt hast. Was meinst du, wenn wir den Managern anderer Firmen oder an Regierungen Orangenbäume zustellten? Wofür haben wir denn ein so tolles Gewächshaus?", fragte Max mit ernster Miene.

„Klar, natürlich, aber auch Parteibossen oder!", lachte sie.

„O, du erinnerst mich gerade daran, ich muss ja noch Dan wegen einer Lieferung anrufen!", tippte Max sich an der Schläfe.

HOCHPARTERRE

Die kleine fünfjährige Anna ließ sich von der Mutter an der Hand führen. Sie hatten einige Einkäufe getätigt und strebten gemeinsam quer über die Straße einem der Hauseingänge in den Häuserfronten zu, die die Straßenschlucht säumten. Sie betraten den Eingang und wollten gerade die Türe ganz schließen, da erschien Kasimir und schlüpfte durch den restlichen Türspalt in den Hausgang. In kleinem Abstand hielt er sich dicht hinter Anna und wartete. Anna drehte sich nach ihm um und riss sich von der Mutter los.

„Mama, schau! Der herzige Kasimir ist wieder da!"

Sie trat ganz zu ihm, kauerte auf den Boden, um gleichsam auf Augenhöhe mit ihm zu kommen und wollte ihn in ihre Arme nehmen, gerade so wie es die Mutter mit ihr zu tun pflegt, um sie zu liebkosen. Aber Kasimir duckte sich, sträubte seine Fellhaare auf dem Rücken, machte den Katzenbuckel und knurrte:

„He, ich bin kein Schmusekater, auch wenn du lieb bist!"

Aber Anna verstand nur ein abwehrendes energisches Knurren und Miauen. Die Mutter mahnte ihre Tochter, ihn nicht gegen seinen Willen an sich zu nehmen.

„Er ist eben kein Schmusekater, Anna! Du darfst ihn trotzdem lieb haben!"

So ließ sie ihre Hand nur zärtlich über das weiche, wohlige Kaschmirwollfell seines Buckels streichen. Kasimir ließ es geschehen und entspannte sich. Dann öffnete sich die Lifttür und beide stiegen ein.

„Willst du auch mit?", fragte Anna Kasimir.

Der miaute und sprang zwischen den beiden hindurch ebenfalls in den Aufzug.

„Mama, kann der Kater sprechen?"

„Ja, sicher, aber wir verstehen ihn nicht. Doch unter sich können alle Tiere sprechen. Sie kennen ein ganzes Repertoire an Lauten, so wie wir Silben und Wörter. Damit können sie sich verständigen. Natürlich nicht so reichhaltig und umfassend wie wir. Ich denke, er hat dich dennoch gut verstanden, was du wolltest. Zu allem brauchen wir ja auch nicht immer Worte. Er beobachtet dich ganz genau und sieht die leisesten Bewegungen und die feine Mimik in deinem Gesicht. Seine sehr wachen und scharfen Sinne erlauben ihm das. Unsere sind direkt oberschwach und unterentwickelt, weil wir unseren sprachlichen Reichtum mit Wörtern und Sätzen haben. Natürlich versteht er nicht die Wörter im Einzelnen. Aber er versteht vor allem unsere Körpersprache und die Emotionen, den Ton, deine Gefühle, die du in deine Sprache, in deine Stimme legst. Und das machst du immer, auch wenn du es nicht merkst. Und er versteht das sehr wohl richtig zu deuten. Darauf ist er auch angewiesen", erklärte die Mutter, während sie und der Kater nach oben rauschten.

Anna wohnte im obersten Stock gleich unter dem Dach. Kaum dass sich die Tür zum Aufzug wieder geöffnet hatte, sprang Kasimir in den Gang, schwang sich durch das oberste Fenster, das offen war, aufs Dach hinaus und verschwand. Um diese warme Jahreszeit sorgte das Fenster für Frischluftzufuhr und etwas Kühlung. Kasimir war nicht das erste Mal hier. Anna hatte ihn eines Tages vor langer Zeit im Hausgang als junger Kater angetroffen und mitgenommen. Da er niemandem zu gehören schien, hoffte sie, ihn adoptieren und in ihrer Wohnung beherbergen zu können. Kasimir tolerierte auf Anhieb ihre Nähe, ließ sich streicheln, da er damals ein klein wenig verängstigt war, aber nie als Schmusekatze in die Arme nehmen. Die Mutter sah, dass es ein Männchen war, und Anna gab ihm den Namen Kasimir. Auf diesen Namen hörte er auf alle Fälle. Seither verbindet sie eine stille Freundschaft. Oft brachte sie ihm eine Schale Milch aufs Dach hinaus. Dort hielt er sich am liebsten auf. Diese schlürfte er offensichtlich mit Behagen. Sie freute sich jedes Mal, wenn er da war.

Warum sie ihren Liebling Kasimir taufte, wusste sie selber nicht so genau, er fiel ihr einfach spontan ein und Kasimir gefiel er offenbar auch. Ihre Mutter freute sich an der Tierliebe ihrer Tochter, verbot ihr aber, ihn in die Wohnung zu nehmen.

„Du darfst das nur, wenn du merkst, dass er es auch will. Weißt du, auch er hat seinen eigenen Willen, genau wie du. Du hast es ja auch nicht gern, wenn man mit dir macht, was man will oder?", belehrte sie Anna.

Sie verstand, wenn sie dabei an sich selber dachte. Sie konnte ihm ja häufig auf dem Dach, wo sich auch andere Katzen aufhielten, begegnen und da ist er noch nie vor ihr geflohen. Wenn sie erschien, kam er meist auf sie zu und ließ sich über den Rücken streicheln und wenn er mal wieder Milch bekam, ließ er sich gerne dazu einladen. Aber Kasimir wäre nicht Kasimir, wenn er davon abhängig würde. Er blieb der ausgezeichnete Jäger und zeigte das auch offen gegenüber Anna, die ihn deswegen lobte. Sie war sogar begeistert, als sie einsah, dass eine richtige Katze oder ein richtiger Kater mit dem ganzen artgemäßen Verhalten weit spannender und interessanter ist als eine Schmusekatze, die vergessen hat, was für ein Lebewesen sie eigentlich ist.

Da oben auf dem Dach war es wie in einer neuen Siedlung. Es war ein Hochplateau unter freiem Himmel, von Menschenhand geschaffen als vielfältiger Häuserabschluss on the top. Kaum je ein Flecken glich dem andern. Unterschiedlicher und damit abwechslungsreicher konnten sie nicht sein, diese Hausdächer, ganz im Gegensatz zu den Straßenschluchten unten im Tal des Betongebirges, die Grau in Grau von architektonischer

Langeweile nur so strotzten, als fühlten sie sich verpflichtet, die Eintönigkeit mancher Arbeitsplätze bis zu den Wohnungen weiter zu führen, sie zu pflegen und zu kultivieren.

„Man müsste einen Wettbewerb zur fantasievollen Fassadenbemalung ausschreiben. Kunstmaler, Graffitimaler, Schulklassen sollten dazu eingeladen werden. Eine Jury müsste dann eine Auswahl an Personen oder Gruppen treffen, die mit der Arbeit beginnen. Danach dürfte es eine Freude sein, in den Gassen und Straßen zu flanieren. Vielleicht würde sich das tatsächlich als touristische und wirtschaftliche Erfolgsstory auszahlen, nicht nur belebend und positiv aufs Gemüt der Einwohner und deren Lebensqualität auswirken!" schwärmte einmal Nina.

„Du hast Ideen, aber warum nicht! Kannst du nicht einen politischen Vorstoß dafür wagen? Vielleicht findest du sogar Gehör."

„Einverstanden, ich werde einen Vorstoß machen, Max!", versprach sie.

Kasimir hatte sich ein sonniges Plätzchen auf einer Mauer ausgesucht, sein Stammplätzchen sozusagen, wo er gerne in der Sonne döste, sofern er nicht auf Mäusejagd war. Aber er hatte das noch unten besorgt. Schwindelfrei wie er war, konnte er sich erlauben, sich in enger Nachbarschaft zum Dachabsturz bequem zu machen. Da hatte er schon einmal mit einer Katzendame geflirtet. Das war vermutlich für beide ein Extra der besonderen Art. Soll auch bei Menschen ein Highlight in Sachen Sex sein, sich in einer extremen, wenn möglich nicht ungefährlichen Umgebung zu umschlingen. Extremsex, Extreme machen sexy, Macht ebenfalls.

Im Augenblick gab sich Kasimir mit Träumen zufrieden. Wovon sah man ihm nicht an. Die Tür zum Aufgang öffnete sich und Anna brachte wieder Milch in einer kleinen Schale und stellte sie ans Mäuerchen unterhalb des schlafenden Katers. Sie stand still, betrachtete ihn lächelnd. Der blinzelte einige Male zu ihr, schlief dann aber wieder weiter und Anna hüpfte wieder weg und verschwand in der Tür.

Der Boden bestand aus einem Hartbelag, der sich gegen die Mitte hin wölbte, sodass das Regenwasser zu den seitlichen Maueröffnungen fließen, durch sie hindurch und in den Dachrinnen zu den Röhren und durch diese nach unten abfließen konnte. Die Hälfte der Dachfläche überspannten mehrere Zeilen Wäscheleinen. Die benachbarten Dächer waren selten auf gleicher Höhe. So erschien das Landschaftsbild bergig. Kamine unterschiedlicher Anatomie, schlanke und eckige, runde und dicke, hohe und niedrige, Doppelbildungen neben einfachen, kugelige oder zylindrische, überdachte oder offene, einzeln oder in Gruppen brachten Vielfalt ins Bild. Zwischen schwarzen Kaminen mit weißem Rauch und hellen Kaminen mit dunklem Rauch entfaltete sich ein Spannungsfeld von Rivalität und

Konkurrenz, Spott und Witz, manchmal Streit und Zwist, Kabale und Liebe, aber auch Freude, Feier, Ausgleich und Versöhnung. Diese Siedlung on the top des Betongebirges lebte.

Manche Dächer waren zu echten Terrassen ausgebaut, andere bildeten eher schlanke, schmale Giebelwege, beidseitig vom schrägen Ziegeldach begrenzt. Es schien, als imitierten sie Grate im natürlichen Gebirge. Vielleicht bildeten sie Trainingsplätze für angehende Alpinisten oder Zirkusartisten. Manchmal waren die ebenen Dächer für diverse Zwecke frei belassen, andere beherbergten in der Mitte oder am Rande ein kleines Häuschen als Materialkammer oder Waschhaus. Wer oben stand und über die Stadt hinweg sah, dem bot sich das Bild einer eigenständigen Siedlung, beinah unabhängig von jener im Tal unten in den Straßen und Gassen, Hochparterre oder Hochquartier könnte man sie bezeichnen. Nicht nur die Architektur, sondern auch das Leben hier oben hatte eine Eigendynamik entwickelt. Kasimir und die ansässigen Feliden verbanden beide Welten als Vermittler zwischen ihnen gewissermaßen. Manchmal schlief er oben, vor allem wie jetzt zur Sommerzeit, manchmal unten in der angestammten Abstellkammer.

Eines Tages hatte ihm Anna mit Hilfe ihres Vaters einen kleinen Holzverschlag gebaut, ihn in eine Ecke gestellt, sodass er vor Nässe geschützt wäre. Den bewohnte er tatsächlich und in der letzten Zeit sogar manchmal auch im Winter, denn die Box war sehr solide, katzentauglich gebaut, mit Material im Innern ausstaffiert, in das er kuscheln konnte. Anna pflegte seine Behausung regelmäßig und ordentlich. Sie war eine regelrechte Katzen-, beziehungsweise Katermutter geworden. Sie gäbe bestimmt einmal eine gute Veterinärin oder Direktorin eines Tierheims ab.

Im Zuge fortschreitender Stadtbegrünung unter der Initiative von Max und Nina erhielt auch das Hochparterre einen Schub, als sei eine Rückeroberung der Natur in alte Zustände, ehe die Stadt bestanden hatte, in Gang gekommen. Wo kahle Mauern und Dämme Abschluss und Grenzen zur Nachbarschaft bildeten, standen nun Sträucher und Hecken oder Topfpflanzen. Sogar Vögel und Insekten wie Bienen, Hummeln und Schmetterlinge begannen Einzug zu halten. Auch das eine oder andere Wespennest fand sich an einer geschützten Stelle, ohne aber die Bewohner zu gefährden. Im Gegenteil einige Tierfreunde beobachteten mit Kameras bewaffnet den hoch interessanten Aufbau eines Insektenstaates. Einer unter ihnen war Lehrer und wollte das Material für die Schule nutzen. Wespen sind Fleischfresser, füttern ihre Brut mit Larven von Insekten, von denen viele Schädlinge oder Lästlinge sind. Sie gehören zum Erhalt des Gleichgewichtes dazu. Erst wenn Staaten zerfallen, fallen sie über alles Fressbare her. Sie werden vom Duftsalat angelockt und den erzeugen wir

Menschen bis zum Exzess. Wir sind also an einer Plage, so sie denn eine ist, absolut nicht unschuldig.

Sofern das eine Flächenbelegung zuließ, wurden Tische und Stühle gebracht, die ein Freizeitleben in luftiger Höhe mit Partys und Feiern erlaubten, vor allem an Wochenenden oder bei speziellen Anlässen. Besonders Kreative begannen Blumen, Kräuter und Gewürze, ja sogar Gemüse zu ziehen und mitunter erfolgreich eine regelrechte Landwirtschaft einzurichten, Agrarflächengewinn im Hochparterre! Warum war man nicht schon früher darauf gekommen? An einigen Fassaden kletterte Efeu empor, begann das eintönige Grau in lebendiges Grün zu verwandeln und beherbergte unter seinem schützenden Blätterdach eine tierische Lebensgemeinschaft von Spinnen, Käfern, ja sogar Eidechsen, die fähig waren, die senkrechten Mauern rauf und runter zu klettern und Jagd auf das Kleingetier zu machen.

Natürlich waren nicht alle begeistert, befürchteten sie doch eine Invasion von allerlei Ungeziefer in ihre Wohnungen. Doch solche Ängste erwiesen sich als unbegründet, auf alle Fälle nahm die Zahl solch unliebsamer Haugenossen kaum zu. Ungeziefer ziehen auch Räuber nach sich, die sie in Schach zu halten in der Lage sind. Schaben und Ameisen hatten sich schon immer bei Wohnungen eingenistet, nicht erst mit dem Fortschreiten der Begrünung.

Wer am frühen Morgen und am späten Abend das Hochparterre aufsucht, dem werden prächtige Sonnenspektakel zum Schauen geschenkt. Die Dächer liegen zur frühesten Morgenstunde noch im dunklen Schatten. Dann erscheint langsam wie eine Göttin der Herrlichkeit hinter den Silhouetten der Dächer die rotorange leuchtende Kugel, erst nur der feurige oberste Rand, dann mehr und mehr, majestätisch und bedächtig, als genösse sie selbst das sachte Erscheinen. Das rotorange Licht erfüllt den Himmel, ein feierlicher Morgengruß an die erwachende Orangenstadt. Welche Gnade von der Himmelsgöttin! Sie verdrängt die nächtlichen Schatten. Die weichen ebenso langsam Richtung Betrachter, die Objekte werden von den ersten Sonnenstrahlen getroffen. Die Göttin ist schließlich zur vollständigen Größe herangewachsen. Sie ist zum Greifen nah und man mag staunen, dass die Dächer und Gebäude kein Feuer fangen und nicht der Göttin gleich in loderndem Feuer erstrahlen. Höher am Horizont aufgestiegen verwandelt sie im gleichen Zuge ihre rotorange Farbe in loderndes Gelb und schließlich in gleißendes Weiß. Verboten ist es, ihr unbewaffneten Auges ins Angesicht zu schauen. Göttinnen darf man nicht direkt schauen, unser Nervensystem, unsere Sinnesorgane würden zweifellos verbrannt und zerstört.

Das Tageslicht ist zurückgekehrt. Das Leben erwacht. Aber schon ehedem beginnt es in einigen Gärten zu singen. Die ersten Vögel haben ihr frühmorgendliches Konzert gestartet. Sie begrüßen das Erscheinen der Sonne wie die Paviane auf den Tempelanlagen im Alten Ägypten. Des Abends erlebt man den gleichen Prozess in allen Belangen spiegelbildlich. Die Sonne begrüßt ihrerseits täglich zweimal die Orangenstadt feierlich. Sie tut dies auch im Verborgenen, wenn ein grauer Vorhang sie von der Stadt trennt.

Abende, vorwiegend frühsommerliche Abende und am liebsten natürlich Abende vor dem Wochenende, auf die man sich schon die ganzen fünf Tage im Voraus gefreut hatte, und wenn die Prognosen noch dazu gutes Wetter angekündigt hatten, erwecken das Hochparterre zu speziellem Leben. Dann zeigt sich diese Hochsiedlung erst recht so ganz eigen, anders als in der Talschaft unter ihr.

An Abenden der länger gewordenen Tage steigen da und dort in den Dachgärten kleine weiße oder graue Nebelschwaden auf. Es riecht und duftet einladend nach Gebratenem und Gegrilltem. Schwatzen und Lachen. Man hört es deutlicher durch den freien Raum über das Hochparterre hinweg, lauter und weiter als unten in den Straßenschluchten. Familien und Freunde sitzen zusammen und genießen ihr gemeinsames Abendmahl unter freiem Himmel. Seit jüngster Zeit steigen manchmal auch grölende Partys, die mit schwerem Alkohol feierlich begossen werden.

Und wenn die Dämmerung hereinbricht, werden da und dort farbige Lampen entzündet, manchmal kleine Lichterketten, Girlanden, die über den Köpfen ihr bengalisches Licht ausbreiten und der Szene eine romantische Note erteilen. Das gleiche Ergebnis erzielen an anderen Stellen Kerzen, die leeren Weinflaschen aufgesteckt sind. Die Flaschen schmücken dicke Wülste geschmolzenen, hinunter geflossenen und wieder erstarrten Wachses. Es sind Zeugen von vielen vergangenen feuchtfröhlichen Festen.

Da gab es aber auch kleine frei lebende Lichtpunkte wie winzige LED-Lämpchen, die einst auf dem Hochparterre erschienen waren. Sie existierten nicht schon von Anfang an da. Ihre Bestimmung bestand nicht darin, einem romantischen Ambiente ihren Beitrag zu leisten. Und dennoch taten sie dies auf ihre Weise. Nicht human made waren sie. Mysteriös gebärdeten sie sich, wie sie da herumschwebten, dann irgendwo sich niederließen, am liebsten in Gärten, manchmal auch auf dem bloßen Kies oder gar auf dem Hartbelag einer Terrasse. Dann blinkten sie immerfort. Wer genauer hinsah, erkannte ein reguläres Blinkmuster, das wohl kaum zufällig war. Wer signalisiert wem was und wozu?

„Gell, das sind kleine Feen!", rief Anna einst, als sie die kleinen hellen Blinklichter zum ersten Mal in der Nachbarschaft gewahrte.

Mit ihren Eltern saß sie damals auf der Terrasse. Auch sie genossen die frühsommerlichen Abendstunden im Hochparterre. Die Dämmerung war bereits angebrochen, sodass solche Lichter deutlich hervortraten. Anna erinnerte sich wohl an die Fee, die als kleine leuchtende Kugel um *Peter Pan* herumschwebte und ihn überallhin begleitete. Die Geschichte vom Jungen, der nie erwachsen werden wollte und mit Kapitän Hook kämpfte, kannte sie natürlich. Und als ein Blinklicht ganz in ihrer unmittelbaren Nähe auf dem Mäuerchen ihrer eigenen Terrasse erschien, war Anna ganz aus dem Häuschen. Sie trat nah heran, um der kleinen Fee Auge in Auge gegenüber zu stehen. Papa stand auf und trat zu ihr.

„Vorsichtig, Schatz, sonst vertreibst du sie. Aber weißt du, es ist keine Fee. Es ist ein Glühwürmchen", mahnte er seine Tochter.

„Glühwürmchen? Was ist das?", drehte sich Anna zu ihrem Vater um.

„In der Spätfrühlingszeit erscheinen sie. Es sind Insekten. Komm, ich hole eine Taschenlampe, dann können wir sie genauer angucken!"

Er wandte sich zum Gehen, um im Haus eine Taschenlampe zu holen.

„Oh, jetzt fliegt es weg, schnell, schnell, Papa!", rief Anna ungeduldig, als das Glühwürmchen seinen Platz verließ, aber nur um in einiger Entfernung auf dem Boden zu landen und dort erneut zu leuchten.

Die Mutter war ebenfalls zur Tochter getreten. Papa kam zurück und gemeinsam beobachteten sie nun den Leuchtkäfer, der vor ihren Augen auf dem Boden harrte und im Rampenlicht von Papas Taschenlampe fröhlich weiterblinkte.

„Siehst du, Anna! Jetzt können wir deutlich das Hinterteil sehen, das wie eine Lampe Licht auszusenden vermag. Es sind zwei Abschnitte, sie heißen Segmente, hinten am Körperende. Die tun das. Wir Menschen sind also nicht die ersten, die Kunstlicht erzeugen. Das gibt's in der Natur schon lange, lange vor unserer menschlichen Technik. Es sind chemische Stoffe im Körper des Käfers, die das Licht erzeugen. Erinnerst du dich Anna? Wir haben doch schon in einem TV-Film über die Ozeane gesehen, dass in der großen Tiefe, wo immer schwarze Dunkelheit herrscht, ebenfalls leuchtende Tiere leben," erklärte Papa.

„Ja, die farbigen Lichter im Meer? Du hast gesagt, die sind wie lebende Leuchtreklamen, Papa!"

„Genau! Es waren Quallen, Rippenquallen, die wir gesehen haben. Ja die leuchten abwechselnd an ihren Rändern in vielen Farben wie Leuchtreklamen in einer Großstadt. Wir sahen im Film auch viele andere leuchtende Fische und Tiere, die ganz ähnlich blinken wie hier unser Glühwürmchen. Manchmal helfen solchen Tiefseetieren Bakterien das Licht zu erzeugen. Es gibt auch kleine winzige Algen im Meer und die tun das auch. Wenn man in der Nacht im Meer schwimmt, scheint das Wasser bei jeder Bewegung mit den Armen und Beinen Funken zu sprühen. Die

Algen leuchten auf, wenn sie bewegt werden. Das da ist eben kein Würmchen. Männchen und Weibchen der meisten Leuchtkäfer können leuchten. Sie tun das, um sich zu finden. Dann paaren beide, das Weibchen legt die Eier und daraus gibt's wieder neue Leuchtkäfer."

„Können wir sie nicht bei uns behalten und mit ihnen den Christbaum schmücken anstatt Lichterketten?", schlug Anna vor.

Die Eltern lachten: „Gar nicht so dumm, Schatz, aber es geht nicht. Weißt du, sie leben nicht bis in den Winter. Wenn das Weibchen die Eier abgelegt hat, stirbt es. Das Männchen schon vorher. Die Insekten leben leider nicht viele Jahre wie wir oder Katzen oder Hunde oder große Tiere, die du kennst. Nach kurzer Zeit, manchmal schon nach einigen Tagen oder Monaten sterben sie, kein Jahr überstehen sie. Die Natur ist halt bei ihnen so eingerichtet."

In einem Garten des Innenhofs wurden ebenfalls Leuchtkäfer beobachtet. Es ist anzunehmen, dass sie von da ins Hochparterre hinauf flogen oder von warmen Aufwinden hinauf getragen und im Zuge der Entstehung der Gartenanlagen hier heimisch wurden. Von da an hatten sie ein zusätzliches Rayon erobert. In der Orangenstadt waren sie noch nicht so häufig. Die ersten waren mutmaßlich aus der näheren Umgebung zugeflogen oder gar auf den Schwingen des Windes in die Orangenstadt getragen worden. Auch andere Insekten verfrachtete der Wind nach oben und beimpfte mit ihnen die Gärten. Viele nisteten sich dann definitiv im Hochparterre ein.

Licht hat die Menschen schon immer fasziniert. Alle Kulturen bis zurück zu den ältesten zeigen das. Nicht nur die Sonne, auch Licht allgemein in der Natur und natürlich zum Leuchten fähige Organismen. Man sah in Letzteren oft etwas Geheimnisvolles, Mysteriöses, mitunter gar Bedrohliches. Unbekanntes erzeugt Ängste, weil man es nicht versteht und nicht kontrollieren kann. Die Wesen in den Ozeantiefen waren allgemein Angst erregend für unsere Vorfahren. Schon deren Erscheinung erweckte Vorstellungen von Teufeln, Monstern, Bösem. Darstellungen des Bösen erhielten ja von den Künstlern Form und Aussehen solcher Organismen. Die Sonne verehrte man oder betete sie sogar an, weil man in ihr den Leben spendenden Faktor erkannt hatte. Aber andere Lebewesen, die Licht erzeugen konnten, kamen nicht in diesen Genuss. Sie galten als böse Geister oder als zu bösen Geistern gewordene böse Menschen, die ihr Unwesen trieben, vor denen man sich schützen musste. Wer das Licht beherrscht, ist entweder ein Gott oder ein Teufel. Prometheus beherrschte das Feuer und verursachte Katastrophen, er war ein Teufel, kein Gott.

Glut und Feuer bedeuten nicht immer nur Zerstörung, wenn sie Organismen verbrennen. Sie können sogar mit dem gleichen Gluthauch und Feueratem buchstäblich Initialzündung zu neuem Leben sein. In zyklischen Waldbränden natürlichen Ursprungs müssen einige Samen in der Erde den Brand über sie erleben, ehe sie aufzukeimen vermögen. Der Kuss des heißen Rauches erweckt sie zum Leben. Wo dieser ausbleibt, bleiben sie unfruchtbar. Wer in seinem Gewächshaus oder Garten solche Pflanzen hegen will, muss mit heißem Rauch das Auskeimen der Samen initiieren.

Als die Nacht hereinbrach, zogen sich Anna und ihre Eltern wieder ins Haus zurück. Auf Drängen ihrer Tochter musste Papa ihr Fotos und Darstellungen in ihrem Naturlexikon zeigen und mehr über die sonderbaren Wesen, die Glühwürmchen genannt werden, erklären. 95% Lichtausbeute fand man bei der Biolumineszenz, wie man die Leuchtfähigkeit nennt. Kaum eine künstliche Lichtquelle erreicht diesen Wirkungsgrad, stellte Papa im Lexikon bewundernd fest.

„Wir können noch immer viel von der Natur lernen, gerade wenn es um Umweltverträglichkeit und neue Ideen geht, wie man unsere Technologie und Wirtschaftsweise *mit* und nicht *gegen* die Natur gestalten kann", dachte Papa laut.

Dann musste das wissbegierige Mädchen ins Bett. Ob Kasimir diese kleinen leuchtenden Feen auch zu fangen versucht, wenn er überhaupt dazu eine Chance hat? Sie fände das eigentlich fast schade, als sie vor dem Schlafen darüber nachdachte. Kasimir hatte sie an jenem Frühsommerabend nicht gesehen.

Ein großer, diffuser Schatten huschte über die Dächer, streifte die Kamine, touchierte die Terrassen, setzte sich über Wäscheleinen und gespannte Drähte hinweg, die er unter sich zurück ließ. Dann wurden die Umrisse des Schattens deutlicher und das Objekt, das ihn aufs Hochparterre warf, senkte sich zum Tiefflug und steuerte auf eine Plattform zu, die irgendwo aus der Hochsiedlung in den Himmel ragte. Ein lautes Klappern empfing es. Der große weiße Vogel mit dem langen roten und spitzen Schnabel verlangsamte seinen Flug, stellte seine dünnen Stelzenbeine nach vorn, löste den Körper aus seiner gestreckten Lage, schwang kräftig seine weit ausgebreiteten Flügel gegen seine Flugrichtung, bremste so den Anflug und setzte schließlich neben seiner Partnerin auf. Das Paar hatte einen beachtlichen Horst gebaut, die Eier darin abgelegt und ausgebrütet. Jungstörche bettelten nach Nahrung, die der Ankömmling aus seinem Kropf auswürgte und in die aufgerissenen Rachen stopfte. Immer wieder klapperten die Partner, um die Zusammengehörigkeit zu bezeugen. Abwechslungsweise holten sie Nahrung für sich selbst und ihren Nachwuchs.

Seit die Stadtbegrünung vorangeschritten war, hatten sich einige Störche wieder eingefunden. Anfänglich bauten sie ihre Nester auf überdachten Kaminen, wenn sie wenigstens ein Minimum an Fläche boten. Doch ideal war es kaum. Das sahen einige Tierfreunde unter den Bewohnern des Hochparterres und errichteten einige großzügig angelegte Plattformen, die sogar die Kamine überragten. Ein Erfolg, denn seither wurden diese zu ihrer Freude fleißig genutzt.

Als in den Köpfen der Menschen das Gespenst der Überbevölkerung herum zu geistern begann, hatten die Störche es aufgegeben, weiterhin den Eltern Säuglinge und den Säuglingen Eltern zu bringen. Sie entschlossen sich vielmehr, es dem Ermessen der Menschen zu überlassen, wann und in welchem Ausmaße sie sich zu vermehren gedachten. Es war ihnen sehr daran gelegen, dass die individuelle Freiheit und Selbstbestimmung uneingeschränkt verwirklicht würden. Eine der Errungenschaften der Französischen Revolution waren ja diese, die zurückblieben, nachdem das schreckliche Blut abgeflossen und die Wunden einigermaßen verheilt waren. Es ist ja dennoch noch nicht alles secundum Lucam, denn in den Teppichetagen tut man sich trotz Hochblüte der Wirtschaft noch immer schwer, Frauen und Männern für die gleiche Leistung auch den gleichen Lohn zu entrichten. Alle sind gleich, aber einige noch immer gleicher.

Doch gerade das Hochparterre hatte das Potenzial Ausgleich zu schaffen. Da gab es kein Stockwerk über ihm, das die Menschen spaltete und in eine Rangordnung brachte. Die höchsten Positionen besetzte ohnehin das Volk der Störche und das fühlte sich nicht über das Menschenvolk erhaben. Von denjenigen, die sich hier oben trafen, ließ die Mehrheit ihre Position in der Gesellschaft unten zurück. Gemeinschaften bildeten sich, wenn Quartierfeste hier oben stattfanden. Dazu war das Hochparterre mehr als einladend. Leichter hatte man es da, sich als Mensch, als Mitmensch zu begegnen, nicht als Chef und Angestellter, nicht als Vorgesetzter und Untergebener, nicht als Herr und Knecht. Keiner hatte Grund sich positionshöher zu gebärden als der andere. Was hindert, dies beizubehalten und nach unten ins Tal mitzunehmen?

DER TANZ DER KATZEN

Kasimir döste noch immer auf der Mauer im Hochparterre. Dann entrollte er sich, sprang auf den Boden und wollte die Milch leer schlürfen, die Anna ihm gebracht hatte, bevor die Sonne sie in die Luft gesogen oder andere sich darüber her gemacht hatten. Ein schmeichelndes Miauen meldete sich dicht hinter ihm. Kasimir drehte sich um. Das Miauen verstummte, denn die Nase des Kopfes, dem es entsprungen war, rieb sich zur Begrüßung zärtlich an jener Kasimirs und dann an der weichen Flanke. Ihre Schwänze richteten sich hoch auf und umschlangen sich zärtlich, dann strichen sie liebkosend wechselseitig über ihre Rücken. Es war Kitty, die offenbar Frühlingsgefühle im Herzen spürte und Kasimirs Nähe suchte. Er ließ sich das gefallen, hielt beim Schlürfen inne, rückte sogar etwas bei Seite, wie es sich für einen Gentlemen-Kater gehörte, und lud die Katzendame ein, sich ebenfalls am köstlichen Getränk gütlich zu tun. Sie küssten und sie schlugen sich nicht, sondern lebten ein friedliches Nebeneinander.

Zwischenzeitlich hatte Kasimirs Sonnenplätzchen eine prächtige, leuchtend grüne Eidechse eingenommen, die aus einer Spalte in der Mauer gekrochen und nach oben geklettert war und nun die wärmenden Sonnenstrahlen begierig aufnahm. Das tägliche Sonnenbad gehörte obligatorisch zu jedem Eidechsenleben. Die kühlen Nächte in den verborgenen Innenräumen des Mauerwerks machen steif, sodass eine Belebung durch die liebe Sonne die nötige Beweglichkeit und Vitalität für den Alltag zurückbringt. Die Smaragdfarbe schillerte im Lichtspiel auf der Hautoberfläche. Ihre wachen Sinne kontrollierten die Umgebung aufmerksam. Sonnenhungrig war sie indes nicht allein. Ein kleiner schwarzer Käfer krabbelte ebenso aus einer geheimen Mauerritze.

Diese Felsen, von Menschenhand geschaffen, müssen unglaublich attraktiv sein für so manches, was da kreucht und fleucht. Dieser da hatte ein schwarzes Kleid übergezogen, um möglichst viel von der Sonnenenergie zu raffen. Offenbar war das Wissen um den Planck'schen Trick, dass schwarze Flächen quantenweise Wärme zu absorbieren fähig sind, auch zu ihm gedrungen. Warum auch musste der sonnenhungrige Hexapode ausgerechnet in die Schnapplinie der Eidechse mit der leuchtend grün schillernden Hautfarbe geraten? Hatte er soviel Vertrauen in sein schwarzes Mäntelchen, dass er sich einbildete, es würde ihm tatsächlich allen Schutz bieten und ihm erlauben vor jedem Maul einer zu gehen, als befände er sich auf einem gemütlichen Spaziergang unter einer romantischen Pagode? Bitte in der Nacht, ja da wäre er als Schwarzer vor schwarzer Kulisse weiß Gott gut getarnt, meinetwegen sogar geeignet als Wächter der Nacht, aber jetzt am helllichten Tag? Ein hungriges Maul zerstörte die imaginäre

Pagode blitzschnell und der Käfer verschwand knisternd im Schlund, als die Kiefern seinen Chitinpanzer zerquetschten. Wie lange ihm bis dahin sein Leben zu fristen vergönnt war, wusste nicht mal die Eidechse, die dafür das ihre gesichert hatte.

Kasimir und Kitty hatten von der Dramaturgie des Lebens, das sich in einiger Entfernung von ihnen abgespielt hatte, nichts mitbekommen, zu sehr waren sie in ihre Frühlingsbeschäftigung vertieft. Dann bekamen sie Gesellschaft. Kitty löste sich wieder etwas von Kasimir und begann sich in Mückenfangen zu üben.

Miezy hatte ihr Sonnenbad einige Häuser weiter auf einem Dachvorsprung genossen. Die Metallverkleidung war gerade in den Morgenstunden, wann die ersten Sonnenstrahlen auf sie einschlugen, eine rasche Wärmequelle. Ob sie gegen Rheuma Vorkehrungen zu treffen hatte und daher ein solches Plätzchen einer kühlen Mauer vorzog, konnte nicht eruiert werden. Wer kennt denn schon die Gedanken und Absichten, die sich in einem Katzenhirn tummeln?

Im Verlaufe des Vormittags begann sich die Unterlage bei dieser Jahreszeit notgedrungen rasch aufzuheizen. Die Katze auf dem heißen Blechdach fand es an der Zeit für einen Wechsel zu sorgen. Sie sprang auf und spazierte über die angrenzende Terrasse. Eine Taube ließ sich gerade auf ein nahes Geländer nieder. Miezy schaltete sofort auf den Schleichmodus um. Langsam und vorsichtig und alle Sinne aufmerksam auf das Verhalten der fetten Taube fokussiert, pirschte sie voran. Der Vogel schien es nicht zu bemerken, er flatterte nur von seinem Hochstand auf den Boden runter und begann einige Körner oder was er dafür hielt um sich herum aufzupicken. Manchmal erwischte er auch nur erloschene Zigarettenstummel, die vom letzten oder vorletzten Rauchopfer stammten, das die Zweibeiner hier oben der grandiosen Skyline dargebracht hatten.

Die Konstellation könnte für Miezy kaum günstiger sein. Unter Einsatz ihrer gestandenen Jagdkunst sprang sie mit ausgefahrenen Krallen auf den noch immer ahnungslosen Vogel. Keine Chance noch rechtzeitig wegzufliegen. Miezy hatte die flatternde Taube gefangen und ihr den Kopf abgebissen. Später verließ sie den Platz des Morgenmahls und trottete zufrieden schnurrend weiter. Einige restliche Federn schwebten übers Dach, vom Winde verweht oder eher von einem angenehmen Windchen, das als Aufwind vom erwärmten Talboden nach oben stieg und über das Hochparterre strich. Anderes Gefieder in der Nähe war wohl doch ob des Geschehens erschrocken. Tauben flogen auf und starteten zu ihrem Karussell in der Luft, um sich später nach mehreren Kreisflügen wieder irgendwo niederzulassen, nachdem sie ihren Stress abgebaut und sich wieder beruhigt hatten.

Sind Tauben nicht friedliche Tiere, unschuldig in ihren weißen Federn, wenigstens bei einigen unter ihnen, auch wenn sie gerne alles verscheißen und ihre unappetitlichen Markenzeichen hinterlassen, wo sie sich aufhalten? Aber wo hat es denn schon Frieden ohne Blut, Schmutz und Dreck gegeben? Nichtsdestotrotz sind sie seit jeher Boten des Friedens. Aus der Arche Noah flogen sie, um den Weltfrieden anzukündigen und kehrten mit einer Flasche italienischen Olio Vergine d'Oliva oder griechischem Elaiòladon zurück. Und wenn sie gerade anderswo mit Friedensmissionen beschäftigt sind und daher gerade unabkömmlich, benutzt man zur Friedensbekundung, gewissermaßen stellvertretend, eben weiße Federn und wo diese auch nicht verfügbar sind, einfach weiße Tücher, wobei es auch weiße Taschentücher tun.

Aber seht, da werden sie von Katzen gefressen, einfach mitten aus ihrem Berufsalltag herausgerissen, ohne dass sie jemals während ihres längeren oder kürzeren Lebens den Friedensnobelpreis erhalten hatten. Ist das nicht ungerecht? Aber auch Katzen haben ihre Mission, müssen dafür sorgen, dass nicht alles von den Friedensaposteln überrannt und verschissen wird. Da wäre doch wohl aller Putz Sisyphusarbeit und für die Katz. Gut, sie dabei zu unterstützen, sind Wanderfalken zurückgekehrt. Alle wollen sie den Frieden, wenn man sie einzeln befragt, nur rein mündliche Beteuerungen ohne jede Bedeutung, leere Worthülsen? Aber wie kommt es denn, dass alle zwar den Frieden vertreten, aber hinterher einander doch auffressen oder wenigstens fast alle?

Warum überhaupt Tauben? Möwen sind doch auch weiß gefiedert, sogar alle, wenn man's genau nimmt. Und mutig sind sie und ohne Scheu, wenn es gilt sich durchzusetzen. Im Futterstreit unter den Wasservögeln sind sie stets die lautesten und schnellsten, wenn alle kreischend übereinander herfallen. Und am Ende sind sie die Sieger. Sie können ohrenbetäubend schreien, was das Zeug hält, und nicht nur gurren, das eh niemand hört, und scheißen nicht in die Schwanzfedern, dass man überall sieht, wo sie einen Besuch abgestattet haben. Die Möwe Jonathan wäre doch eine fähige und ausgezeichnete Friedensbotschafterin! Ein weltberühmter Star wie sie könnte doch dem Weltfrieden bestimmt zum Durchbruch verhelfen oder etwa nicht?

Catwalk. Miezy schlenderte über Dächer und Giebel, kletterte über Mäuerchen und Hecken und Stangen hinauf, wenn es galt ein höheres Niveau zu erreichen. Buntfarbige Schmetterlinge, die von der warmen Drift zum Hochparterre hinauf getragen worden waren, gaukelten vor ihrer Nase. Sie versuchte spielerisch wie eine kleine Akrobatin in die Luft zu springen, als ob sie einen prächtigen Salto machen wollte, um sie zu fangen. Doch keine erwischte sie, zu unstabil und schwankend waren diese Ziele und schwebten, nach Pflanzensaft suchend, zitternd davon. Dann traf sie auf Kitty und Kasimir.

Kitty sprang noch immer nach Mücken, die ebenfalls über den Dächern tanzten, ohne allerdings auch nur eine einzige von ihnen zu erwischen, wie schnell und sportlich sie sich auch immer auf ihre Hinterbeine stellte, in die Luft sprang und die Vorderpfoten wild um sich warf, dabei sich blitzschnell um ihre Achse drehte, die Augen konzentriert auf ihre Ziele gerichtet. Es sah ganz nach einem eleganten und geschmeidigen Tanz aus, einem Katzentanz der besonderen Art, den Kitty vollbrachte, wenn man ihr zusah.

Kasimir war wieder in ihre Nähe gerückt, während Miezy sich gleichzeitig an ihn ran machte, um von ihm etwas Katerwärme zu erhaschen. Kasimir wehrte sich nicht, war aber offenbar doch mit seiner Aufmerksamkeit mehr bei Kitty, die ganz in ihre Bewegungsorgie vertieft war. Es schien überhaupt, dass es ihr eigentlich gar nicht so sehr um ein erfolgreiches Fangen der winzigen Flugkünstler ging, sondern viel mehr um die Befriedigung eines Bewegungsdranges, ja mehr noch um eine Hymne ans Leben, um eine Feier der Weiblichkeit, wie sie da so selbstvergessen tanzte. *Tanzen wie Shakira* war vielleicht auch in ihr Herz gedrungen und das wollte sie einüben und ausleben, aus Herzenslust und aus Spaß an der Freud. Warum sollte das nicht auch bei Katzen möglich sein? Warum sollte nicht auch ihr Selbstbewusstsein, ihr weibliches Sein gestärkt und gefördert werden wollen?

Dann begann auch Miezy wieder, aber diesmal wie Kitty nach Mücken zu springen. Verhalten kann ansteckend sein, nicht nur Gähnen und Lachen. Auch auf Kasimir sprang nach einer Weile der Funke über. Im Gegensatz zu den andern erwischte er doch ab und zu eine, die sich in seiner Pfote verfing. Sie brauchten für ihre Performances nicht mal vom Musical *Cats* oder den Kabarettistinnen *Velvet Cats* animiert zu werden. Sie hatten es einfach in ihrem Blut.

Anna guckte durchs Fenster aufs Dach, schaute eine Weile begeistert zu und rief dann lachend ihrer Mutter.

„Mama, schau doch! Kasimir, der mit den Katzen tanzt! Er tanzt einen Reigen mit seinen Gespielinnen! Ist das nicht lustig? Und die Milch hat er getrunken. Ich bring nochmals welche. Sie werden danach bestimmt großen Durst haben. Ich darf doch, Mama, oder?"

„Ja, aber warte, ich reich dir den Milchkrug!"

Sie durfte, verbot ihr aber, ihnen gleichzeitig Essen zu bringen. Anna ging aufs Dach hinaus und holte die leere Schale. Auf dem Küchentisch stand noch der weiße Krug mit den schwarzen Flecken. Sie stellten ein Abbild der Hautmusterung des Freiburger Fleckviehs dar. Ungeduldig wie sie war, versuchte sie ihn gleich selbst vom Küchentisch zu reichen. Es war noch ein Rest Milch vom Frühstück darin. Er entglitt ihren Händchen. Da lag der zerbrochene Krug in einer Milchlache am Boden und verstreute die Trümmer. Die Mutter wies sie sanft zurecht und füllte selbst die Schale mit frischer Milch. Anna nahm sie und kehrte auf die Terrasse zurück. Die Katzengesellschaft ließ sich nicht stören und zelebrierte ihre Morgenfeier.

Im alten Ägypten waren Katzen heilige Tiere und wurden sogar wie die Menschen des Adels mumifiziert. Sie galten als Wandler zwischen der diesseitigen Menschenwelt und jener der Götter. Sie galten als Wächter und Vermittler in der Zwischenwelt, wenn Menschen starben. Sie drangen sogar in die Träume der Menschen. Sie genossen hohes Ansehen. Vielleicht feierten Kasimir und seine Gefährtinnen wie diese mit ihrem Ritual den neuen Morgen. Vielleicht waren sie ebenso wie ihre Artgenossen aus alten Zeiten heilige Wesen, nur dass die Menschen es nicht (mehr) wissen. Auch Paviane traten damals in Ägypten in Erscheinung und tummelten sich dort in den frühen Sonnenstrahlen auf den Mauern herum. Sie waren die ersten Wesen, die sich morgens beim Aufgang der Sonne auf den Tempelanlagen einfanden. Sie sollen nach der Meinung der Priester und Pharaonen die Sonne bei ihrem morgendlichen Erscheinen über dem Horizont begrüßt und gefeiert haben. Dann begingen die Priester die Tempelfeierlichkeiten zu Beginn des neuen Tages.

Mittlerweile hatten ihre Nachfahren hier auf dem Hochparterre die Morgenfeier beendet und schlürften gemeinsam die Schale leer, die Anna wieder hingestellt hatte. Kasimir gaben sie das Vortrittsrecht. Er aber machte als nobler Gentlemen auch den andern Platz und so tranken sie gemeinsam. Anna guckte aus ihrem Ausguck zu und freute sich.

Es bestand keine Notwendigkeit per Lift zum Hochparterre hoch zu kommen. Meistens sprangen sie die Treppen im Hausgang hinauf und hinunter. Darüber hinaus sind die Feliden ausgezeichnete Kletterer. Stets finden sie eine Möglichkeit ihr Ziel zu erreichen, sollte der Aufgang mal gesperrt sein. Im Innenhof standen einige Weißtannen, die mittlerweile zu Riesen herangewachsen waren und deren Wipfel übers Dach reichten. Vor vielen Jahren wurden sie dort eingepflanzt und gediehen seither prächtig.

Die Weißtannen boten in ihren Zweigen vielen Vögeln Heimstatt. Des Abends war oft das laute Gekreisch im ganzen Hof zu hören, wenn sie um die besten Schlafplätze für die Nacht rauften. Zu den Baumbewohnern gehörten Amseln, vorwiegend zur wärmeren Jahreszeit und einige wenige im Winter, die es nicht mehr für zeitgemäß hielten, zu migrieren. Ferner reklamierten auch die Krähen dieses Refugium für sich. Gerne besetzten sie die obersten Wipfel. Sie wollten den Ausblick genießen und den Überblick behalten.

Auch jetzt, wann sich Kasimir mit seinen Freundinnen amüsierte, belegte eine große Schar von Krähen die Äste der geduldigen Bäume und krächzten lautstark in die Weltgeschichte hinaus, als müssten sie den Lärm von Diskotheken übertönen.

Anna genoss die Sommerzeit, die ihr noch mehr gestattete, im Freien zu spielen oder einfach an der Sonne und in der frischen Luft zu sein. Zwei Jahre Ferien waren ihr noch beschieden, ehe sie sich einem andern, strengeren Jahresprogramm zu unterwerfen hatte, nämlich der Schule. Aber vorher noch als lockere Einspielung dem Kindergarten. Wie oft er wirklich Garten bedeutete, würde sich dann weisen müssen. Aber jetzt musste sie noch nicht daran denken. Häufig ging die Mutter mit ihr in einen Park, wo sie mit andern Müttern zusammen die spielenden Kinder beaufsichtigte. Gleichzeitig konnte sie so manche Strick- und Flickarbeit erledigen.

Wie Anna ihre Lieblinge unter der strahlenden Sonne und dem blauen Himmel spielen sah, reizte es sie, sich bei ihnen einzuklinken. Es läge ja am Willen der Katzen, sie zu akzeptieren oder nicht. So verließ sie die Wohnung und begab sich auf die Terrasse hinaus. Die Eltern hatten das Gelände kindersicher gemacht, indem Papa ein Maschengitter darum herum befestigte, das keine Lücke frei ließ, wodurch ihre Tochter oder ein anderes Kind hindurch zu schlüpfen und in die Tiefe zu stürzen vermochte.

Anna nahm einen kleinen weißen Gummiball aus ihrer Tasche, ging in die Hocke und schubste ihn, sodass er zwischen die Katzen rollte, die herumtollten. Die Schale hatten sie leer getrunken und vergnügten sich mit kleinen spielerischen Raufereien. Miezy packte den Ball, den sie als erste sah und stieß ihn vor sich her, sprang ihm nach und auf ihn, so wie sie es mit Mäusen zu tun pflegte. Jetzt hatte sie den Fangtrieb auch bei den andern ausgelöst. Eine erneute Rauferei, diesmal um den kleinen weißen Ball, brach von Zaun. Anna lachte und griff manchmal selbst nach dem Ball. Die Katzen hielten schlagartig inne und warteten aufmerksam wie die Fußballer, die gespannt und konzentriert darauf warteten, dass der Anpfiff erfolgte. Dann gab Anna die Beuteattrappe wieder frei.

Spielen ist kaum eine rein menschliche Angelegenheit. Mögen Hemmungen, Sprache mit Wörtern und Sätzen uns von den Tieren unterscheiden, Spielen haben wir bestimmt mit ihnen gemeinsam. Anna ließ den Ball wieder in ihre Mitte fallen oder warf ihn zuerst in die Luft, sodass er unter die Vierbeiner hüpfte. Dann sprangen die Katzen wieder auf ihn und das Raufen ging weiter. Und wieder lachte Anna. Wie viel gäbe sie darum, sie könnte sich wie Alice im Wunderland verkleinern oder in den Spiegel hinein gehen, es müsste ja nicht gleich ein Kaninchenbau sein. Einen Spiegel hatte sie ja in ihrer Wohnung. Oder sie würde wie Hermine Granger durch einen Zauber selbst eine Katze werden, um mit ihnen zu spielen. Aber ihr fehlte das Rezept zum entsprechenden Zaubertrank. Für eine Ausbildung an der Hogwarts Schule für Zauberkraft und Hexerei war sie noch zu jung. Vielleicht würde sie später ihre Eltern bitten, von der Schulsekretärin J.K. Rowling die Anmeldeformulare anzufordern. Oder vielleicht müsste sie einfach mal probieren, in einen Kaninchenbau zu schlüpfen, aber wo gab es denn einen in ihrer Nähe? Einfacher wäre es, in ihrem Schlafzimmer in den Spiegel hinein zu gehen. Alice konnte beides, auch ohne Ausbildung an der Hogwarts Schule.

Das Freizeitvergnügen wurde jäh unterbrochen, als sich die Tür zur Terrasse öffnete und ein großer Wäschekorb erschien. Eine keuchende Frau stellte ihn auf den Boden und guckte in die Runde. Sie wohnte in einem Appartement unterhalb Annas Wohnung. Wieder genügend zu Atem gekommen, rief sie unwillig, aber nicht unfreundlich:

„He ihr, Rasselbande, räumt das Feld, ich muss Unterhosen, Hemden, Leintücher, Pulli und Hosen meiner Familie trocknen! Da kann ich eure Schmutzpfoten nicht dabei haben."

Klar, dass ihre Worte eigentlich Anna galten. War sie nicht gewissermaßen die Anführerin, gehörte sie nicht zu den Katzenmenschen, wenn sie so eins mit diesen anhänglichen Vierbeinern wirkte? Anna verstand und klatschte in die Hände. Dann nahm sie den weißen Gummiball an sich und steckte ihn in ihre Tasche. Die Katzen miauten, hielten aber an. Dann rief sie Kasimir im gleichen Ton, wie ihre Mutter sie rief, wenn es galt zu spielen aufzuhören und zu Tisch zu kommen. Der Kater und die Katzen drängten sich um Annas Beine und strichen ihre Flanken zärtlich daran. Sie zog die Schar gegen die Tür in der Erwartung, sie würden mit ihr ins Treppenhaus verschwinden. Doch offenbar stand ihnen der Sinn nicht danach.

Miezy löste sich von der Gruppe und sprang quer über die Terrasse und zwischen den Beinen der erschrockenen Frau hindurch. Beinahe hätte die Arme ein kostbares Wäschestück auf den staubigen Boden fallen lassen. Sie schimpfte über die ungezogenen Tiere und befahl Anna, diese Störenfriede von der Terrasse zu verbannen. Kitty hatte sich an den Rand der Terrasse begeben und duckte sich beim energischen Ausruf der Frau. Kasimir war bei Anna geblieben, machte knurrend seinen Katzenbuckel und warf ein ebenso energisches Miauen gegen die Wäscherin. Anna versuchte die Katzen wieder um sich zu versammeln, um sie wegzuführen. Ihr aber fehlte die Zauberflöte des Rattenfängers von Hammeln, sodass sie sich bei ihren eigenwilligen Freunden nicht so leicht durchsetzen konnte. Kitty sprang über die Grenze in die Nachbarschaft und war bald außer Sichtweite. Miezy nahm sich dieses Verhalten zum Vorbild und tat das gleiche. Anna wollte Kasimir, der noch allein bei ihr war, ins Treppenhaus mitnehmen.

„Komm, Kasimir! Für eine Weile wollen wir woanders spielen, kommst du?"

Sie war in die Hocke gegangen und streichelte ihrem Liebling über den Buckel. Kasimir entspannte sich und ließ es geschehen. Die Frau beachtete die beiden nicht länger und widmete sich ihrer Arbeit. Kasimir jedoch wollte nicht ins Treppenhaus.

„Doch nicht dorthin, liebste Anna!"

Er kannte natürlich ihren Namen, hatte er doch schon oft die Eltern ihre Tochter damit rufen hören.

„Ich bleibe an der frischen Luft und gehe anderswohin aus, komm du mir nach!", miaute er.

Anna verstand leider nicht, was er sagte, hörte nur sein viel sagendes Miauen.

Kasimir rannte plötzlich weg und, als wollte er ihr seine ausgezeichnete Sportlichkeit erneut demonstrieren, sprang er auf das Geländer. Anna war überrascht, wie sie ihn so davon schießen und infolge auf dem Eisengeländer balancieren sah. Mama hatte ihr zwar erzählt, dass Katzen begnadete Akrobaten seien, sodass sie mit links im Circus Knie den vollen Applaus der Besucher ernten würden, aber dennoch hatte sie ein wenig Angst, er könnte sein Gleichgewicht verlieren und dann wäre es um ihren Liebling geschehen. Langsam und unsicher näherte sie sich ihm. Zu ihrer erneuten Verblüffung nahm er einen eleganten und tüchtigen Satz und zeichnete einen prächtigen Bogen durch die Luft von der Terrasse weg, während er mit dem Schwanz seine Körperhaltung flugsicher steuerte. Seine Kunst stand der Körperbeherrschung des letzten Samurai in nichts nach. Santiago Calatrava wäre zutiefst beeindruckt gewesen wie sie. Er hätte sich gewiss bei diesem Anblick zu einer neuen Brückenkonstruktion animieren lassen; vielleicht für eine neue Brücke am Quai irgendwo oder über den Rhein bei Basel anstelle der fantasielosen Betonbretter. Anna würde dies sicher begrüßen, stünde das Skelett von Kasimir, etwa in der Buckelstellung, dafür Pate. Sie hätte bestimmt bei der Basler Regierung auf die Realisierung dieser Idee gepocht, als man seinerzeit eine neue Wettsteinbrücke plante.

Die Weißtanne in unmittelbarer Nachbarschaft breitete ihre Arme aus und garantierte so für eine weiche Landung. Einige Krähen, die den Baum belegten, flatterten wild krächzend in den Himmel. Nur einzelne mutige Individuen zuoberst auf dem Wipfel ließen sich nicht beeindrucken. Kasimir machte auch keine Anstalten sie zu jagen. Anna stand am Geländer und blickte zu ihm, der sich im Geäst festgekrallt hatte und zufrieden schnurrte. Er drehte sich ihr zu und eine ganze Weile blickten sie sich an, Anna die Katzenmutter und Kasimir der edle Kater. Stolz war sie auf ihren Liebling und stolz war er auf seinen gelungenen Zirkusauftritt.

„Gell, das war olympiareif, komm auch, wenn du magst, du schaffst das auch!", wollte er sagen und erinnerte sich daran, dass sie ihn leider nicht verstehen konnte.

Es blieb bei einem zufriedenen Miauen. Dann wandte er sich dem Baum zu und kletterte zwischen die Zweige.

Anna guckte ihm eine Weile nach, bedauerte sehr, noch nicht in einen solch behänden Vierbeiner verwandelt werden zu können, und begab sich in ihre Wohnung zurück. Es war Zeit fürs Mittagsmahl. Der Duft aus der Küche stach ihr in die Nase und ließ sie ihre stille Sehnsucht etwas vergessen.

„Hilf mir nachher bei Aufräumen und Abwasch, Schatz!", begrüßte die Mutter ihre Tochter, als sie mit der leeren Schale zurückkam und sie im Lavabo auswusch.

„Wir gehen am Nachmittag aufs Wasser. Gefällt dir doch sicher oder?"

„Oh ja, ja! Machen wir eine Schifffahrt?"

„Machen wir und Gelegenheit zum Schwimmen gibt's natürlich auch. Wir nehmen die Badekleider mit!"

Anna freute sich am Wasser wie die meisten Kinder. Schon als Säugling zeigte sie das an. Die Mutter ließ sie tauchen, da ja ihr Schließreflex bestens funktionierte. Seither ist sie ein kleiner Wassernarr.

„Na, meine kleine Prinzessin, oder muss ich sagen *kleine Meerjungfrau?*", begrüßte sie der Vater, der inzwischen von der Arbeit gekommen war, gab ihr einen Kuss und liebkoste dann auch zur Begrüßung seine Gattin, die lachend am Herd stand.

Max musste einige gewachsene Setzlinge umtopfen, damit sie mehr Raum kriegten. Zu diesem Zweck begab er sich in den Materialschuppen, der ans Gewächshaus angebaut war. Er betrat den Raum, zündete das Licht an und suchte nach geeigneten Behältern, die auf Gestellen lagerten. Max hatte den Schuppen nicht immer fest abgeschlossen, meist hinderte eine einfache Verriegelung, dass die Tür aufsprang. Zu beiden Seiten gab es je ein Fenster, die aber bei dieser Jahreszeit zur Belüftung offen standen. Max sah sich im Raum um unschlüssig, ob er noch etwas bräuchte, aber auch um sich zu vergewissern, dass alles in Ordnung war oder ob wieder Aufräumen angesagt wäre. Das war die einzige Eigenschaft, die er in sein neues Leben als Max Green hinübergerettet hatte, nämlich seinen Sinn für Ordnung. Er hasste Unordnung, die eine Übersicht verunmöglichte und ein unkontrollierbares Chaos einleitete. Es musste durchaus keine so pingelige und pedantische Ordnung herrschen wie seinerzeit in der Buchhaltung der Großhandelsfirma mit den weltweiten Geschäftsbeziehungen und ihrem geheimen Bankkonto in der Schweiz.

Er erreichte die hinterste Ecke der Abstellkammer, als es ihm schien, da sei ein unbekanntes Objekt im Dunkeln unter dem untersten Gestell in eine Ecke gequetscht. Das Licht reichte nicht aus, es genauer zu identifizieren. Wahrscheinlich hatte Nina noch einen Platz für einen Gegenstand gesucht und ihn einstweilen hierher platziert. Er ging zum Pult beim Eingang zurück. Er war für kleine Schreibarbeiten, meist Listen, bereitgestellt. Dort holte er aus einer der Schubladen eine Taschenlampe.

Wie war er aber überrascht, als der Lichtstrahl seiner Lampe auf einen zusammengerollten prächtigen Fuchs traf, der zum Schlafen ein ruhiges Plätzchen in seiner Materialkammer gefunden hatte. Er musste wirklich tief abgetaucht sein, denn außer seiner Atmung regte sich nichts an ihm.

„Was für ein schönes Tier!", dachte Max beim Anblick des Schläfers.

Es war ihm sofort klar, der Fuchs musste durchs Fenster hereingeklettert sein. Kein schwieriges Unterfangen für einen so geschickten Vierbeiner. Beschädigt hatte er nichts, nur einige Holzkisten oder Schachteln waren weggeschubst. Das Plätzchen bietet Ruhe, Kühlung und gute Deckung für den Nachtaktiven.

Max beschloss, ihn nicht zu stören und verließ leise und vorsichtig den Raum. Beinahe hätte er den Behälter vergessen, weswegen er ja gekommen war. Nina war gar nicht überrascht, wie sie die Neuigkeit vernahm.

„Es spricht sich eben schon rum, selbst unter den Tieren ist Mr. Green kein Unbekannter mehr. Du bist schon berühmt. Vielleicht will er sich Rat holen von dir", lachte sie.

„Einverstanden! Er darf bei mir bleiben, wenn er will. Er hält mir andere Füchse vom Leib und sorgt für ein Gleichgewicht unter den Kleinsäugern. Schäden anrichten tut er bestimmt keine. Außerdem faszinieren mich diese Säuger!"

„Hast du schon einen Namen für ihn, du bist doch bestimmt nicht per Sie mit ihm oder?"

„O! Noch nicht, hast du einen Vorschlag?"

„Ist es nicht üblich, dass der Entdecker die Namen gibt und so verewigt wird?"

„O.K., O.K.! Eh... Warte... Ach ja, ich habe einen: er heißt einfach Le Renard aus dem Französischen. Abgekürzt klingt's natürlich besser, etwa Nardi, was meinst du?"

„Klar, klingt doch gut, gefällt mir! Wann ist die Taufe?"

So erhielt ihr Hausgenosse seinen Namen.

Sobald Max und Nina etwas Zeit erübrigen konnten, bauten sie einen soliden Holzverschlag mit einer runden Öffnung, die dem Fuchs den Einlass erlaubte, aber dennoch nicht zu groß war. Sogar zwei Kammern sahen sie vor: ein Foyer mit dem Schlupfloch und daneben die eigentliche Schlafkammer, durch einen Gummivorhang abgetrennt und mit einer weichen Unterlage versehen, die leicht zu reinigen war. Eine echte Suite für den Fuchs, meinten beide. Nun wollten sie zuwarten, bis der Jäger seinen Schlafplatz verlassen hatte.

EIN BLAUER FUCHS

*E*s war später Abend. Die Dämmerung brach herein und Nardi verließ den Schuppen. Dann verschwand er im Dunkeln. Jetzt brachten seine Pfleger die Suite nach draußen an die Mauer neben dem Eingang zum Schuppen und bestückten sie mit etwas Fleisch als Lockmittel, um dem Fuchs nach seinem nächtlichen Ausgang die neue Bleibe schmackhaft zu machen. Die verschlossenen Fenster sollten verhindern, dass er wieder die Kammer betritt. Auch eine Schale Wasser zum Trinken stellten sie ihm hin. Sie hofften sehr, dass er bei der Rückkehr die Suite akzeptierte. Am Morgen kam Nardi wieder zurück und wollte durch die Fenster springen. Hoppla, alle waren verschlossen. Es nutzte nichts, sie mit der Schnauze aufstoßen zu wollen, sie öffneten sich nicht.

Enttäuscht forschte er eine Zeitlang an der Mauer lang, kehrte aber wieder um, als er bemerkte, dass nirgendwo eine Möglichkeit einzudringen vorhanden war. Nicht lange und er witterte den Geruch von leckerem Futter, folgte der Duftspur und fand die Box. Der Bissen war zu lecker, als dass er ihn hätte verschmähen können. Er beschnupperte und analysierte gründlich die Box, als müsste er sich vergewissern, dass sie wirklich unbesetzt, von keinem fremden Konkurrenten in Beschlag genommen und der Schmaus auch wirklich zu haben war. Dann gab er sich grünes Licht und wagte sich schließlich hinein. Sein neues Zuhause hatte Nardi von da an akzeptiert.

Max und Nina freuten sich, dass Nardi ein Dauergast geworden war. Oft brachten sie ihm frisches Wasser in der Schale, die er stets leer trank. Auch andere Stadtbewohner berichteten über neue Gäste, die in alten Mülltonnen, in Garagen, in dichten Sträuchern in den Gärten tagsüber schliefen und nachts beruflich unterwegs waren. Max und Nina erstellten mit andern Beobachtern zusammen Inventare der Stadtfauna und erarbeiteten Empfehlungen zuhanden der Stadtverwaltung.

Es war wieder eine Stadtratssitzung angesagt. Nina beabsichtigte ihren Antrag vorzubringen. Zu diesem Zweck hatte sie die Resultate einer Befragung, die sie selber durchgeführt hatte, zusammengestellt. Sie hatte Vermieter und Eigentümer in der Stadt mit der Idee einer Fassadenbemalung konfrontiert. Die Meinungen drifteten auseinander. Dennoch war eine große Zahl einverstanden auf das Experiment einzugehen, behielten sich aber vor, ein Veto einzulegen, wenn die künstlerischen Vorschläge ihnen nicht gefallen sollten. Der Rat stimmte mehrheitlich dieser Art von Kulturschaffen zu.

In einer ersten Etappe war eine Sammlung von Entwürfen vorgesehen, die nach einer Auswahl durch eine Jury der Öffentlichkeit in einer

Ausstellung im Schulhaus präsentiert werden sollten. Jedermann konnte sich dazu äußern. Die Jury setzte sich aus Mitgliedern des Eigentümerverbandes, des Baudepartements und Künstlern zusammen. In der zweiten Etappe mussten die Eigentümer, die ihre Fassade zur Verfügung stellen wollten, sich für jene Ideen aussprechen, die bei ihnen realisiert werden sollten. Diese wurden alsdann in einer Liste festgelegt. Man wollte auch unbeabsichtigte Doppelungen vermeiden. Dann konnte die Ausführung in Angriff genommen werden. Die Kosten wurden vom Staat als Kulturförderung übernommen. Eine obere Grenze war festgelegt. Die zu realisierenden Ideen waren mit einem Kostenvoranschlag begleitet. Die Ideen kamen im Publikum gut an. Im Verlaufe der Zeit meldeten noch mehr Eigentümer das Interesse an, sich ihre Häuserfassaden bemalen zu lassen.

Die Nacht war klar und warm, eine klassische Sommernacht. Zum Meer von tausend strahlenden Sonnen hatte sich auch der Mond in voller Größe dazugesellt. Natürlich gab es immer Nachtschwärmer, die gerne die lauen Sommernächte genossen, nicht nur die Leuchtkugeln in astronomischer Entfernung, die eine romantische Kulisse für die Erdenbürger, so sie ebenfalls romantisch gestimmt waren, darstellten. Zu diesen Nachtgeistern gehörte Nardi. Nur dass es für ihn gewöhnliche Allnacht war, war er doch zu seiner Arbeit unterwegs. Im Lichtschatten des fahlen Mondscheins bewegte er sich voran. Zwar war er an Menschen gewöhnt, konnte er doch gut unterscheiden, wann sich eine wirkliche Gefahr anzeigte oder nicht, aber eine gewisse Restscheu, nicht unnötig im Rampenlicht zu stehen und dabei womöglich potenzielle Beute zu vertreiben oder sich selber zu gefährden, blieb ihm bestehen, genetisch bedingt versteht sich.

Eine Schulklasse war in eine Intensivwoche involviert. Eine solche war einmal im Jahr im Schulprogramm vorgesehen. Die Schüler hatten sich mit Begeisterung für ein künstlerisches Projekt entschieden. Unter der Leitung ihres Zeichnungslehrers machten sie sich an die anspruchsvolle Arbeit. Ihre eingereichten Ideen wurden für eine ganze Liegenschaft im Stadtzentrum ausgewählt. Zur Feierabendzeit sollte die Arbeit wie für alle Werktätigen ruhen. An die Hausmauer zurückgeschoben deponierten sie die Utensilien, deckten sie mit Plane ab, um alles am andern Tag rasch wieder zur Hand zu haben.

Nardi erreichte den Park etwa in der Stadtmitte. Das schwache Mondlicht beleuchtete die Grünflächen, die immer wieder von vielen Büschen, Bäumen und Sträuchern durchbrochen waren. Sie luden zum Spiel und Sport für Klein und Groß ein und überdies bei schönem Wetter zu Essenspausen. Über Mangel an Besuchern konnten sie sich kaum beklagen. Im Zentrum befand sich ein großer Weiher, der Kids an heißen

Tagen Erfrischung und vergnügliches Spiel im Element Wasser gewährte. Mütter fanden sich gerne hier ein. Nardi strebte im Schatten der Pflanzen zum Weiher, um dort Wasser zu trinken. Offenbar brauchte er keine Konkurrenz von seinesgleichen zu fürchten. Kaum dass er eine reichliche Portion labenden Nasses in sich aufgenommen hatte, störte das laute Kläffen eines Hundes die angenehme Stille. Nardi flüchtete in die Sicherheit eines nahen Buschwerkes. Der Spaziergänger, der wohl einen dahin eilenden dunklen Schatten bemerkt haben mochte, beruhigte seinen Köter an der Leine. Ob er den Schatten als den eines Fuchses identifiziert hatte, blieb ungewiss. Er setzte jedenfalls unberührt seinen Spaziergang fort. Nardi wagte sich erst aus seinem Versteck, als er Gewissheit hatte, dass die Luft rein war.

Diesem Erholungsraum waren einige Felder der Stadtgärtnerei angegliedert. Sie blieben um die Nachtstunden in der Regel verlassen. Dahin zog es Nardi, obwohl er oft auch im Park selber Beute machte. Die Felder waren nicht mit strengen Gittern gegen Eindringlinge wie ihn undurchlässig gemacht. Es handelte sich um Pflanzengärten und Äcker, die aber keiner Tierhaltung dienten. Einerseits waren sie Ressourcen für die Blumen zur Stadtverschönerung in den verschiedenen Anlagen, andererseits Versuchsanlagen im Rahmen der Ausbildung künftiger Stadtgärtner, ja sogar ein kleiner Ableger der landwirtschaftlichen Versuchsanstalt. Nardi hatte schnell Witterung aufgenommen, als er dieses Refugium erreichte. Er schlüpfte unter den einfachen Drähten, die in drei Linien übereinander von Pflock zu Pflock gespannt waren, hindurch und folgte sofort der Geruchsspur mit der berechtigten Hoffnung auf eine saftige Beute an deren Ende. Dieses war ein Loch umgeben von leicht angehäufter Erde wie ein kleiner flacher Vulkan. Dort blieb er stehen und lauerte. Seine untrügliche Nase sagte ihm klar und deutlich, die unterirdische Höhle ist besetzt. Er hatte nur diese einfachen Werkzeuge zur Verfügung, nämlich seine hoch entwickelten Sinnesorgane, ein Raubtiermaul und seine Pfoten zu gewissen handwerklichen Arbeiten fähig, die er gerade in Aktion treten ließ, denn sie begannen ins Loch zu stoßen und zu buddeln.

Er hatte keine kugelsichere Weste angezogen und Handgranaten und Munition am Bauch und Handy und Pistole und Gummiknüttel am Hintern und eine Kalaschnikow in seinen Vorderpfoten, um in den Bau von Mäusen einzudringen und zu brüllen:

„Keine Bewegung, legen Sie sich sofort auf den Bauch, die Hände auf den Rücken oder ich puste Ihnen das Gehirn aus Ihrem Schädel, Sie Schweinebacke!"

Dann würde gefesselt und geknebelt und die Zentrale über den Jagderfolg benachrichtigt. Nein, das sind Gepflogenheiten der Zweibeiner, wenn sie auf ihren Streifzügen mit ihren langen eisernen Nasen so zu Werk gehen. Seine Sache war das nicht.

Als er so vor dem Minivulkan lauerte, machten sich auch schon die Aktivitäten des Erdbewohners bemerkbar, der es liebte, die Geothermie für ein behagliches Zuhause nutzbar zu machen. Nardi war bereit, den Herauskömmling sofort zu packen. Zuerst trafen ihn ein paar Erdspritzer an der Schnauze, dann tauchten rudernde Schaufeln auf. Der Rüde versuchte blitzschnell den kleinen Bagger mit den Pfoten zu greifen, erwischte aber stattdessen erneut eine beträchtliche Ladung Erde, die ihm unanständig ins Gesicht klatschte und alle Sicht versaute. Der Maulwurf hatte gerade rechtzeitig die Gefahr bemerkt, einen kräftigen Verteidigungswurf wie eine Granate nachgeschleudert, um ihm Nase und Schnauze voll zu klecksen, und war augenblicklich wieder zurück in sein Loch entwischt. Zu diesem Zweck hatte er ja ein reiches Netz an Fluchtwegen geschaffen. Nardi verzichtete auf weiteren Fangversuch, denn es war doch nicht die Beute nach seinem Geschmack, für den Augenblick wenigstens. Ihm stand der Sinn mehr nach echten Wühlmäusen.

Nardi schnüffelte weiter im Gelände und scheuchte die Mühlmäuse im Untergrund auf, die ihr Markenzeichen in genügender Zahl hinterließen, verstopfte mit seiner Buddelei den Ausgang und trieb sie zu einem andern Loch in einiger Entfernung vom ersten, wo er sie mit einem gezielten Sprung fangen konnte, sobald sie aus dem Boden auftauchten. Natürlich konnten sie sich manchmal auch dem Zugriff des Räubers entziehen, wenn sie mehrere Fluchtwege angelegt hatten. Nardi verschlang mit Genuss seine erfolgreich erjagte Mahlzeit und gönnte sich dann wieder einige Zeit Ruhe. Ebenso zu seiner Beute gehören auch Engerlinge, die Larven der Maikäfer. Gärtner und Landwirte sind über solche Raubzüge nicht unglücklich, denn Wühl- und Feldmäuse sowie Maikäferlarven können eine rechte Plage werden und die Pflanzen durch ihren Wurzelfraß vernichten, wenn sie sich übervermehren. Für Kaniden und Feliden aber sind sie eine nahrhafte Beute.

Nardi leckte Maul und Pfoten mit seiner Zunge von den letzten Resten der Mahlzeit frei und machte sich wieder auf den Weg. Ohne klares Ziel vor seiner Nase strebte er in Richtung Stadtzentrum und gelangte ins Quartier, wo die Schüler ihr gemeinsames Meisterwerk begonnen hatten. Die Jugendlichen waren indes zuhause in ihrem wohl verdienten Schlaf eingetaucht, ihr Arbeitsplatz wie beschrieben ordentlich aufgeräumt und verlassen. Die Fassaden der Häuser verrieten kein Lebenszeichen. Es war spät nach Mitternacht.

Der Mond war schon ein beträchtliches Stück weiter marschiert und blickte immerfort auf die schlafende Stadt hinunter, als müsste er den Nachtwächter spielen und sofort Alarm schlagen, würde er Ungewöhnliches und vor allem Gefährliches erspähen. Doch wie sollte er dies auch tun können, hatte er doch weder ein Maul zum Schreien noch ein Handy? Außerdem gelang es ihm nicht, seine spionierenden Lichtstrahlen in alle Ecken zu werfen. Genau da aber wanderte Nardi in der Straßenschlucht. Er war allein unterwegs, niemand hielt sich in den Straßen auf oder doch?

Tatsächlich, in der Nähe stand ein Kleinlastwagen am Straßenrand, die Frontscheibe Nardi zugekehrt. Schwaches Licht drang nach draußen. Nardi konnte die beiden Männer dahinter nicht sehen, die Material entluden. Sie beabsichtigten in der Nacht kleine Gerüste mit Fußbrettern aufzustellen, um den Künstlern die Malarbeit an den Fassaden zu ermöglichen. Um die Nachtruhe nicht zu stören, bemühten sie sich möglichst leise zu arbeiten. So redeten sie nie laut miteinander, sondern lediglich im Flüsterton. Erst als sie seitlich hinter dem Camion hervor und in den Schein des Mondlichtes traten, wurde Nardi auf sie aufmerksam und erschrak. Seine Alarmlichter schalteten auf Gelb.

Er blieb stehen und beobachtete mit allen ausgefahrenen Antennen. Er musste das Gefahrenpotenzial abschätzen. Der eine der Männer brachte gerade Bretter und legte sie an die Hausmauer. Dann erschien der zweite mit einer Stange, die er auf seinen Schultern trug, wohl in der Absicht sie ebenfalls zu deponieren. Doch dann stand er still und palaverte offensichtlich mit seinem Kollegen, während die Stange leicht hin und her pendelte infolge der Schulterbewegungen des Mannes. Und plötzlich richtete sie sich genau gegen Nardis Schnauze, der immerfort gespannt dorthin blickte. Nardi zog es zusammen, seine Alarmlampen sprangen augenblicklich auf Rot. Das kannte er zu gut, wenn die lange eiserne Nase am Kopf der Zweibeiner irgendwohin zeigte. Und sie zeigte just auf ihn. Da gab's für ihn nur eins: mit Lichtgeschwindigkeit ins nächste Versteck abzuhauen. Noch besser wäre es sich unmittelbar unsichtbar zu machen. Nardi sprang mit einem Satz hoch, machte im gleichen Atemzug eine blitzschnelle Drehbewegung und schoss ins Dunkel der Häuserfassade.

Er hatte großes Glück, dass da einige Meter von ihm entfernt eine schwarze Plane ihn zu sich einlud, wo er sich bestimmt dem Kugelregen entziehen könnte. Jedoch kein Kugelregen traf ihn, stattdessen fiel wie aus heiterem Himmel ein anderes Unglück voll über ihn her. Auf seiner blinden Flucht in die schwarzen Arme der vermeintlichen Deckung donnerte er mit seiner Schnauze gegen einen Stapel Farbkübel, der für die Schulklasse gedacht war. Die Wucht der Kollision brachte ihn zum Einsturz. Der Deckel eines der Kessel sprang auf und goss den Inhalt über Nardi. Die Geräusche, die das Geschehen verursachte, drangen an die Ohren der beiden nächtlichen Arbeiter, die sich natürlich sofort der Quelle zuwandten. Rasch waren sie an Ort und Stelle. Sie mussten lachen, als sie einen total verängstigten, über und über mit blauer Farbe überzogenen jungen Fuchs entdeckten, im Gewirr von umgestürzten Farbkesseln und allerlei Utensilien bei der nun weggerissenen Plane.

Nardis Warnlichter waren ebenfalls durcheinander geraten und blinkten abwechslungsweise in Rot, Gelb, Grün, dann wieder Rot, erloschen dann aber. Er hätte am liebsten geflucht. Ja auch das hatte er von Zweibeinern gelernt. Nur, eine Nachahmung dieser Laute fiel ihm zu schwer. Doch ihn hätten die beiden Zweibeiner ohnehin nicht verstanden. Wie ein armer Sünder, der beim Kirschenstehlen in eines Pfarrers Garten erwischt worden war, kauerte er da und wusste nicht richtig, was da genau geschehen war. Aber zu seiner Erleichterung gewahrte er, dass keiner der herbeigeeilten Männer eine Knarre bei sich hatte. Das war doch schon eher Vertrauen erweckend. Wenn er doch nur die Sprache der beiden verstehen könnte.

„Jetzt müsste unbedingt Franziskus von Assisi da sein, um ihm die menschliche Sprache zu übersetzen und umgekehrt ihn den beiden verständlich zu machen. Doch der ist wieder einmal auf einer ausgedehnten Pilgerreise und daher gerade nicht abkömmlich. Nie ist Hilfe da, wenn man sie braucht! Für Polizisten oder Mitarbeiter in Tierheimen müsste Tierkommunikation unbedingt Pflichtfach werden!", dachte Nardi verzweifelt.

Sollte sich die Lage für ihn verschlimmern, wüsste er sich mit seinem scharf geschliffenen Gebiss geschickt zu verteidigen. Die Herbeigeeilten entfernten die Plane ganz, um besseren Überblick über die Sauerei zu kriegen.

„Ach der arme Teufel tut mir leid, ich hatte ihn vorher gar nicht bemerkt, du etwa? Was ist bloß in ihn gefahren?", sagte der eine, während der andere mit sanften Worten den Fuchs zu beruhigen suchte.

„Nein, ich bin auch völlig überrascht und habe keine Ahnung, was da passiert war. Wir sollten ihn als erstes von der Farbe befreien, dann räumen wir wieder auf. Gottlob ist nur einer der Kessel aufgesprungen, ein kleiner Rest ist noch drin. Ich hol die Rolle mit dem Wasserschlauch aus dem Wagen, dann spritzen wir ihm einfach die Farbe ab, die ist ja wasserlöslich. Hoffentlich gelingt uns das. Irgendwo da sollte noch ein Wasseranschluss an der Mauer sein. Ich glaube dort."

Er richtete den Lichtkegel seiner Taschenlampe, die er mit hatte, suchend gegen die Hauswand.

„Gut! Ich bleibe bei ihm und versuche ihn auch weiterhin zu beruhigen, bis du kommst, aber beeil dich!", antwortete wieder der erste.

Zu dumm, dass sie nichts Fressbares bei sich hatten, um ihm ihre rein friedlichen Absichten kundzutun. Ihr weißes Taschentuch zu schwenken hätte wohl keinen Sinn. Es war nicht anzunehmen, dass der Fuchs diese Konvention verstünde.

Nardi guckte nervös nach allen Seiten, hielt sich aber sonst ruhig. Langsam kehrten seine Lebensgeister wieder zurück, die in all der Aufregung gelähmt waren. Wem würde es nicht ebenso ergehen! Es war ihm klar geworden, dass ein Missverständnis seine Flucht ausgelöst hatte. Fehlalarm nennt sich das in der Fachsprache. Wie der eine wegging, wurde es ihm gerade noch einmal leichter. Er spannte seine Muskeln, sein Motor lief bereits wieder warm. Sein wachsames Auge und sein wacher Geist gewannen wieder die Oberhand. Als der Wächter gerade nach seinem Kollegen Ausschau hielt, ob er schon im Anmarsch wäre, packte Nardi geistesgegenwärtig die Gelegenheit beim Schopf und jagte mit einem gewaltigen Start, wie es nur Rennwagen der Spitzenklasse auf ihren rauchenden und pfeifenden Rädern im Ring zustande bringen, davon und verschwand in der Dunkelheit der Straßenschlucht, als hätte ihn der Teufel geholt.

Verblüfft blieben beide Männer stehen, denn auch der andere war just mit dem Schlauch wieder zurückgekehrt. Beide besahen sich die schwache blaue Spur, die sich im Nichts verlor. Zu schnell war alles gegangen, als dass jemand ihn hätte zurückhalten können. Es hatte keinen Sinn ihm zu folgen, bei Tage könnte man versuchen, seinen Unterschlupf aufzuspüren. Sie widmeten sich der Aufräumarbeit und reinigten den Platz.

Und der Mond, der nichtsnutzige Nachtwächter, der perverse Voyeur, hatte nichts, aber auch gar nichts unternommen. Er verhielt sich wie immer distanziert, hielt sich etwa 384'400 km im Hintergrund und war im gleichgültigen Sternenmeer nur wieder ein Stück weiter gewandert.

Nardi spürte keine Lust mehr zu jagen. Satt war er ja. Und müde war er, nur noch müde und so beschloss er in sein Gemach zu kriechen und alles im Schlaf zu verdauen. Auf dem Heimweg hatte sich keine Farbe mehr auf das Straßenpflaster abgeschmiert, durch die Reibung an den Sohlen war sie bald weggeputzt. Bei der Box allerdings waren einige Abstriche, wo sich das Fell beim Hineinkriechen geschürt hatte. Nardi ärgerte sich maßlos über die verklebten Fellhaare, auch wenn die Farbe mittlerweile getrocknet war, aber gerade das machte das Fell extrem struppig und spannte, wo Haare zusammengeklumpt waren.

Was müssen die Fähen auch nur von ihm denken, wenn sie einen so heruntergekommenen, ganz zerzausten Rüden sähen, und der obendrein noch blau war? Er, der stets souverän und ordentlich und sicher immer nüchtern war! Er hatte sich noch, ehe er hineinkroch, kräftig durchgeschüttelt, als wäre er triefend nass, und als das kaum etwas nützte, sich am Boden gewälzt und geschürft, wie er das immer tat, um sich von lästigen Parasiten zu befreien. Er tat das so energisch, als müsste er sich seines ganzen Fells entledigen.

Im Gegensatz zu Edelweiß und Edelschwarz kam er leider nie in den Genuss eines Chemieunterrichtes, sonst wäre er ohne Zweifel schnell und sicher auf die richtige Lösung des Problems gekommen. Es geht doch nichts über eine gute Bildung!

Max suchte wie immer am Morgen das Gewächshaus auf. Jedes Mal freute er sich, wenn er mit einem Blick auf die Box seinen Gast zuhause wusste. Doch diesmal staunte er nicht schlecht, als er die blauen Farbflecken am Holzverschlag und die vielen ebenfalls farbgetränkten Haare am Boden bemerkte. Rasch trat er an Nardis Heim und schaute durch ein kleines Guckloch in die Schlafkammer. Mit einem einfachen Schieber konnte er es abdecken oder frei geben. Max presste sein Auge daran. Ja er war da und schlief.

Aber bei allen Göttern, die Fell und Kleid für Tier und Mensch erfunden hatten, wie sieht denn der drein?! Das war nicht Nardi, wie er ihn kannte. Das war Struppi, aber der ist doch zusammen mit seinem Herrchen Tim ja nur ein Fantasieprodukt des Comiczeichners Hergé und blau ist dieser auch nie, außer wenn er mit seinem Compagnon eins über den Durst getrunken hatte, was aber äußerst selten oder gar nie vorkam. Aber dieser Struppi hier im Holzverschlag war real, ungetürkt und dreidimensional, keine Flachfigur auf Zeichenblatt. Was zum Teufel hat er denn bloß ausgefressen? Welches Abenteuer war ihm da beschieden? Max drehte die Abdeckklappe wieder zu und begab sich vorerst ins Gewächshaus für den notwendigsten Dienst. Dann wollte er mit Nina eine eingehende Lagebesprechung abhalten.

Im Verlaufe des Vormittags fuhr ein Camion vor. Max und Nina warteten bereits im Innenhof vor dem Gewächshaus. Dem Auto entstieg ein mittelgroßer Mann von sportlicher Statur, mit lachendem Gesicht und einer Mütze auf dem Kopf, die er verkehrtherum trug, wie das weltweit sehr verbreitet ist. Vielleicht vermittelt dieser Tragemodus ein Gefühl von Weltverbundenheit und internationaler Zugehörigkeit. Unberechtigt war das ja auch gar nicht. Wer ihn kannte, der wusste, dass er immer wieder eine andere Mütze trug, die zwar dem gleichen Typus angehörte, aber verschieden designt war. Eine andere Farbe oder ein anderes Muster, mal rot, mal beige, mal gelb, mal grau, mal braun, mal gemischtfarben, mal keltisch, kariert, mal gefleckt, liniert, punktiert, mit oder ohne Sujet aufgedruckt usw. usf.

Wie einige Briefmarken oder Münzen sammeln würden, würde er halt Mützen aus aller Welt sammeln. Da seien Erinnerungen und Geschichten aus andern Ländern und Kulturen dabei, die eine Menge zu erzählen hätten, die..., aber das sei eine andere Geschichte. 400 Mützen besäße er insgesamt, könnte also täglich eine andere tragen. Vielleicht würde er dereinst eine Ausstellung machen, verbunden natürlich mit vielen

Hintergründen, die mit jeder Mütze eben verbunden seien, verkündete er. Jeans und eine atmungsaktive Allwetterjacke, die das Arbeiten in allen Wetterlagen gestattete, komplettierten die Bekleidung.

Dann lachte er wie ein Maikäfer übers ganze Gesicht. Sein Schalk und Witz waren ansteckend. Dino war als städtischer Veterinär Umweltbeauftragter und beaufsichtigte in dieser Eigenschaft die Wildtierfauna in der Stadt. Er stand in enger Verbindung mit Wildbiologen und natürlich der entsprechenden Forschungsstätten.

„Hallo!", begrüßte er Max und Nina und sie schüttelten sich gegenseitig herzlich die Hand. „Dann wollen wir mal unseren Klienten von seiner unliebsamen Bekleidung befreien! Alles Nötige habe ich da, auch für die Datenerhebung."

Nardi schlief fest. Sie hatten sich darauf geeinigt, ihn zu betäuben, wie das in freier Wildbahn üblich ist, wenn Tiere eingefangen und behandelt werden müssen. Das brächte sie in die Lage, ihn ohne Probleme rasch und speditiv zu waschen. Auch für Nardi gäbe es so keine schädigende Aufregung. Bis zu seiner nächtlichen Aktivphase wäre er dann wieder munter.

Max und Nina hatten eine Badewanne bereitgestellt. Ein Gartenschlauch am Warmwasserhahn angeschlossen lieferte das auf Körpertemperatur aufgeheizte Waschwasser. Als Max damals den Holzverschlag für Nardi baute, wusste er nicht, dass seine Konstruktion, die er auf Ninas dringenden Ratschlag flexibel und demontierbar gestaltet hatte, so schnell von großem Nutzen sein würde. Die obere Hälfte der Schlafkammer konnte man abheben, indem man seitlich mit dem Schraubenschlüssel eine praktische Verriegelung löste.

„Du weißt nie, wann man ihn vielleicht mal herausholen muss, weil er vielleicht verletzt ist. Demontierbar lässt es sich auch gut zügeln, sollte das einmal in Betracht kommen", hatte Nina gesagt und Max hatte dies eine gute Idee gefunden. Eh voilà!

Vorsichtig öffneten sie Nardis Eigenheim und Dino gab die Spritze, nachdem er sich vergewissert hatte, dass die Körperlage geeignet war. Nicht lange und Nardi wechselte von der Schlafphase in die Bewusstlosigkeit. Nun musste alles rasch abgewickelt werden. Sie trugen ihn in einen speziellen Behälter aus Dinos Camion und legten ihn auf eine weiche Unterlage darin. Dino wollte bei dieser Gelegenheit alle biologisch relevanten Daten erheben: Geschlecht, Alter, Gewicht, Größe, Gebisskontrolle, allgemeiner Gesundheitszustand und eine Entnahme von Blut und Speichel fürs Labor zur Untersuchung seiner DNA und auf Trägerschaft von unerwünschten Erregern wie etwa Tollwut oder anderen Parasiten. Eine Magen-Darm-Spiegelung an Ort und Stelle sollte klären, ob unerwünschte Farbenchemie Einzug ins innere Heiligtum des Fuchses gefeiert hätte. Sie hatte nicht. All das gehörte zum Ritual. Inventur der städtischen Fauna und Monitoring deren Entwicklung gehörten unter anderem zu Dinos Job. Die Unterlagen dienten als Basis in der Bemühung um ein friedliches Nebeneinander von Mensch und Tier in der Agglomeration. Das war ja auch Max und Ninas Anliegen.

Nardi war in einer guten gesundheitlichen Verfassung. Das zeigte bereits Dinos Untersuchung vor Ort. Die beiden Männer hielten Nardi in der Badewanne fest und Nina spritzte ihm die Farbe vom Fell. An einigen Stellen musste man mit einer Bürste etwas nachhelfen, aber im Allgemeinen kriegten sie ihn problemlos und rasch sauber. Glücklicherweise war der Kopf weniger betroffen, da die Farbe vor allem über seinen Rücken goss. Offensichtlich fand er an diesem merkwürdigen Gebräu keinen Geschmack, sonst hätte er sich womöglich voll gepumpt.

„Super! Gute Bademeisterin, Nina!", lobten die Männer, denn mit ihrer weiblichen Hand führte sie das Handwerk mit sichtlich viel Einfühlungsvermögen und Feingefühl aus.

Gleichzeitig hatte sie mit beruhigenden Worten Nardi zugeredet, als badete sie ein Baby. Sie stellte sich vielleicht auch ein solches vor. Auf jeden Fall war sie sich sicher, dass ihre Worte in Nardis Bewusstsein eindrängen. Sein Gefühlsleben, seine Innenwelt hätten viel Ähnlichkeit mit unserer eigenen, gab sie sich überzeugt. Mit einem Monsterfön blies sie Nardis Fell definitiv trocken, sodass es wieder glänzte und sich kuschelig und wohlig anfühlte, als sei der Klient für einen Schönheitswettbewerb vorbereitet worden. Mister Universum oder ähnlich.

„Das gäbe ein wunderbarer, weicher Bettvorleger!", scherzte Dino.

„Ja oder ein kuschelig weiches Kopfkissen, Knut unser Fuchs!", gab Max eins drauf.

„Ihr seid gemein!", reagierte sie, lachte dann aber auch.

Dann war es Zeit ihn wieder in die Schlafkammer zu legen, denn in Kürze würde er wieder aufwachen. Sie war selbstverständlich vorher ausgekehrt und die Unterlage ausgewechselt worden. Dann verschlossen sie Nardis Heim wieder.

„Sodann, das ging ja wie geschmiert! Dann kann ich auch den beiden Nachtarbeitern Bescheid geben, das Problem hätte sich erledigt. Ich kriegte nämlich vor eurem Anruf eine Meldung von ihnen über den Zwischenfall. Sollten sich Schwierigkeiten ergeben, meine Handynummer habt ihr ja", verabschiedete sich Dino, lüftete seine Mütze, stieg ins Auto und fuhr weg.

Von Zeit zu Zeit guckte Max durchs Auge an der Box. Nardi regte sich. Er war offenbar aufgewacht, schlief dann aber später wieder ein. Alles war in Ordnung. Als seine Arbeitszeit gekommen war, verließ Nardi wie immer seinen Unterschlupf. Da war es an ihm, darüber zu staunen, dass der blaue Albtraum aus unerklärlichen Gründen von ihm gewichen war. Ungläubig besah er sich, begutachtete den Umschwung seines Eigenheims, fand aber nichts mehr, was auf sein Erlebnis hindeutete.

„Habe ich das doch nur geträumt oder ist es wirklich wahr gewesen?" Lauter Fragezeichen in seinem Kopf.

Er wusste im Augenblick keine schlaue Antwort. Nur, dass er sich sauberer als vor dem Schlafen vorkam, irritierte ihn schon ein wenig.

„Den Seinen gibt's und nimmt's der Herr vielleicht wirklich im Schlafe! Na was soll's, ich habe Hunger", dachte er und trottete aus dem Areal. Er schaute aufmerksam nach vorn und auf seinen Weg unter seinen Läufen. Aber hätte er zu den Fenstern hinauf geblickt, wäre ihm Max und Nina nicht entgangen, wie sie ihn belustigt und freudig zugleich nachschauten, wie er in der Dämmerung verschwand.

Anna lag in ihrem Bett. Sie war eingeschlafen, nachdem ihr die Mutter eine Gute-Nacht-Geschichte vorgelesen hatte. Diesmal war *Der gestiefelte Kater* an der Reihe. Obwohl sie diese Geschichte ja zum ixten Mal gehört hatte, war es ihr Wunsch gewesen, sie nochmals vorgelesen zu bekommen. Sie stellte sich so gerne Kasimir als Hauptfigur darin vor. Die Mutter lachte, wohl wissend um diesen Hintergrund, und erfüllte gerne ihren Wunsch.

Dann wurde es ganz dunkel um sie. Sie hatte das Gefühl, sie sei gefallen, ganz tief irgendwohin abgetaucht. Das Bein tat ihr weh. Angst erfasste sie. Anna fühlte sich allein. Sie begann zu weinen. Da sah sie plötzlich zwei kleine Lämpchen nebeneinander umherirren. Sie erschrak, kriegte noch mehr Furcht, da sie nicht wusste, was die leuchtenden Zwillingsfunken, die da synchron vor ihren Augen schwebten, bedeuteten. Sie kamen näher und erst, als schwache Umrisse einen Kopf mit den Leuchtkügelchen als Augen verrieten, beruhigte sie sich, denn sie kannte das Gesicht. Es war Kasimir. Sie war nicht mehr allein gelassen. Geschähe es am helllichten Tag, wäre es vielleicht leichter gewesen. Zwar sah sie in der Ferne ein fahles Licht herabschimmern, aber es flößte ihr dennoch Angst ein, weil sie nicht wusste, wo sie war.

„Hab' keine Angst! Ich bleibe bei dir. Es werden dich Menschen abholen", sagte Kasimir.

„Ich bin froh, dass du da bist, Kasimir. Ich habe dann weniger Angst. Mein Bein tut mir weh", schluchzte Anna, fasste sich dann aber.

Jetzt sah sie, dass auch noch andere Katzen da waren und es war ihr, als würden sie gegen etwas kämpfen. Sie schnappten ins Leere, ohne dass sie gewahrte, was es war. Dann knurrte auch Kasimir in Richtung des Dämmerlichtes. Später brachte er oder Kasimirs Begleiterinnen Gegenstände, irgendwelche Dinge, die sie neben sie hinlegten. Anna versuchte aufzustehen, aber es war ihr irgendwie nicht möglich.

„Bleib, Kasimir, bleib, geh nicht weg, bitte, bitte...!" Sie begann wieder zu weinen.

Alles verschwamm, es war wieder alles schwarz um sie und Anna wachte auf. Sie richtete sich in ihrem Bett auf und zündete das Licht an. Zwar weinte sie nicht, aber benommen war sie. Nicht lange und die Türe zu ihrem Schlafzimmer öffnete sich und die Mutter trat ein.

„Was ist geschehen, Anna? Wir hörten dich plötzlich weinen. Oh komm, mein Schatz!"

Sie setzte sich auf die Bettkante und nahm ihre Tochter in die Arme.

„Ich weiß nicht, Mama, ich habe etwas Komisches geträumt. Ich hatte Angst, aber Kasimir war da", sagte Anna, die sich wieder beruhigt hatte.

„Kasimir ist nicht da, du hast alles nur geträumt, mein Schatz, alles ist gut! Weißt du, manchmal ist der Traum ein Leben. Die Gute-Nacht-Geschichte hat da bestimmt eine große Rolle gespielt. Manchmal sind es Erlebnisse des Tages oder, was wir gehört und gesehen haben, auch Ängste. Alles, was uns vielleicht sehr beschäftigt, kann sich zu einer Traumgeschichte zusammenfügen. Schlaf weiter, es ist ja noch mitten in der Nacht, erst drei Uhr!"

Anna ließ sich beschwichtigen und schlief ruhig in den Morgen hinein.

DER HAHN IST LOS

*G*ottfried Stutz, was soll das? Komm sofort zurück!", schrie der Mann ärgerlich und ungehalten über die Straße.

Aber der Hahn schien nicht auf seinen Herrn hören zu wollen und flatterte stattdessen krähend auf die Straße und zog seinen Herrn wie an einem unsichtbaren Band hinter sich her. Vielleicht war er ein Einmanndemonstrant, der gegen den hoch frequentierten Verkehr protestieren wollte. Es gab zwar noch wesentlich belebtere Straßenachsen als diese.

Der Hahn war eigentlich ein sehr schönes Federvieh. Das musste man ihm lassen. Sein Besitzer durfte stolz auf ihn sein, hatte er ihn doch bei einem Geflügelwettbewerb präsentiert und einen Preis gewonnen. Professionell war er auf dem Catway stolziert und hatte den Applaus der Jury geerntet, als wäre er nicht das erste Mal als Model dort gewesen. Der Hahn musste sehr wohl begriffen haben, dass er im Mittelpunkt stand, denn seither war sein Selbstbewusstsein angewachsen, und man gewann den Eindruck, dass nicht sein Herr, sondern er die Oberhand hatte.

In leuchtenden Farben zierten die Federn seinen Körper und ein sattes Goldgelb mit eingelagerten feuerroten Streifen die geschwungenen Schwanzfedern, die wie ein prächtiger Pferdeschwanz abgingen. Auf dem Kopf leuchtete ein Riesenkamm in Lapislazuli-Blau, der Königsfarbe. Ja als königliche Hoheit fühlte er sich wohl und bildete sich offenbar ein, der Umgebung Befehle erteilen zu dürfen. Die Autos, ja überhaupt der ganze Verkehr auf der Straße, hatten nach seiner Geige zu tanzen.

Er blieb frech und unerschrocken auf der Straße mitten unter ihnen stehen, blickte mit erhobenem Kopf bedächtig nach allen Seiten, als wollte er von jedem Verkehrsteilnehmer einzeln Notiz nehmen. Dann schritt er mit majestätischer Langsamkeit einige Meter hin und her, wobei er die ganze Straßenbreite choreographisch nutzte. Die Räder, die lebensbedrohend angebraust kamen und endlich mit lautem Quietschen stillstanden, hatten ihm überhaupt keinen Respekt eingeflößt. Ebenso wenig störte es ihn, dass er eine immer länger werdende Autoschlange, die sich staute, verursachte. Das Hupkonzert, das anzuschwellen begann, versuchte er in einem spontanen Wettstreit mit noch lauterem Gackern zu überbieten.

Seine königliche Hoheit, Abkömmling und Nachfahre des altägyptischen Gottes Amun, der auch der Große Gackerer genannt wurde, erachtete offensichtlich die stehende Ovation als eine ihm würdige und verdiente Huldigung.

Der Halter, verzweifelt und am Boden zerstört ob der Dinge, die sich sehr unrühmlich für ihn entwickelten, stürmte zwischen den Autos hindurch auf ihn zu, um ihn mit fordernden, wütenden und wieder tränenerstickten Zurufen wegzuscheuchen. Doch das stolze Tier reagierte nur mit großmütiger Ignoranz.

Einige Leute stiegen aus ihren Fahrzeugen, reckten ihre Hälse nach vorn, wollten sehen, was da gespielt wurde. Es wurde gelacht, geschimpft, geflucht, gestikuliert. Manche guckten zornig auf ihre Uhren, deuteten an, dass sie es eilig hatten. Im Auto zurückgebliebene Frauen klappten den Spiegel über dem Sitz auf und erneuerten ihr Make-up. Männer machten sich an ihren Handys zu schaffen oder bohrten in der Nase. Vielleicht käme später ein cleverer Verkäufer auf dem Fahrrad vorbei, um die Runde zu machen und Bratwürste, Popcorn und Getränke oder Eiskrem, mit oder ohne Sahne, und allerlei andere Süßigkeiten anzubieten und so aus der misslichen Situation Kapital zu schlagen. Hatten sich doch andernorts kilometerlange stehende Autokolonnen auf gewissen Strecken als wahre Goldgrube zum Absahnen erwiesen.

Ein ungeduldiger Fahrer in der vorderen Reihe hatte das Auto verlassen, legte fluchend seine Jacke ab, warf sie durchs Fenster in seine Limousine, krempelte seine Hemdsärmel hoch und schritt entschlossen, mit fest aufeinander gepressten Lippen auf den widerspenstigen Gockel zu. Der Halter des Hahns erriet, was der Autofahrer, der wie ein Raubtierdompteur daher kam, beabsichtigte, und gab ihm einige nach seiner Meinung nützliche Ratschläge ab. Jedoch musste der Dompteur ihn im Voraus als Versager abgestempelt haben, denn er würdigte ihn keines Blickes.

Man war gespannt. Mag sein, dass ein Fremder mehr Autorität über das Tier auszuüben imstande ist als sein Pfleger. Fehlanzeige. Sobald der Fahrer mit ausgebreiteten Armen auf ihn zutrat, um ihn mutig zu packen, antwortete der Hahn mit lautem und entrüstetem Gackern, das nach erlittener Majestätsbeleidigung klang, und wich etwas zur Seite. Doch der Dompteur ließ sich nicht beeindrucken, ganz im Gegenteil, er machte einen autoritären Eindruck, als ob er Erfahrungen mit gefährlichen Raubtieren hätte. Nur noch mehr erzürnt, stürzte er sich förmlich auf die Flügel flatternde und sich kämpferisch gebärdende Hoheit, um sie zu ergreifen. Doch seine Majestät, offensichtlich kampferprobt, Hahnenkämpfe gibt es ja schon seit Menschgedenken, war zu schnell, schwang sich geschickt zur Seite wie das rote Tuch des Toreros so, dass der Greifer ins Leere griff. Nicht genug, Angriff ist die beste Verteidigung, denn er wandte sich wieder blitzschnell dem Angreifer zu und pickte ihm mit seinem scharfen Schnabel heftig in die Hand, dass sie blutete. Ein Aufschrei und ein Fluch. Der Torero gab sich geschlagen. Der Besitzer war verzweifelt und untröstlich, holte aber instinktiv sein großes Taschentuch aus seiner Hose heraus und wollte es um die verletzte Hand binden, tausend Entschuldigungen wie eine Litanei über den Verletzten prasseln lassend.

Der Betroffene aber riss die Hand missmutig weg und polterte zornig dabei los, was ihm denn einfalle, ihn mit einem dreckigen, bakterien- und virenschwangeren Taschentuch eine Blutvergiftung verpassen zu wollen. Er solle lieber das verdammte, unnütze Mistviech von der Fahrbahn holen. Erschießen sollte man es auf der Stelle wie ebenso die unnützen Tauben, die alles verdrecken und verscheißen und die Tierschützer auch noch gerade, die nichts zu tun hätten als Parasiten zu fördern, die eine ganze Stadt zugrunde richteten. Ein solch dummes Huhn würde eher in eine Bratpfanne als auf die Straße gehören, sofern es überhaupt genießbar wäre. Er brummte noch weitere Flüche und Schimpftiraden in seinen Bart und verkroch sich in sein Auto.

Der Gockel indes wollte sich dies nicht anhören, eine Beleidigung für seine königlichen Ohren wäre das, und flatterte zur Strafe auf die Motorenhaube des zornigen Fahrers. Dort trippelte er selbstbewusst auf dem auf Hochglanz poliertem Metall herum und ließ ein lautes Gackern über die ganze Szene erschallen. Er genoss sichtlich das Bad in der Blechlawine, die immer größer zu werden drohte. Da und dort gab es krachende und kratzende Geräusche, wenn Autos unachtsamer Fahrer einander unanständig küssten. Gestikulieren. Palaver. Schimpfen. Wenn der Gockel keine Kratzer ins kostbare und teure Metall schrieb, so drückte er zumindest seine edlen Schmutzspuren als seine königliche Kartusche darauf.

Das begeisterte den Fahrer erst recht über alle Maßen. Er stürzte sich wieder aus dem Wagen, tobte und wollte schnaubend auf den Hühnerhalter selber losgehen, der ja an allem Schuld hätte. Dieser hätte sich am liebsten in den Boden verkrochen oder ins nächste Mauseloch, aber ein solches war gerade nicht erreichbar, ebenso wenig ein Kaninchenbau, aber die Technik von Alice im Wunderland beherrschte er ohnehin nicht. Und Edelweiß und Edelschwarz wohnten nicht in diesem Quartier. Sich unter einem Auto zu verstecken war ihm zu riskant, womöglich würde er zerquetscht, sollte der Verkehr wieder ins Rollen kommen. Der Zornentbrannte hätte ihn wahrscheinlich verprügelt, wenn nicht einige Passanten sich seiner angenommen und ihn zurückgehalten hätten.

Eine Menschentraube hatte sich zwischenzeitlich um den Ort des Geschehens gebildet, die dem Schauspiel neugierig zuschauten. Passanten versuchten dann doch mit dem erbosten Fahrer zusammen den Gockel vom Auto zu jagen, mit dem Resultat, dass er zwar wegflog, aber einfach auf dem Dach eines andern Autos landete, wo er trotzig umher stolzierte. Gelächter. Schimpfen.

Jemand, der die Überzeugung gewann, dass niemand Herr der Lage wurde, hatte die Polizei gerufen. Nicht lange nämlich ging es und man hörte die Polizeisirene ertönen und eine Streife brauste mit blinkendem Blaulicht auf Platz. Dino und ein Beamter entstiegen mit einigen Utensilien in der Hand dem Fahrzeug. Sie zwängten sich durch die Menschenmenge und betraten die Arena. Dino musste unweigerlich schmunzeln, als er die Szene überblickte. Zunächst bekümmerten sie sich um das Wohlergehen des Verletzten. Der Polizeibeamte redete beschwichtigend auf ihn ein, während er seine Wunden behandelte. Er hatte zu diesem Zweck die Apotheke gleich zur Hand genommen, als er das Auto verlassen hatte. Der Anrufer hatte ihm den Stand der Dinge kurz geschildert.

Dino befragte den Tierhalter und dachte dann laut darüber nach, was zu machen sei.

„Sie müssen den Gockel besser dressieren, dass er ihnen gehorcht, ihm keine beliebige Freiheit gewähren! Unberechenbare Tiere gehören unter Aufsicht, sonst kann es mal zu einem schweren Unfall kommen und nicht zuletzt auch ihrem Liebling das Leben kosten!", redete er ihm zuletzt nicht unfreundlich zu und klopfte ihm wohlwollend auf die Schultern.

Der Halter entschuldigte sich wieder hundert Mal und versprach, seine Ratschläge zu beherzigen. Dino winkte ab und wandte sich dem Beamten zu und gab ihm einige Anweisungen. Er wollte zur Tat schreiten. Der Delinquent stand immer noch auf dem Dach und hielt Maulaffenfeil, als ob er nur einer unter den vielen Zuschauern wäre und ihn das alles überhaupt nichts anginge.

Dino holte aus seiner Hosentasche einige wohlschmeckende Körner und legte sie auf die flache Hand. Er trat dicht an das fragliche Auto heran und hielt ihm die ausgestreckte Hand entgegen. Mit beschwörenden und bezirzenden Worten versuchte er das Tier zu sich zu locken. Sein Assistent stand dicht neben ihm, ein feinmaschiges und weiches Netz in der Hand, bereit, es sofort über das Tier zu werfen, sobald dieses nahe genug war. Sie setzten es hier nicht das erste Mal ein. Der Hahn reagierte tatsächlich und trat überraschend etwas näher. Die Zuschauer guckten gespannt und verhielten sich still. Das Tier hielt wieder inne und flippte mit dem Kopf hin und her, als müsste es sich vergewissern, dass ihm von keiner Seite Gefahr drohte, er hatte ja schließlich keine Leibwächter bei sich, wie es sich normalerweise für eine königliche Hoheit gehörte. Der Halter hielt sich schweigend im Hintergrund und hoffte inständig, dass die Blamage endlich sein Ende fände, denn er schämte sich ungemein. Der Fahrer hatte sich in sein Auto zurückgezogen und hielt es für das Beste, dort geduldig zu warten. Die Polizei würde es schon richten.

Der Hahn mit dem königlichen Lapislazuli-Blau im Riesenkamm und dem feuerroten Schwanz mit den goldgelben Streifen entschloss sich, noch etwas näher zu treten und offensichtlich das leckere Futter in Dinos Hand zu überprüfen.

Zwei Indianerjungen in den hinteren Fahrzeugen hatten inzwischen unbemerkt ihr Auto verlassen trotz Mahnung der Eltern, im Wagen zu bleiben, denn es ginge vielleicht gleich wieder weiter. Sie hatten anderes vor, als sich im Wagen zu langweilen. Wahrscheinlich hatten sie alle spannenden Indianerbücher von Karl May, insbesondere Winnetou I, II und III, gelesen, denn sie wähnten sich auf Schleich- oder Kriegspfad in unbekanntem Territorium. Endlich mal die erworbenen Kenntnisse in der Praxis zu erproben, stand für sie fest. Das war ihre Stunde! Geduckt schlichen sie, einer hinter dem anderen, die engen Passagen zwischen den Rädern und Blechen nach vorn, akribisch darauf achtend, weder von Passanten noch von Insassen der Stinkkisten entdeckt zu werden und schon gar nicht in den Blickwinkel des verrückten Gockels zu geraten, der noch immer alle hinhielt.

„Hast du auch die Pistole bei dir?", fragte der Vordermann im Flüsterton nach hinten.

Dieser nickte und gab Zeichen, zu schweigen und lautlos zu bleiben. Mit Stopp-Motion-Schleichtechnik arbeiteten sie sich voran, mit immer wieder Sicherungshalt, um die Jagd nicht zu versauen, bis sie aus sicherer Deckung heraus das Ziel klar und deutlich in genügender Nähe erspähen konnten. Dino war noch immer damit beschäftigt, den Hahn aus seiner Reserve zu locken und sein Assistent harrte geduldig auf seinem Posten aus, bereit das Netz zum richtigen Zeitpunkt überzuwerfen.

„Wir gehen so nah als möglich ran, unmittelbar hinter das Auto. Ich schieße zuerst, dann du!", ordnete der Vordere an.

Der Hintere nickte.

Sie schlichen an den besagten PW, sodass sie dem Hinterteil des Hahns zugekehrt waren. Der ließ sich offensichtlich Zeit, einen weiteren Schritt zu tun. Er trieb die Nerven der beiden Häscher bis an deren Grenzen. Er legte seinen Kopf schief und drehte ihn Dino zu, um mit dem einen Auge von der Seite gegen die ausgestreckte Hand zu gucken. Man sah, dass Dinos Geduld einer Zerreißprobe ausgesetzt war und die Muskelspannung in der Hand zu schmerzen begann, denn sie fing an leicht zu zittern. Ebenso erging es dem Netzhalter. Dann legte König Hahn seinen Kopf um, um das Gleiche mit dem andern Auge zu beäugen, als müsste er die beiden Ansichten vergleichen und auf Unstimmigkeiten oder gar Widersprüche analysieren. Klar, schließlich verfügte er über keinen Hofstaat mit Bodyguard, Vorkoster, Vortrinker, Voresser, Voseher, Vorhörer, er musste als Alleinherrscher zurechtkommen. Er ahnte nicht, was hinter seinen geschwungenen feuerroten Schwanzfedern mit goldgelben Streifen geschah.

Dann krachte ein Schuss los und noch ein zweiter, dicht hinter dem Vogel, die erlösend endlich Bewegung in ihn brachten. Bewegung ist doch ein bisschen Untertrieben. Wie aus einem Kanonenrohr gefeuert wurde der Vogel, zu Tode erschreckt, förmlich in die Luft katapultiert. Dort fing er sich aber und flog mit Lichtgeschwindigkeit über alle Autos, Passanten und die ganze Straße hinweg und hoch hinauf auf den Dachgiebel der nahen Häuserfront, wo er landete und entgeistert auf die Blechlawine und verblüfften Passanten runterstarrte. Nur zwei schöne farbige Federn ließ er, die gemächlich auf die Startrampe nieder schwebten und später als Siegestrophäen von den beiden jungen Indianern in Besitz genommen wurden.

Mit strahlenden Augen der Sieger kamen die beiden Lausbuben mit den rauchenden Revolvern hervor und lachten ungehemmt. Sie klopften sich gegenseitig anerkennend auf die Schultern. Auch Dino musste lachen, als er sah, womit die beiden geschossen hatten. Es waren harmlose Spielzeugpistolen mit Schreckschussmunition.

„He, ihr Spitzbuben! Fastnacht ist vorbei und ohne Genehmigung darf hier nicht geschossen werden!", rief er, schmunzelte aber, war er doch froh, dass sich etwas getan hatte.

Nur der Pfleger kam jammernd hinzu, fürchtete er doch, sein Liebling sei womöglich verletzt worden. Dino beschwichtigte ihn, Könige seien sehr robust und fast unbezwingbar, das hätte die Geschichte doch immer wieder gezeigt, und die Jungen beteuerten, er sei bloß zutiefst erschrocken, sie hätten keine Kugel abgefeuert, es seien nur Fastnachtsutensilien, die zugegebenermaßen echt aussähen.

„Wer holt mir jetzt den armen Kerl von dort oben runter?", jammerte er dennoch weiter und weinte fast.

„Haben Sie ihm keinen Fallschirm umgehängt?", witzelte der eine der Jungen.

Dino griff ein und forderte die Nachfahren Winnetous auf, den Platz zu verlassen und zu ihrem Auto zurückzukehren. Die Passanten machten langsam wieder die Straße frei, denn die Blechlawine hatte sich wieder in Bewegung zu setzen begonnen.

Der stolze Gockel zog es vor, weiterhin auf dem Giebel zu thronen und sein Reich zu überblicken, aber vor allem, um sich vom Schrecken wieder gänzlich zu erholen. Dann krähte er lauter als zuvor übers ganze Volk zu seinen Füssen und zeigte an, dass er weiterhin der Lord sei. Die Höhe schmeichelte seiner, unabhängig davon, ob seine Hoheit nur in der Positionshöhe oder in echter Erhabenheit besteht.

Dino und der Polizeibeamte waren ins Gespräch mit dem Besitzer des Vogels vertieft. Sie waren der Meinung, er würde von alleine zu ihm nach Hause zurückkehren, sobald er Heimweh nach seinem Harem und ausgiebigem Futter hätte. Er könne ihn, das heißt seine Dienststelle, jederzeit wieder anrufen. Und sollten sich erneut Schwierigkeiten ergeben, sie sei immer für alle da, die Hilfe brauchen. Er gab ihm seine Telefonnummer.

„Sollten Sie mit ihm nicht zurechtkommen, geben Sie ihn dem zuständigen Tierheim ab. Das kann Ihnen allenfalls helfen, einen neuen Besitzer zu finden, etwa eine Bauernfamilie. Landluft tut ihm vielleicht besser als Stadtluft mit viel gefährlichem Verkehr bei seinem Temperament. Wissen Sie, Urbanität verlangt doch einige Anpassungsfähigkeiten bei Mensch *und* Tier ab und es ist nicht gesagt, dass sie bei allen Beteiligten so einfach gegeben sind. Bei freiwilligen tierischen Zuzüglern funktioniert das besser als bei Lebewesen, die man einfach in die Stadt holt. Apropos Tierheime. Die kriegen alles Mögliche. Jede Spezies ist da vertreten, vermisste Katzen, verlorene Hunde, ausgesetzte Ratten, Ameisen, Maulwürfe, Kaninchen, Igel, Hamster, Bienen, Schlangen, Wolfsspinnen und und und. Nur Grillen in den Köpfen der Menschen kommen dort nie hin. Die fühlen sich wohler im Parlament und vermehren sich dort sehr eifrig - manchmal zu eifrig!", erläuterte Dino und grinste.

Dann verabschiedete er sich. Immer noch ein wenig verstimmt, zog sich der Mann zurück und Dino bestieg mit seinem Assistenten den Dienstwagen und sie fuhren los.

Unerwartet kreuzte ein junger Mann mit einem Fotoapparat umgehängt auf, holte den Hühnerhalter ein und sprach ihn freundlich an.

„Hallo, ich möchte Sie was fragen!", sprach er ihn an.

Überrascht hielt der Hühnerhalter an und drehte sich Stirn runzelnd und unsicher nach ihm um.

Der junge Mann stellte sich vor.

„Ich bin Kunstschlosser und stets auf der Suche nach originellen Motiven für meine Arbeiten. Ich hatte den Gockel gesehen und bin sehr begeistert über das so fotogene Tier. Wie ein echtes Schmuckstück ist es!"

Der Hühnerhalter freute sich natürlich sehr das zu hören und war schon wieder ein bisschen mit der Welt versöhnt. Woher er denn überhaupt das bunte Tier habe, war der Künstler noch neugierig.

Der Mann besaß einen Schrebergarten in der Stadt. Viele von solchen gab es in einem schönen Park. Schmuckvolle Weekend- oder Gartenhäuschen mit farbenfrohen Blumenanlagen waren für manche eine erholsame Rückzugsklausur. Selbst eine gewisse Eigenversorgung mit Gemüse und Früchten ermöglichten manche von ihnen. Der Mann hatte drei Hühner in einem größeren Gatter mit Hühnerverschlag neben seinem eigenen Häuschen. Seit dem Tod seiner Frau verbrachte er viel Zeit in seinem kleinen Paradies, wie er es nannte. Eines Tages entschloss er sich, einen Gockel für die Hennen zu suchen. Den fand er bei einem

Geflügelzüchter. Der bunte Hahn sei ihm gleich aufgefallen. So erwarb er ihn und brachte ihn in seinem Harem unter.

„Die Hühner waren begeistert, sie umwarben ihn wie die Juroren bei der Wahl für die Miss Universum. Ja sie hatten halt einige Zeit keinen Mann mehr gehabt. Es war also höchste Zeit, ihnen einen zu schenken, dass sie wieder munter gute und frische edle Eier legten. Ich liebe meine Tiere und auch den Gockel. Ich pflege ihn wie alle meine Hühner. Ihn brachte ich einmal an einen Wettbewerb, wo er tatsächlich prämiert wurde. Ich bin sehr stolz", verkündete er dem Kunstschlosser und blickte dann etwas traurig zum Giebel hinauf, wo sein Liebling immer noch wartete; worauf, konnte man nicht ermitteln.

„Wissen Sie, ich habe ihn fotografiert und möchte ihn aus Metall nachbilden. Es wird ein Kunstwerk. Ich habe schon viele solche gemacht. Und daher wollte ich Sie dafür um Erlaubnis bitten", trug er seine Bitte vor. „Als Verschönerung eines Zauns oder als Klinke bei Türen macht sich so was gut oder auch einfach als Kunstwerk per se oder zum Aufstellen auf Fernsehgeräte oder andern Möbelstücken. Ich schenke Ihnen nachher gern ein Fertigstück", fügte er erklärend hinzu.

Der Hühnerhalter fühlte sich geschmeichelt und gab natürlich sein Einverständnis. Der Kunstschlosser verschwieg, dass er einen Großauftrag eingeheimst hatte, nämlich für die Meteorologen eine kunstvolle Metallfahne anzufertigen, die jeweils die Windrichtung anzeigen sollte. Da er einen gewissen Bekanntheitsgrad erreicht hatte, kamen nun Aufträge von verschiedener Seite ins Haus geflattert. So stand eines Tages der Pfarrer einer der Kirchen in der Stadt in seiner Werkstatt und brachte sein Anliegen vor. Er wollte die Kirchturmspitze nicht so prosaisch enden lassen und fragte ihn deshalb nach einer originellen Idee.

„Diese Kirchturmspitze erscheint mir wie ein spitzer Säbel oder ein langer Dolch, der in den Himmel über mir sticht, direkt ins Herz des Herrgottes. Stellen Sie sich vor, plötzlich würde es Blut vom Himmel auf uns herabregnen - göttliches Blut! Das könnte ich mir nie verzeihen, glauben Sie mir!"

Der Künstler glaubte es und schlug ihm einen Hahn vor. Auf die Frage des Pfarrers, warum eine solche Tierfigur, antwortete dieser prompt:

„Wissen Sie, Herr Pfarrer, die Christenheit feiert jährlich Ostern, das höchste Fest im ganzen Kirchenjahr. Das ist mit dem Osterhasen und den Hühnern verbunden, als Zeichen der Fruchtbarkeit und des Lebens schlechthin. Warum also nicht auch den Gockel feiern, ohne den ja kein Huhn ein Küken hervorbringen kann? So gehört auch ihm ein Ehrenplatz in der Sache!"

Das leuchtete dem Pfarrer ein und so erteilte er ihm den Auftrag.

Aus einer andern Ecke trudelte ebenfalls ein interessanter Auftrag in die Werkstatt des Schlossers. Er kam aus der Industrie für sanitäre Anlagen im Rahmen der Wasserversorgung. Sie suchten nach einer praktischen Handhabe, wenn es galt, die Wasserzufuhr freizugeben oder zu unterbinden. Sie entschieden sich für einen kleinen Hebel. Sein Entwurf, dem die Form eines Hahnenkamms zu geben, stieß sofort auf einhellige Begeisterung.

Der geneigte Leser hat es bestimmt erraten. Seit diesen Ereignissen in jenen Tagen in der Orangenstadt zieren Hähne die Kirchturmspitzen, Fahnen zur Anzeige der Windrichtung haben die Form eines *Hahns* und at last but not least, wie soll es auch anders sein, schließt oder öffnet man mit einem Wasser*hahn* die Wasserzufuhr, auch wenn mittlerweile im Zuge der technischen Weiterentwicklung längst Drehknöpfe an seine Stelle getreten sind. Aber in Erinnerung daran ist die Bezeichnung geblieben.

Und der edle Hahn auf dem Giebel? Nun, das ist schnell berichtet. Er bekam Hunger nach knusprigen Damen wie alle Könige und, da diese heute (fast) nicht mehr existieren, alle Staatspräsidenten oder doch sehr viele von ihnen. Ebenso auch Hunger nach leckerem Futter, das bei seinem Herrn offenbar immer noch das Beste ist. Und so flog er von alleine zum Schrebergarten zurück, wo ihn sein Halter und sein Harem sehnsüchtig erwarteten. Zurückgekehrt, gab es ein tolles und freudiges Wiedersehensfest, das vier Tage dauerte und wesentlich feierlicher ausfiel als jenes, das der Gutsherr im Alten Testament für seinen verlorenen und wieder gefundenen Sohn veranstaltete. Im Gegensatz zu damals murrte aber niemand unter den brav zuhause Gebliebenen oder ergab sich in Vorwürfen. Zu groß war die Sehnsucht nach dem schönen, edlen und königlichen Gockel.

DIE ORANGENSTADT

*S*ie waren beim Frühstück.

„Ich werde für den Bio-Supermarkt mit Gastro- und Kulturangebot plädieren. Heute muss aus den Eingaben für die Überbauung der derzeitigen Müllhalde, das zur Realisation stattgegebene Projekt ausgewählt werden!", sagte Nina und biss in die Honigschnitte.

„Das würde ich sehr begrüßen. Ein Industriekomplex als Überbauung! Der passt nun mal nicht in dieses Viertel, am allerwenigsten ein Parkhaus! Ein solches kann man besser am Stadtrand unter die Erde bringen. Von da sollen die Menschen zu Fuß oder mit der ÖV in die Stadt", antwortete Max.

„Es wurde aber dennoch schon erfreulich viel erreicht. Zum Beispiel die autofreie Fußgängerzone und die ausgerechnet im Zentrum. Erinnerst du dich noch an die Querelen und gehässigen Diskussionen damals vor der Abstimmung? In den Verkaufsachsen im Zentrum sind die Umsätze seither gestiegen. Das exakte Gegenteil von den Argumenten der Gegner ist eingetreten. Dem Tourismus hat es ebenso genutzt", erinnerte Nina.

„Wann wird die Müllhalde dort geräumt, es wäre an der Zeit?"

„Richtig! Das ist bereits in Auftrag gegeben. In den nächsten Tagen kommen die Arbeiter."

„Weißt du, dabei müssten sich die Behörden eigentlich nur die Relativitätstheorie zunutze machen", bemerkte Max und kratzte sich viel sagend am Kopf.

„Ach ja? Wie muss ich das verstehen?"

„Im Prinzip ganz einfach. All den Müll mit Lichtgeschwindigkeit im Quadrat wegwerfen. Daraus gibt's dann pure Energie und die kann man nutzen. An Verwendung dafür haben wir wohl keinen Mangel in unserer Stadt oder?", erklärte er mit ernster Miene.

Dann brachen beide in Lachen aus.

Nina hatte ihren Termin im Rathaus für die erwähnte Sitzung. Sie ging etwas früher, denn sie wollte die Zeit nutzen, um den Fortgang der Fassadenmalerei zu verfolgen. Das Quartier im Zentrum der Stadt sollte ein künstlerisches Highlight werden. Die Kunstschaffenden waren schon eifrig bei der Arbeit, als Nina erschien und sie grüßte. Einige Bilder waren schon fast fertig, andere vorskizziert. Es faszinierte sie zu sehen, wie vor ihren Augen ein Kunstwerk entstand. Die Arbeit ging offenbar recht zügig voran. Man spürte die Begeisterung, die hier mitspielte. Nina nahm den Fotoapparat aus der Tasche und machte viele Bilder. Nach Abschluss der Projekte war eine Sonderausstellung über die Entstehung der künstlerischen Stadtgestaltung geplant. Klar, dass Bilddokumente ebenso auch den Weg ins Historische Museum finden und auf diese Weise weiterhin ihren Beitrag zur Darstellung der Stadtgeschichte leisten würden. Selbstverständlich nicht nur Ninas Bilder. Jedermann durfte seine Kreativität darin investieren. Die Historiker müssten dann eine gezielte Auswahl treffen.

Die Themen der Malereien waren breit gefächert. Die Darstellungen erzählten aus den Anfängen der Stadt, wie sie aus der Keimzelle eines ehemaligen Fischerdorfes am See erwuchs. Den Grundstein dazu legte die Rodung eines Stücks Waldes, der die Ufer säumte, und die ersten Stelzenhäuser im Wasser. Ewig sangen die Wälder in der ehemals weiten menschenleeren Gegend, bis ein zugewandertes Volk die Ressourcen für sich nutzbar zu machen begann. Eine Künstlergruppe hatte sich mit Historikern und Archäologen zusammengetan und das Projekt aus der Taufe gehoben.

Der Betrachter kann das Fischerhandwerk und die Schiffe der damaligen Zeit bewundern. Andere Bilder zeigten, wie später Stadtmauern die beachtlich gewachsene Siedlung samt Marktplatz und Hafen am See befestigten. Die Siedlung hatte sich zu einer Handelsstadt zu Wasser, aber auch zu Lande entwickelt. Denn nun kommen auch Straßen mit den Landfahrzeugen ins Blickfeld. Die alten Fuhrwerke mit Pferd und Wagen, Kutschen und Karossen beschwören Nostalgie herauf. Im gleichen Zug wird die breite Palette an Handwerk und Zünften vor Augen geführt, die alle Bereiche des urbanen Lebens sukzessive erfasst hatten. Auch Herbergen, Bier- und Weinkeller, Pensionen, die Gastronomie gehörten ebenso mit dazu wie allgemein das tägliche Leben der Bürger. Lustiges neben Traurigem, Poetisches neben Verträumtem. Als letzte Errungenschaft kamen Eisenbahn und Industrialisierung. Der alte Bahnhof ist zwar schon längst verschwunden, aber in den Bildern erwacht er wieder zu neuem Leben.

Die Freilichtkunstgalerie in den zentralen Quartieren der Stadt würde nach ihrer Fertigstellung lebendige Geschichtslektionen liefern. Aber der Themenfächer beschränkte sich nicht allein auf Historisches. Ebenso wurde auch Motiven aus der Natur und Umwelt, Landwirtschaft und menschlichem Zusammensein Raum gegeben. Nicht zuletzt durfte sich auch Kunst per se in klassischem oder modernem, ja surrealistischem Stil zeigen. Man wollte gleichzeitig eine offene gegenwarts- und zukunftsorientierte Kunstplattform bieten und nicht nur in der Vergangenheit suhlen. Eine Idee dabei war die, die Kunst unter anderem aus bloß musealem Dasein zu befreien, sie im wörtlichen Sinn öffentlich zu machen. Und unter den Machern nicht nur einen elitären Kreis zuzulassen.

In allen Bevölkerungsschichten kamen die Projekte gut an. Die ÖV stellten auch bei den Fahrzeugen Flächen zur Verfügung. Viele Busse, Eisenbahnwagen oder auch Schiffe wurden zu einer Augenweide, wenn sie vorbeifuhren. Bei den Kindern stießen natürlich jene Bilder auf Begeisterung, die Motive aus der Märchenwelt beinhalteten. Graue Betonflächen von Pfeilern oder Abschlussmauern waren nicht länger mehr eine Beleidigung der Augen.

Man kam sogar auf die Idee, temporäre Flächen zur Verfügung zu stellen. Das bedeutete auswechselbare Plastikunterlagen oder Fahnen, die an Fassaden ausgehängt werden konnten. Das erlaubte dem Ideenreichtum, der im Publikum lebendig war, besser gerecht zu werden. Bilderfahnen zierten manche Straßen.

Nina betrachtete eine Weile das Treiben, sprach da und dort mit den Machern, dann war es Zeit das Rathaus aufzusuchen.

Max musste nach dem Frühstück eine Ladung Orangenpflanzen im Camion verstauen. Ein Angestellter half ihm dabei. Das Stadtleben verwischte offenbar den Rhythmus einiger seiner Bewohner. Widererwarten zeigte sich Nardi auf dem Platz, wo der Camion stand. In der Regel ließ er sich von den menschlichen Tagesaktivitäten nicht stören, zumal Max und Nina ihm eine Schall isolierende Box geschaffen hatten. Vielleicht macht das Stadtleben ihre tierischen Bewohner genau so liberal wie die menschlichen gegenüber jenen auf dem Lande. In gewiegtem Abstand schaute Nardi Max und seinem Helfer bei der Arbeit zu. Max gewahrte ihn, unterbrach dazwischen einmal sein Tun und blickte schmunzelnd zu Nardi. Klar, der Fuchs hatte schon ein gewisses Maß an natürlicher Scheu verloren, seit seiner eigenwilligen Begegnung mit der Bildenden Kunst. Nardi floh nicht, als er von den beiden Männern beachtet wurde. Sicher war seine ebenso natürliche Neugier im Spiel.

Max reizte es, ihn zu sich zu locken. Er holte im Haus etwas Fressbares und warf es Nardi zu, der noch immer da war, blieb aber außerhalb der Fluchtdistanz. Nardi zögerte erst, schnappte dann aber nach dem Bissen. Max animiert, wiederholte den Versuch, näherte sich ihm dabei ein Stück. Nardi bewegte sich heran, trat dann aber wieder zurück, schritt hin und her, angespannt wie ein Torhüter, der den Penalty jederzeit erwartete, als müsste er sich überlegen, wie viel er sich zutrauen durfte. Schlussendlich rang er sich durch und wagte auch jetzt wieder zuzugreifen. Max hatte unentwegt freundschaftliche und beruhigende Worte zu Nardi geschickt und freute sich über die gewonnene Zutraulichkeit. Beim dritten Versuch legte er den Bissen vor seine Füße und wartete, nicht ohne lockende Worte:

„Komm, komm, hab keine Angst, du gehörst ja schon zu meiner Familie!"

Peter, sein Assistent im Gewächshaus, hatte dem Spiel schweigend beigewohnt, unterließ es tunlichst die beiden zu stören, war er doch gleichfalls neugierig, wie die Dinge sich entwickeln würden. Er wusste wohl um den Hausgenossen und auch, dass es Max entschieden fern lag, ihn zu einem Schoßfüchslein zu machen. Eine Barriere war gebrochen. Nardi getraute sich zu Max zu kommen und den Bissen anzunehmen, blieb sogar noch eine Weile, nahm einen zweiten, ehe er langsam wieder zu seiner Box zurückkehrte und sich dort hinlegte, den Blick auf die Männer gerichtet.

Der Camion war geladen, die Tür des Laderaums knallte zu und Max fuhr los. Die geladenen Orangenbäume fanden in der Stadt an mehreren Standorten eine Bleibe. Auch im Rathaus zierten sie die Wandelhalle. Doch jetzt war eine Lieferung für Dan bestimmt. Dan war ein junger, aufstrebender Geschäftsmann, aber nicht nur. Er teilte mit Max die Begeisterung und Faszination für die Orange. Er hatte die Idee gehabt, eine Orangerie einzurichten. Max war bereit, Dan seine Kenntnisse von der Pflege zur Verfügung zu stellen und ihm bei der Bepflanzung behilflich zu sein.

Dan's Orangerie, wie sie offiziell hieß, war im Grundprinzip ein großes modern gestaltetes Glashaus. Es war ein Gartenrestaurant mit Glasüberdachung für Bistro- und Kulturbetrieb. Dan stellte ein Jahresprogramm künstlerischer Darbietungen für Wochenenden zusammen: Clownerie, Pantomime, Musik, Tanz, Kabarett und Theater gehörten dazu.

Der Boden der Innenräume war mit Motiven aus der Botanik der Zitrusfrüchte verziert. Max konnte verschiedene Sorten Orangenpflanzen liefern. Die kleinen Bäumchen, Bonsai oder Sträucher lockerten die Möblierung mit Tischen und Stühlen auf und schufen so eine Gartenatmosphäre. Die großen Bäume, die bis zu 10 m hoch werden können, blieben an den Seiten des Saales, bei den Eingängen und im Foyer und vor allem draußen im Freien. Dieser wirkliche Garten unter freiem Himmel war allerdings im Winter geschlossen und die Bäume überwinterten im speziellen Gewächshaus, wo die Öffentlichkeit keinen Zutritt hatte. Zu diesem Zweck waren die großen Topfpflanzen auf Rollbrettern montiert, die sich leicht verschieben ließen. Dan wollte jedoch nicht nur Orangen allein, sie bildeten zwar den Löwenanteil, jedoch wollte er auch andere Zitrusfrüchte vertreten haben.

Auch für die Ausstattung der Tische beschritt Dan unkonventionelle Wege. Die Tischplatten waren eigentlich flache Glaskästen mit geringer Tiefe, in denen Requisiten oder tolle Fotos von Anbau, Verarbeitung und Vermarktung der Orange berichteten. Auch hier waren einige Dokumente aus der Kulturgeschichte der Orange vertreten. Die reifen Früchte fanden Eingang ins Speiseangebot als Spezialitäten des Hauses für Hauptmahlzeiten wie für fantasievolle Desserts und natürlich verwandelten sie sich auch in spezielle Orangensäfte mit oder ohne Alkohol. Für das reichhaltige Angebot kaufte er auch Früchte dazu.

Als *Dan's Orangerie* fertig gestellt und im Betrieb genommen worden war, erwies sie sich als Goldgrube. Wenn die Orangenpflanzen ihre weißen Blüten hervorbrachten, was ja rund ums Jahr der Fall war, schufen sie stets ein besonderes Ambiente. Vor allem Hochzeiten wollten hier gern gefeiert werden, sodass Dan sich gezwungen sah, dafür extra Räumlichkeiten zu schaffen. Von seinem Geschäftsgewinn zweigte er Geld für Investitionen in den Bio-Anbau dieser goldenen Früchte ab. Auch da fand er die Unterstützung durch Max und Nina.

Die Rumpelkammer im Keller hatte beinahe vergessen, dass sie einen Besitzer hatte. Zu lange ließ sich nur ab und zu ein Gesicht blicken, von dem sie aber nicht wusste, welche Rolle es eigentlich spielte.

„Das Leergut ist bestellt. Alles Brauchbare hier auf der Liste wird darin verpackt und an die neue Adresse geliefert. Der Rest landet in der Entsorgung. Dafür ist ein Extratransport geplant. In den nächsten Tagen muss der Raum leer geräumt sein. Der Umbau muss pünktlich beginnen können", hörte sie Männer miteinander sprechen, woraus sie schloss, dass es ihr an den Kragen ging.

Eine neue Nutzung sollte organisiert werden, ein neues Outfit würde sie kriegen und Kasimir verlieren, den einzigen Langzeitgast, den sie aber in guter Erinnerung behalten wollte.

Kasimir hatte von alledem nichts mitbekommen, nutzte er doch seit einiger Zeit den Verschlag oben auf der Terrasse im Hochparterre als Schlafplatz. Erst als er Anna seine Zirkusnummer vorgeführt und seinen Abgang über die Weißtanne genommen hatte, schaute er beim Kellerfenster vorbei, um dort wieder einmal zu schlafen. Aber da fand er es zu seiner Überraschung verschlossen und im Innern nur eine gähnende Leere. Mehr noch, das Fenster hatte ein neues, sauberes Glas bekommen. Er war ja direkt auf die Straße gestellt worden, ohne bewusste Absicht des Besitzers. Kasimir machte sich allerdings nichts daraus. Straßenkater sind nun mal Halbnomaden, schlafen oft, wo sie gerade etwas Geeignetes finden. Für ihn war es ein Geschenk, dass er im Hochparterre in Annas Nähe einen Unterschlupf bekam. Den nutzte er auch gerne. Sollte er für eine abendliche Kletterei zu müde sein, würde er bestimmt schon einen provisorischen Ersatz unten im Tal finden. Im Sommer, wann die Haustüre offen stand, um eine angenehme Luftzirkulation im Hausgang zu erzeugen, war es kein Problem, zwischen Hochparterre und den Straßen unten hin und her zu wechseln.

Es war Vormittag. Kasimir hatte im Hinterhof eine fette Wühlmaus zum Frühstück verschlungen und hielt sich noch im grünen Garten auf, wo

Tannen standen. Anna trat mit ihrer Mutter ins Freie. Sie wollten gemeinsam Einkäufe tätigen. Die Mutter hatte das Einkaufswägelchen dabei und Anna ihren schönen Ball, denn sie wollte hinterher noch ein wenig spielen. Aber da kam auch Laura ihrerseits aus dem Haus und auf Anna zu.

„Mami, ich möchte hier bleiben und im Hof spielen. Laura ist gekommen, darf ich?", fragte sie.

„Hallo, Laura! Meinetwegen, spielt miteinander, wenn sie doch auch da ist, bis es Zeit zum Mittagessen ist. Ich rufe dich dann, wenn ich dich für etwas brauche. Aber bitte, Anna, du bleibst mir in der Nähe und gehst auf keinen Fall weit weg, sodass du mich hörst, wenn ich dich rufe, hörst du?"

„Ja Mama!", versprach sie. Dann hüpfte sie mit Laura durch die Passage in den Innenhof und auch die Mutter entfernte sich.

Der Hinterhof enthielt neben Grünflächen auch eine Asphaltierung für Bewohner, die Garagen besaßen, und zu den beiden Passagen, die nach außen auf die Straße führten. Es waren keine Durchgangstraßen. Die ausgesprochene Wohnzone durfte nur für die Anwohner benutzt werden, sie musste sicher und kinderfreundlich sein. Daher sind Bodenschwellen angebracht, die eine Reduktion der Geschwindigkeit für Motorfahrzeuge erzwangen. Da und dort fanden sich eine Bank und eine kleine Gartenlaube vor der Haustür. Aber die grüne Üppigkeit des Hochparterres oder der Terrassen und Balkone konnte das kaum wettmachen. Das Grau dominierte in der Straßenschlucht. Trotzdem fiel auf, dass da und dort ein Orangenbaum in einem verglasten Vorgarten zu sehen war. Max hätte es sogar gern gesehen, man hätte eine ganze Allee mit Orangenbäumen anstelle der langweiligen Platanen bepflanzt, aber die Wintertemperaturen ließen dies nicht zu. Doch auch die Ahornbäume, die im Herbst so wunderbar rot gefärbt sind, waren eine Augenweide. Andere Baumarten zur Straßenverschönerung sorgten ebenfalls für Abwechslung.

Anna und Laura spielten zusammen. Manchmal fanden sich an freien Tagen auch andere Kinder ein. Dann ging es oft lustig zu und her, sodass man ihr Gelächter und Rufen weit herum hörte. Die Kinder bewiesen viel Phantasie für ihre Spiele, manche erfanden sie selber oder brachten sie aus Schule oder Kindergarten heim. Zurzeit waren allerdings einige Familien in den Ferien, Anna und Laura mussten noch warten, bis ihre Väter ebenfalls Ferien hatten. Aber es gab auch Kinder, die blieben immer hier, deren Eltern sich keine Ferien auswärts leisten konnten. Die Stadt begann mit der Einführung des Ferienpasses diesem Mangel entgegenzuwirken. Freiwillige stellten sich zur Verfügung. Auch Max und Nina waren manchmal dabei, ebenso Annas und Lauras Mutter und die Frau in der Wohnung unter ihnen. Es waren oft Mütter, die auch sonst zusammen Kinder hüteten.

„Kasimir ist dort!", rief Anna plötzlich. Laura schaute in die Richtung, wohin Annas Arm zeigte. „Komm, Laura, wir gehen zu ihm!", forderte sie ihre Freundin auf.

Sie war einverstanden. Auch sie kannte Kasimir und die vielen Katzen. Der Kater trat aus dem Garten. Da sahen sie, dass er nicht allein war. Auch Tiezy, Molly und Striezy kamen hervor. Anna ließ den Ball unter die Tiere rollen, als sie nahe genug bei ihnen waren, und beide Mädchen warteten, was geschähe.

Die Katzen ließen sich ins Spiel einbeziehen und die Mädchen lachten, wenn die Tiere nach dem Ball sprangen, denn er bereitete ihnen einige Schwierigkeiten, ihn zu fangen, weil er etwas zu groß war für die Vierbeiner. Aber das war möglicherweise ja gerade die Herausforderung. Nach einer Weile bewegten sie sich zum Hinterhof hinaus. Anna wollte in der Nähe von Kasimir bleiben und folgte ihm auf die Straße. Sie warf den Ball wieder zurück in den Hinterhof in der Hoffnung, die Katzen würden wieder umkehren. Doch sie zeigten Anstalten auf der Straße zu bleiben.

„Kasimir, wohin gehst du?", rief Anna.

Er drehte sich nach ihr um und miaute, als wollte er zu verstehen geben, dass sie ihn begleiten sollte, und trottete mit seinen Gefährtinnen die Straße entlang davon.

„Ich möchte wissen, wohin er geht, ich komme gleich wieder", sagte sie zu Laura, die den Ball aufgenommen hatte.

Die Neugier hatte sie gepackt.

„Darf ich den Ball haben, bis du wiederkommst?"

Anna bejahte, sie hatte offenbar vergessen, was sie der Mutter versprochen hatte, und eine innere Stimme beiseite geschoben. Ihre ganze Aufmerksamkeit galt Kasimir. Sie entfernte sich von Laura und holte die Katzen bald ein.

So wanderten sie dahin und erreichten später die Müllhalde. Ein rotweißes Band sperrte den Platz gegen die Straße ab und eine Tafel verkündete das Verbot, den Platz zu betreten. Aber die kleinen Strolche konnten nicht lesen und schlüpften unter der Absperrung hindurch in die verbotene Zone.

„Wohin gehst du denn? Warte auf mich!", rief Anna, deren kleine Beine sich schwer taten, über all die Hindernisse hinweg mit der Behändigkeit der Katzen Schritt zu halten.

Ihre kleinen Freunde waren da im Vorteil und konnten durch kleine Zwischenräume schlüpfen. Außerdem waren sie ja nicht das erste Mal hier und kannte ihren Wechsel. Annas Neugier war angestachelt angesichts all des Unrats und der Objekte, die da herum lagen, Überbleibsel einer zerstörten Liegenschaft, aber auch später deponierten Materials.

Eigentlich war das alte Haus noch nicht vollständig geräumt. Es war viel mehr eine verlassene Ruine. Das Fundament und Restmauern des Parterres standen noch, aber versunken unter viel Gerümpel, Brettern, Kartons, Papier und Schutt. Politische Schlamperei, Streitigkeiten um Kompetenzen und Zuständigkeiten haben dieses Chaos entstehen lassen und von ebenso schlampigen Bürgern als Abfalldeponie missbraucht. Der Boden war eigentlich städtisches Eigentum und war nur verpachtet gewesen.

Seit aber in der Politik ein neuer Wind blies, der aus dem Lager der neu gegründeten Orangenpartei wehte, wurde endlich der Beschluss zur definitiven Räumung des Schandflecks gefasst und gezielt nach Investoren gesucht.

„Endlich, ist aber auch wirklich höchste Zeit, sonst hätten wir eine Bürgerwehr bilden und selbst aufräumen müssen. Weißt du, wie gefährlich dieses Gelände ist, wenn da plötzlich Kinder sich darin tummeln?", sagte Max, als Nina diese erfreuliche Nachricht aus dem Rathaus zu berichten wusste.

Das kleine Mädchen und die Katzen kümmerte die Politik wenig. Das ist nur etwas für Große, nichts für Kleine. Für sie war das im Augenblick ein Robinsonspielplatz. Die Katzen hatten sich ins chaotische Durcheinander verkrochen. Anna folgte, trat auf einen Bretterboden und dann geschah es. Die Unterlage federte unter Annas Füssen und gab schließlich nach. Das Holz, verrottet und nicht mehr bruchfest, zerbarst und gab ein Loch frei, in das Anna plötzlich stürzte. Es war so, dass sich ein Brett unmittelbar in eine steile Rutsche verwandelte, auf der Anna auf dem Hintern in die Tiefe glitt wie beim Notausstieg aus einem Flugzeug. Ein Durcheinander von Kartons, Papier und alten Matratzen fingen sie auf und verhinderten so eine schlimme Verletzung. Ein Bein tat ihr dennoch weh, das offenbar eine Schürfung erlitt, jedoch nicht blutete.

Erst konnte noch Licht in den ehemaligen Keller fallen, wurde dann aber vollständig abgeschnitten, weil voluminöses Material nachstürzte, sich verkeilte und schließlich wie ein Deckel das Gefängnis verschloss. Es war dunkel. Anna saß aufrecht, benommen, mit Herzklopfen und zitterte. Dann begann sie zu weinen und rief schluchzend nach Kasimir. War das nun die Strafe, dass sie sich nicht an Mutters ausdrückliche Weisung gehalten hatte? Wie konnte sie dies einfach vergessen? Langsam gewöhnten sich ihre Augen an die Dunkelheit, sodass sie in der Ferne doch einen fahlen Lichtschimmer wahrnahm, der von oben eindringen musste, und die Furcht erregende Schwärze um sie etwas durchbrach. Sie versuchte aufzustehen und in Richtung Licht zu gehen. Doch die Hindernisse, die sich ihr entgegenstellten, waren zu groß und ihre Kraft zu gering, als dass sie sie hätte aus dem Weg zu räumen vermocht. Im Dämmerlicht stellte sie fest, es waren nur Mauern um sie, nur der Weg zum Lichteinfall wäre allenfalls eine Fluchtmöglichkeit. Sie musste sich in einem engen Schlauch eines ehemaligen Kellerabteils befinden, vielleicht in einem Gang zu einzelnen Räumen. Über die Rutsche war kein Aufstieg möglich, die war hinter ihr ebenfalls abgestürzt. Allein war sie, gefangen in einem Rattenloch, wohin kaum der Schatten des Windes einen Weg fand.

In einem Verlies gefangen zu sein, das kannte sie nur aus den Märchen, die die Mutter ihr erzählt hatte. Von Rapunzel etwa. Aber die war hoch oben im Turm eingesperrt, konnte wenigstens die Aussicht über das weite Königreich genießen, sah am Tag die Sonne und in der Nacht Mond und Sterne, konnte mit den Vögeln sprechen, die ans Fenster kamen, und ihrem Gesang lauschen, ein goldener Käfig. Aber sie? Sie saß im Dunkeln und roch den modernden Geruch, Gerüche von Schimmelpilzen, von faulendem Holz, von Urin und Kot, wenn irgendwelche Unterweltmonster ihre unappetitliche Hinterlassenschaft deponierten. Noch nie wurde sie von ihren Eltern eingesperrt und schon gar nicht in ein finsteres Kellerloch.

Anna zog ihre Beine fest an sich und umklammerte sie mit ihren Händen. Sie begann zu frieren. Sie war ja sommerlich bekleidet, T-Shirt und kurze Hosen, die offenbar strapazierfähig genug waren, um nicht zerrissen zu sein. Oben herrschte warmer Sonnenschein, hier unten war es fast lichtlos, kühl und feucht. War aber nicht Kasimir in der Nacht bei ihr? Wo war er überhaupt? Hatte er denn nicht bemerkt, in welche Falle sie geraten war? Sie rief wieder nach ihm. Hörte er sie? Konnte überhaupt jemand sie hören? Wer könnte erraten, wo sie war? Wo würden die Eltern sie suchen und wann würden sie sie ernsthaft vermissen?

Traurigkeit begann sich ihrer zu bemächtigen. Bonjour Tristesse! Aber sie kämpfte dagegen an. Sie wollte nicht schon in jungen Jahren zu den Elenden gehören. Es wurde ihr schwer, kleine Bächlein von Tränen rannen über ihre Wangen. Gruselige Vorstellungen nahmen in ihrem Kopf Gestalt an wie die Gespenster in einem Horrorfilm. Sie schluchzte, sie dachte, sie müsste hier bestimmt sterben. Aus den Geschichten, die die Mutter ihr erzählt hatte, wusste sie, dass man ohne Essen und Trinken sterben kann. Das wusste sie aus *Struwwelpeter* und da aus der Geschichte vom *Suppenkasper*, der verhungert war, weil er keine Suppe mehr gegessen hatte. Dünn wurde er und immer dünner, bis er am Ende tot, nur noch als Skelett vom Stuhl fiel. Allein müsste sie hier sterben, einsam in diesem gottverlassenen, stinkenden, kalten und feuchten Loch, einsam und schlimmer als eine Wüstenblume, die unter der grellen und unbarmherzigen Sonne elendiglich verdorrt. Sie nahm es Kasimir nicht übel. Die Katzen können nicht wissen, dass Menschen nicht so leicht überall hindurch kriechen können wie sie. Sie war ihnen freiwillig gefolgt, allein ihre schuld war es, die Strafe für ihren Ungehorsam.

Plötzlich hörte sie ein Rascheln, das sie sofort aus den schwermütigen Gedanken riss. Was war das? Sie horchte gespannt. Kommen die Katzen? Aber es schwieg wieder. Vielleicht nur eine Einbildung. Doch da war es wieder, diesmal deutlich und näher. Nichts aber war zu sehen, wie sehr Anna auch ihre Aufmerksamkeit auf die mutmaßliche Quelle richtete. Doch plötzlich guckte ein kleiner Kopf aus den Trümmern neben ihr. Zu klein, um einer Katze oder gar Kasimir zu gehören. Dann aber zeigte sich die ganze, braune und schmutzige Gestalt einer Ratte. Sie sprang über die Bretter in ihrer unmittelbaren Umgebung und näherte sich plötzlich langsam und neugierig Annas Beinen. Ihr Herz krampfte sich zusammen, instinktiv zog sie ihre Beine noch enger an sich und versuchte sie mit ihren Händen abzudecken. Ihre Füße waren nackt und steckten in Sandaletten. Es war das erste Mal, dass sie eine Ratte in Wirklichkeit sah. Aus Tierbüchern kannte sie sie sehr wohl und wusste, dass sie beißen können, wenn sie hungrig sind. Und gerade diesen nackten Zehen näherte sich das dreckige Biest.

Als die Mutter von ihrem Einkauf zurückkam, wähnte sie ihre Tochter beim Spielen im Hinterhof. Doch nirgends war sie zu sehen, nur Laura kam auf sie zu mit Annas Ball in den Händen.

„Laura, weißt du, wo Anna ist?", fragte die Mutter.

„Nein, Anna hat mir den Ball gegeben und gesagt, dass sie gleich zurückkäme. Sie ist aber schon eine ganze Weile fort", antwortete Laura.

„Weißt du, wohin sie gegangen ist?"

Dann berichtete Laura, was geschehen war, und wies mit der Hand in die Richtung, wohin Anna mit den Katzen gezogen war.

„Spiel nur weiter mit dem Ball! Vielleicht kommt sie zur Essenszeit zurück?"

Die Mutter begab sich ins Haus und Laura spielte allein. Sie wäre gewiss keine gute Mutter gewesen, wenn sie kein ungutes Gefühl gehabt hätte, während sie im Lift zur Wohnung hinauf fuhr. Es war weniger die Tatsache, dass ihre Tochter ihr nicht gehorcht hatte, sondern die Befürchtung, es könnte ihr etwas zugestoßen sein. Zwar gab es für sie noch keine Indizien für eine schlechte Nachricht, denn die Wohnstraße war ein bewährter Schutz gegen Verkehrsunfälle. Aber wohin um Himmels Willen war ihre Tochter mit den Katzen gegangen?

Die Zeit für das Mittagessen rückte näher und noch immer keine Anna in Sicht. Jetzt machte sie sich ernsthaft Sorgen. Das Essen hatte Anna noch nie mutwillig verpasst. Sie stellte das Essen sicher und ging nochmals in den Hof und auf die Straße. Sie rief überall nach ihrer Tochter. Aber nicht die geringste Spur von ihr. Laura hatte zwischenzeitlich den Ball in den Milchkasten von Annas Familie gelegt und war selbst nachhause gegangen, nachdem ihre Mutter sie zum Essen gerufen hatte. Vater kam nachhause. Die Mutter berichtete über den Vorfall und gab ihren Entschluss bekannt, Anna höchst persönlich zu suchen. Ja er könnte sich gut selbst bedienen, pflichtete Papa ihr bei. Sie einigten sich, per Handy miteinander in ständigem Kontakt zu bleiben. Wenig später verließ sie das Haus und folgte der Richtung, die Laura ihr gezeigt hatte.

Sie musste mehrere Kreuzungen entlang der Straße passieren, sodass sie jeweils ein Stück zu beiden Seiten abbog, bis sie den Eindruck gewann, sie da nicht zu finden. Auch in andere Hinterhöfe blickte sie, um sie dort zu suchen. Sie rief immer wieder ihren Namen, doch stets ohne Erfolg. Einmal, da drang ein lautes Gebell aus einem der Hinterhöfe. Zwischen der Häuserlücke hindurch erblickte sie einen Hund, der eine Katze verfolgte. Diese flüchtete gegen ein Kellerfenster und schlüpfte hinein. Der Köter bellte gegen das Fensterloch. Die Mutter erkannte aber, dass es nicht Kasimir oder eine der fraglichen Katzen war. Laura hatte ihr deren Namen genannt. Es war ihr zunehmend rätselhaft, wie ihre Tochter einfach so ohne jede Spur verschwinden konnte.

Befürchtungen und Ängste beschlichen langsam ihr Herz und sie hatte zunehmend Mühe sich ihrer zu erwehren. War sie entführt worden? Lag sie verletzt im Spital und man versuchte sie verzweifelt anzurufen und ihr die schreckliche Nachricht mitzuteilen? Sie nahm das Handy aus der Tasche und fragte bei ihrem Gatten nach. Er war bereits wieder an seinem Arbeitsplatz. Nein, kein Lebenszeichen von Anna. Dann rief sie die Nachbarin in der Wohnung unter der ihren an, berichtete ihr vom Vorfall und bat sie, ein Auge darauf zu haben, falls ihre Tochter während ihrer Suche unerwartet zurückkäme und vor verschlossener Wohnungstür stünde. Die Nachbarin guckte gleich nach, kam aber leider mit einem negativen Bescheid zurück. Sie versprach, weiterhin ein wachsames Auge für die Umgebung zu haben und mit ihr im Kontakt zu bleiben.

Die Mutter fasste sich ein Herz und fragte in verschiedenen kleinen Läden an der Straße nach einem kleinen Mädchen, das möglicherweise mit einer Gruppe von Katzen vorbei gezogen war. Sie verneinten. Sie suchte weiter, fragte, ging weiter, fragte.

„Ein Mädchen, sagen Sie, und Katzen... Ja, ja, doch, doch ich glaube... Da war tatsächlich ein Mädchen. Es waren Katzen bei ihr, die sie an mir vorbei spazieren führte. Ich war gerade dabei die Schaufensterscheiben zu putzen. Ich dachte noch, dass das eine Katzenmutter wäre", erhielt sie endlich eine heiße Spur.

Sie ging dankend weg und erreichte wenig später die Müllhalde.

Die Ratte schnüffelte frech und unanständig an Annas Füßen herum. Anna schrie sie an, machte die Bewegung eines Fußtrittes, die die Ratte zurücktrieb.

„Wenn sie mich nur nicht beißt, ich habe solche Angst! Wie kann ich mich wehren?", dachte sie verzweifelt.

Sie suchte nach etwas, womit sie sich verteidigen könnte, aber das schlechte Dämmerlicht erschwerte das. Sie fuchtelte mit den Händen um sich. Die Ratte versuchte wieder eine Annäherung an Annas Zehen. Anscheinend versprachen sie ein leckeres Futter zu sein. Schlecht, dass sie sie nicht lackiert hatte, das wäre vielleicht ein Schutz gewesen. Anna stand auf und wechselte zur Kauerstellung. So könnte sie sich besser nach allen Seiten bewegen. Gegen eine Ratte hätte sie vielleicht eine Chance sie vom Hals zu halten. Wenn sie nur mit einem Gegenstand zuschlagen könnte!

Sie zog in einem Geistesblitz die linke Sandalette aus und schlug schreiend gegen das Biest:

„Geh weg, geh weg!"

Das wirkte ein wenig, denn die Ratte zog sich immer wieder etwas zurück, floh aber nicht wirklich. Zu Annas Leidwesen tauchten zwei weitere Tiere auf. Wo die nur alle herkamen? Irgendwoher aus den Trümmern erschienen sie, als ob hier etwas gratis abzugeben wäre, wie Menschen, die zum Kaufangriff auf Billigaktionen aus allen Ecken her in einen Laden stürmen. Wenn eine Rattenarmada erscheint, ist es um Anna geschehen. Max und Moritz kamen ihr in den Sinn, denn ihr wurde es in gleicher Weise schwüle, aber sie war schon in der Mühle, lebendig und doch schon tot. Keine Zähne schwerer Müllsteine würde sie zermalmen und zu Mehl verarbeiten, nein zwischen Rattenzähnen, beißenden und blutigen Rattenzähnen würde sie qualvoll zugrunde gehen.

Wenn es Nacht wäre, ja dann hätte sie gewiss keine Attacken von bösartigen und hungrigen Biestern zu befürchten. Nachts schlafen die Ratten doch, hatte man ihr erzählt. Aber dann wären sie und Kasimir ja gar nicht hier. Wie ist doch alles genau verkehrt! Nur Hindernisse und quälende Unbill. Oder stimmte es vielleicht nicht? Sind sie den ganzen Tag auf blutiger Jagd? Sie versuchte nicht darüber nachzugrübeln. Die Angreifer waren nun mal da, das konnte sie nicht ändern, egal ob man sie richtig informiert hatte oder nicht. Sie war am Boden zerstört.

Niemand würde mehr etwas von ihr erblicken, außer vielleicht die fetten Ratten, die das Verlies verließen. Anna zuckte zusammen bei diesen schrecklichen Vorstellungen. Sie fühlte sich ebenso sehr auch wie unter Geiern, die ja dasselbe mit ihrer Beute machten. Wie lange ginge es, bis nichts mehr von ihr übrig bliebe? Die Zeit, die alle Wunden heilt? Eine schlechte Heilerin! Unendlich langsam kroch sie voran, quälend langsam, folternde Langsamkeit. Hatte sie es wirklich nötig, die Entdeckung der

Langsamkeit auf diese Weise, an einem solchen Ort zu machen, noch ehe sie in die hektische Hochleistungsgesellschaft hinein gepuscht war? Angst war jetzt ihre intimste und treuste Begleiterin. Angst essen Seele auf. Eine Ewigkeit kam ihr diese Zeitspanne vor, wie in extremer Zeitlupe erschien ihr das Leben in diesem Verlies, wo jedes Zeitgefühl sie verließ. Anna empfand es einfach so, eine unendliche Geschichte der Angst, Einsamkeit und Ungewissheit. Wie mussten sich wohl hundert Jahre Einsamkeit anfühlen?

Verzweifelt schlug sie in alle Richtungen um sich. Sie schrie dabei, eine Mischung aus Weinen und Brüllen. Die Ratten, die Unverschämten, die die Frechheit und krasseste Dreistigkeit auf vier Pfoten waren, versuchten sie hartnäckig zu umzingeln und gegen ihre Füße zu beißen. Annas Schlag traf die Unterlage. Das reichte, um sie wenigstens zu erschrecken und wieder auf Distanz zu jagen. Dann wagte sich aber doch wieder eine unanständig nah ran, um die Zehen zu erwischen, die ohne Schutz von Schuhen waren. In blinder Verzweiflung und Wut donnerte Anna geistesgegenwärtig den Schuh mit aller Kraft gegen die Ratte und traf sie so wuchtig, dass sie wegkatapultiert wurde. Benommen lag sie herum, Früchte des Zorns und gleichzeitig des Schmerzes. Aber tot war die Ratte leider doch nicht. Einige Minuten war Waffenstillstand. Doch als die Getroffene aus ihrer temporären Benommenheit erwachte, sich wieder auf die Beine stellte und wieder zurückkam, gab es ihren Kumpeln Mut, eine neue Offensive zu starten.

Diesmal stießen sie jedoch strategisch geschickt vor, das muss man ihnen lassen. In geschlossener Linie konzentrierten sie sich auf einen gemeinsamen Angriff. Sie hatten wahrscheinlich eine Schweizer Rekrutenschule besucht und sich am Militärfilm an der Expo 64 orientiert und an den Slogan erinnert: *Gemeinsam sind wir stark!* Sich gegen diese geschlossene Formation zu verteidigen, dürfte für Anna nun reichlich schwierig sein. Sie raffte sich zwar mutig zusammen, um wild drein zu schlagen, aber erkannte auch, wie hoffnungslos die Sache geworden war, und begann wieder zu weinen und zu rufen. Die spitzen Zähne blitzten drohend und blutrünstig auf, sofern sie das im Dämmerlicht überhaupt tun konnten. Nicht lange würde es dauern, bis sich die Zähne in ihr verbissen. Die Angreifer waren wohl siegesgewiss. Da hatten sie unglücklicherweise Recht. Oder doch nicht? Ja, sie hatten tatsächlich die Rechnung ohne den Wirt gemacht.

Anna konnte sich nicht richtig reimen, wie es kam. Plötzlich wie aus dem Nichts sprangen zwei dunkle Schatten auf die Tiere. Sie bohrten ihre Krallen in die braunen, schmutzigen Rattenkörper, rissen die Köpfe zum aufgesperrten Maul und bissen sie ab. Jene Biester, die nicht zwischen die Zähne der zwei Katzen gelangten, sprengten mit schrillen Schreien auseinander, jagten in die Trümmer und verschwanden dort, woher sie gekommen waren.

„Kasimir, Kasimir! Kitty, Kitty!" Es war ein Aufschrei aus Annas Mund. Unerwartete Erlösung aus tiefster Not. Augenblicke später kam die Nachhut: Tiezy, Striezy, Wally, Molly und Miezy. Sie bildeten sofort einen Zirkel, einen Schutzwall um Anna, falls die Rattenbande zurückkehren sollte. Kasimir und Kitty ließen sich von Anna dankbar streicheln. Kasimir knurrte aber plötzlich wieder zum Verteidigungsring hinaus, weil sich im Hintergrund wieder eine Ratte zeigte. Alle Katzen stimmten in die Drohung mit ein und Miezy sprang auf die Ratte, fing und tötete sie.

Kasimir wandte sich Anna zu, die wieder da saß, verblüfft ob der überraschenden Hilfe. Sie hielt noch immer den Schuh in der Hand, die einzige Verteidigungswaffe. Langsam wie aus einer Betäubung erwachend, zog sie ihn wieder an. Kasimir miaute in vertraulichem Ton und rieb zärtlich seine Flanke an ihr, um sie offenbar zu beruhigen und ihr Mut zu machen.

„Habe ich doch gesagt, ich lasse dich nicht im Stich! Erinnerst du dich? Menschen holen dich ab!"

Anna beruhigte sich, obwohl sie kein Wort verstanden hatte. Denn nun war ja Kasimir da. Und auch alle andern waren da. Sollte sie dennoch sterben, so stürbe sie nicht allein, sie blieben bestimmt bis zuletzt bei ihr. Dessen war sie sicher.

Die Mutter war zur Müllhalde gekommen und blickte um sich. Sie fand aber weder eine Spur von ihrer Tochter noch von den Katzen. Sie nahm nicht an oder wollte es nicht, dass die Vermissten diese Ansammlung von Abfall, Gerümpel und Unrat betreten hatten, zumal ja ein Absperrband gezogen war. Sie ließ den Blick über das ganze verbotene Gelände schweifen, um sicher zu gehen, nichts übersehen zu haben. Nichts, nichts regte sich. Sie wandte sich ab und nahm die Suche in den Nachbarstraßen auf. Vielleicht waren sie ja in der Zwischenzeit schon unterwegs nachhause gegangen. Sie nahm das Handy und rief wieder an, erhielt aber wieder einen negativen Bescheid. Die Nachbarin hatte nachgesehen, aber keine Anna vor der Wohnungstür gefunden. Sie wusste jedoch von Annas Mutter, dass Anna zuletzt mit Laura zusammen gewesen war. Demzufolge hatte sie Lauras Mutter angerufen und um genauere Auskunft gebeten. Die Angefragte war sehr bestürzt über Annas Verschwinden. Sie hielt es für das Beste, die Polizei um Hilfe anzugehen. Das teilte die Nachbarin nun Annas Mutter mit und riet ihr ebenfalls zur Polizei zu gehen.

Der innere Druck in ihrem Herzen wuchs und so entschloss sie sich, sofort nach einer Polizeistreife zu suchen, die in der Regel immer in den Quartieren Dienst tat. Ihr Gefühl, das ihr einflüsterte, Anna sei möglicherweise etwas zugestoßen, konnte sie nicht länger verdrängen. Sie steuerte in die Wohnstraße und spähte nach einem Polizeiwagen. Keiner war in Sichtweite.

Kasimir entfernte sich von Anna, während die andern als Wächter, rund um sie herum postiert, zurückblieben. Jetzt konnte Anna erahnen, woher ihre Helfer gekommen waren. Sie sah, wie er beim Lichteinfall nach oben kletterte. Das musste ein enger Schacht sein, allerdings für Anna der vielen Hindernisse wegen ziemlich unerreichbar und obendrein ungeeignet Annas Körper aufzunehmen. Der schlanke und geschmeidige Katerkörper kam dagegen mit Leichtigkeit nach oben und durch die Öffnung hinaus. Draußen sprang er in hohen Sprüngen und wildem Tanz um den Ausgang herum und miaute so laut er konnte. Kitty, die Kasimir gefolgt war, sprang ebenfalls ins Freie und tat es ihm gleich.

Die Mutter wanderte langsam die Straße Richtung ihrer Hausnummer zurück. Hätte sie nochmals zurückgeblickt, hätte sie gesehen, wie in großer Entfernung ein Polizeiwagen in langsamer Fahrt an der Müllhalde vorbeifuhr. Es war eine übliche Routinefahrt. Eine Polizistin saß am Steuer. Sie guckte auf das abgesperrte Gelände, während sie die Fahrt auf Schritttempo hielt. Es gehörte ja zu ihrem Job, ihr ganzes Kontrollgebiet strengstens im Auge zu behalten und auf Unregelmäßigkeiten oder Ungewöhnliches Acht zu geben. Und gerade Sperrgebiete verlangten besondere Überwachung. Der wachsamen Dame in Uniform und in einem modern ausgestatteten Polizeiwagen entging nichts und schon gar nicht, welch ominöses Schauspiel sich da vor ihren Augen abspielte. Sie parkte das Auto unmittelbar vor der Absperrung und stieg aus.
Was für ein seltsamer Tanz, den da zwei Katzen aufführten! Sie schienen mit Energie überladen zu sein. Und sie tanzen und tanzen und tanzen... Eine Werbeszene gäbe das für Endlosbatterien oder Treibstoffpower oder Kraftfutter oder...
„Sie tanzen vielleicht: *Tu den Tiger in den Tank* oder Ähnliches", dachte sie.
Aber nirgends war ein Filmteam zu erblicken. Ein solch köstliches Katzenritual hatte sie noch nie gesehen, in seinem Reiz eine göttliche Komödie.
„Aber nichtsdestotrotz, können Katzen sich nicht wie ordentliche Bürger auch an Verbote halten? In dieses Gelände gehören auch keine Haustiere! Der Orangenpartei müsste doch klar sein, dass sich eine städtische Fauna genauso Regeln zu unterwerfen hat. Gleiches Recht und gleiche Pflichten für alle. Die Orangen müssten diesbezüglich Vorschläge in die Regierung einbringen, wie man die städtische Fauna und Flora dazu bringen kann", überlegte sie weiter.

Sie nahm das Fernglas und zoomte. Vielleicht ist dort etwas, das nicht hingehörte. Sie entschloss sich, näher zu treten, nachzuschauen und die Katzen wegzuholen. Vorsichtig betrat sie die Mülllandschaft, kletterte über den gottverdammten Unrat, fluchte über die städtische Schlamperei, war aber gleichzeitig froh, dass eine Räumung in Griffnähe getreten war. Diesen und jenen Gegenstand warf sie beiseite und kam so dem Katzentreiben näher. Als Kasimir und Kitty die uniformierte Hüterin des Gesetzes kommen sahen, hielten sie unmittelbar inne und verharrten ruhig an Ort und Stelle, wo der Schacht sein Maul aufsperrte, ohne aber die Polizistin auch nur eine Sekunde aus den Augen zu lassen. Auch sie hielt an und versuchte, die Katzen mit beschwörenden Worten weg zu locken. Sie wollte sie fangen und mitnehmen. Vielleicht waren es vermisste Haustiere, vielleicht waren sie gar virenverseucht, von Weiß-der-Teufel-was infiziert, daher dieses ungewöhnliche Verhalten. Sie zeigten aber keine äußeren Merkmale, die auf Krankheit hindeuteten.

Sie nahm das Handy und rief die Zentrale an.

„Zentrale von Wagen 23 bitte kommen! Bin bei der abgesperrten Müllhalde. Sind zwei Katzen als vermisst gemeldet? Es sind da zwei mitten im Abfall, benehmen sich ungewöhnlich, vielleicht krank. Will sie mitnehmen. Ich warte. Ende."

„Wagen 23 von Zentrale kommen! Fehlalarm. Keine vermissten Haustiere gemeldet. Du kannst sie aber dennoch mitnehmen, vielleicht ist eine Untersuchung nicht schlecht. Bist du geimpft gegen Tollwut, Malaria, Gelbfieber...he? Wenn du schon dort im Slum herumspionierst?"

„He, was meinst du, bin auch gegen Sesselfurzer und Bürogummseln geimpft...!"

Auf beiden Seiten Gelächter.

Die beiden Katzen hatten sich mittlerweile beidseitig des Schachtes auf ihre Hinterbeine gesetzt, aber die Vorderpfoten aufrecht gestreckt, und wachten bewegungslos wie die Sphinx bei den Pyramiden von Gise. Keine Sekunde ließen sie die gegen alle Wetter geimpfte, uniformierte junge Dame, die noch immer ihnen gegenüber da stand, aus den Augen. Sie wollte gerade ihr Handy wieder wegstecken und sich den beiden Tieren zuwenden, als es nochmals Van Beethovens *Freude schöner Götterfunken* aus der 9. Symphonie sang, komponiert von Nokia, und in ihrer Hand vibrierte. Die Zentrale meldete sich nochmals.

„Wagen 23 von Zentrale, bitte kommen!"

„Zentrale von Wagen 23, ja was gibt's?"

„Ist eben eine Meldung reingekommen. Eine Mutter vermisst ihre Tochter. Sie könnte in deinem Revier sein. Mehrere Katzen seien bei ihr. Katzendompteuse, Katzenflüsterin, was weiß ich. Es soll ja für alles

Mögliche und Unmögliche Flüsterer geben. Und jetzt kommen auch noch Frauen in dieses Fahrwasser!"

Die Hüterin der öffentlichen Ordnung erhielt Namen und Signalement von Anna und die Beschreibung eines gewissen Katers Namens Kasimir. Rasch hatte sie die Übereinstimmung mit eines der Tiere festgestellt, das mit seiner Assistentin vor ihrer Nase offensichtlich Wache schob. Würde eine gute Polizeikatze abgeben, ob man ihr Bewerbungsunterlagen zustellen könnte, rief sie ins Handy.

Sie ließ das Gerät auf Standby und trat mit beruhigenden Worten ganz an die Katzen ran. Es schien ihr, dass es einen triftigen Grund haben muss, dass sie nicht von der Stelle abzubringen waren. Andere Katzen wären schon längst geflohen. Sie hüteten etwas. Da sah sie bei ihnen den engen Schacht, der senkrecht in die Tiefe führte, zu eng für einen menschlichen Körper, musste wohl ein Kamin oder sonst wie ein Luftschacht im Ruhestand sein. Der Lichtstrahl ihrer Polizeilampe (Männer haben Taschenmesser bei sich, Frauen Lippenstift und Taschenlampe) verrieten unten nur Trümmer, aber doch einen größeren Hohlraum. Kasimir und Kitty hielten sich gespannt und angriffsbereit, guckten der Dame stumm zu, blieben aber sitzen und waren äußerst wachsam. Dann hörte sie einen Ruf, eine Kinderstimme, die einen Namen rief, den von Kasimir und dann wieder von der Mutter, dann ein Weinen und Schluchzen.

„Hallo, Anna, bist du verletzt? Wir holen dich hier raus. Habe keine Angst! Alles wird gut! Deine beiden Katzen sind auch hier und auch deine Mutter wird bald da sein."

„Bin nicht verletzt, möchte raus, bitte, bitte!", antwortete Anna mit weinender Stimme, aber aus der man eine Erleichterung heraushörte.

Der scharfe und geübte Blick der Polizistin erkannte bald, wo Anna in die Tiefe gefallen war. Einige Antworten auf ihre Fragen gaben Klarheit.

„Zentrale von Wagen 23, kommen!"

„Was rausgefunden?"

„Ja! Kind bei der Müllhalde in ein Loch gefallen. Fordere Verstärkung für spezielle Einsätze! Kind scheint unverletzt. Bringt auch die Mutter mit! Ende."

Annas Mutter konnte sich selbst melden, um die frohe Botschaft vom Auffinden ihrer Tochter entgegenzunehmen. Sofort gab sie diese an ihren Mann weiter, der ebenfalls sichtlich aufatmete. Kurze Zeit später trafen die Feuerwehr, die Ambulanz und ein weiteres Polizeiauto am Ort des Geschehens ein. Außer dem befugten Personal durfte niemand das Gelände betreten, auch Annas Mutter nicht. Sie blieb beim Polizeiauto und konnte ihre Tochter per Handy erreichen, nachdem man sie im Loch gefunden hatte. Die Polizistin gab Anweisungen, wo sie zu Anna vorzudringen versuchen mussten. Es bestand die Gefahr, dass auch Helfer im gefährlichen Gelände einstürzen und eine lebensgefährliche Trümmerlawine auf das Kind auslösen könnten. Zu diesem Zweck parkten sie das Feuerwehrauto außerhalb der Zone, aber dennoch möglichst nah an der vermuteten Stelle, wo Anna gefallen war.

Dann fuhren sie die lange Teleskopleiter über der Stelle aus. Jetzt konnten sie vorsichtig Trümmer beiseite räumen und zwei Mann in die Tiefe zu Anna abseilen. Sie staunten nicht schlecht, als sie Anna von Katzen bewacht unten sitzen sahen. Anna erklärte ihnen, dass die Katzen mit nach oben mussten, sie hätten ihr geholfen. Die Männer lachten und nahmen Anna und die ganze Menagerie nach oben. Erst hatten sie geknurrt und zeigten ihre Krallen. Aber bald erkannten sie, dass die Männer Anna helfen wollten und ließen von da an alles mit sich geschehen. Kasimir und Kitty waren wieder zu Anna und ihren Wächterinnen gesprungen. Ein miauender Dialog unter ihnen hatte offenbar die Situation für die Katzen geklärt. Auch Anna hatte versucht, ihre Betreuerinnen zu beruhigen.

Dem Ambulanzwagen entstieg ein Arzt und nahm zusammen mit der Mutter Anna in Empfang. Das Mädchen sprang der Mutter in die Arme und sie liebkoste ihre Tochter, die unverletzt in ihren Armen weinte. Es war das Weinen einer Erlösung. Der Arzt stellte nur eine Schürfwunde fest, die er an Ort und Stelle behandelte. Sie war auch noch nicht gefährlich unterkühlt. Dennoch verordnete er ihr warme Getränke, eine warme Decke, vor allem auch einen Wärmeschutz für die Füße. Mutter hatte alles mitgebracht. Der Hausarzt müsste bei ihr zuhause nochmals vorbeischauen. Sie wollten sicher gehen, dass sie sich auch psychisch erholte. Die Katzen hatten sich selbständig auf den Rückweg gemacht. Kasimir und Kitty blieben in der Nähe. Selbstverständlich hatte das Personal eifrig Fotos gemacht, vom Rattenloch mit Anna inmitten der Katzen und von Kitty und Kasimir.

Anna berichtete detailliert über alle Geschehnisse und beantwortete geduldig alle Fragen, die man an sie stellte, nachdem man ihre Gesprächsfähigkeit festgestellt hatte. Das wäre für sie bislang der längste Tag ihres Lebens gewesen, meinte sie abschließend. Einige Minuten Ewigkeit, wenn es auch nicht 127 Stunden im Canyon waren. Relativ ist sie, die Zeit, aber nicht nur physikalisch.

Ihre Mutter schimpfte nicht. Sie würde später mit ihr reden, denn sie dachte, Anna sei ja für ihren Ungehorsam über das Maß hinaus mit Gefängnis bestraft worden. Sie wollte sie lediglich lehren, wie sie aus Fehlern lernen kann und muss. Nicht zuletzt müsste man die Stadt bestrafen, die es sträflich unterlassen hatte, rechtzeitig einen potenziellen Gefahrenherd zu eliminieren und das infolge politischen Ränkespiels und unverantwortlicher Kompetenzstreitigkeiten auf Kosten der Sicherheit für die Bürger. Sie hätten das Gelände mit einem dichten Bretterzaun absperren müssen. Nun aber war sie glücklich, dass sie ihre Tochter wieder heil zurück erhalten hatte und das sogar vor allem mit Hilfe der Katzen.

Anna schätzte sich überaus glücklich, nicht gezwungen worden zu sein, die Nacht im Untergrund einer Ruine haben verbringen zu müssen. Nicht auszudenken, was geschehen wäre, wenn's geschehen wäre. Sie wehrte sich vehement dagegen, Schreckensbildern Einzug in ihre Fantasie zu gewähren. Ihre Eltern hatten sie nicht ausgeschimpft und mit Vorhaltungen eingedeckt. Sie wusste selbst, dass sie dafür hat büßen müssen. Beide hatten sie in die Arme genommen und große Freude gezeigt, dass sie heil aus dem Unheil hervorgegangen war. Früher als sonst ging sie abends zu Bett. Mutter las ihr doch noch eine Gute-Nacht-Geschichte vor, aber ganz bestimmt nicht *Scream* oder ein anderes *Schreckmümpfeli*, sondern eine, die sie beruhigen und ihre Phantasie mit etwas Heiterem und Positivem anregen sollte, etwa aus *Ach, so schön ist Panama!* oder *Momo* oder *Die unendliche Geschichte*. Während Mama vorlas, dämmerte sie langsam in die temporären Jagdgründe der Sandmännchen hinüber.

„Schläfst du oder bist du jetzt wach?", begrüßte Kasimir die kleine Heldin.

„Ich weiß nicht", sagte Anna und setzte sich auf den Boden zu Kasimir. Sie wusste nicht so richtig, wo sie war.

Die Dunkelheit der Nacht, die die Orangenstadt einhüllte, umfing auch Anna und Kasimir. Höchstens einen fahlen Schein warf das Licht der Sterne auf sie. Der Mond war weiter gewandert und hatte sein Angesicht gewandelt. Versteckt im Schatten des schwarzen Universums blickte er nur als Viertelportion zur Stadt hinunter. Vielleicht schämte er sich doch ein bisschen, dass er als Wächter am Himmelszelt nie eingriffen hatte. Nardi ließ er im Stich. Auch Anna befreite er nicht aus ihrer misslichen Lage. Vielleicht schämte er sich vor den Katzen, insbesondere vor Kasimir und Kitty, die dem kleinen Mädchen in der Not so mutig und hilfreich Beistand geleistet hatten. Ist darüber hinaus seine Abscheu vor der Erde so groß, dass er ihr bloß seinen Rücken zukehrt, sich dem eitlen Nichtstun hingibt, aber dennoch heimlich dem Voyeurismus verfallen ist? Die Antwort weiß der Wind, der frische Nachtkühle über die schlafende Orangenstadt brachte.

„Wie kann ich dir danken, Kasimir? Ohne dich und deine Gespielinnen wäre ich noch immer dort und müsste womöglich mein jämmerliches Ende erwarten", sagte sie ihm und war beinahe verlegen.

„Du musst mir nicht danken, Anna! Freundschaft ist eine Beziehung, die keine Dankbarkeit und keine Entschuldigungen braucht. Alles geschieht einfach aus dem Herzen."

Kasimir ließ sich erstmals von Anna in die Arme nehmen. Er wusste ja, dass sie ihn nie vereinnahmen wird. Sie besaßen sich nicht, das wussten beide.

„Jetzt sind du und Kasimir, aber auch alle deine Katzen, berühmt!", sagte der Vater am Morgen beim Frühstück.

Er lachte und legte Anna und der Mutter die Zeitung auf den Tisch, tippte mit dem Finger auf die Frontseite. Da war ein Bild der Katzen, wie sie im Rattenloch um Anna herum saßen und auf einem zweiten die beiden Wächter Kitty und Kasimir oben bei Tageslicht, wo sie die Polizistin entdeckt hatte. Dann las er den Artikel vor. In großen Lettern die Schlagzeile: *Kind aus einem Rattenloch gerettet.* Und im Untertitel: *Katzen kümmerten sich um vermisstes Mädchen.*

„Du warst sehr mutig, Anna! Ich bin sehr stolz auf dich", wandte sich der Vater wieder an Anna.

„Aber die Katzen waren doch auch sehr mutig, gell Papa!"

„Natürlich auch sie. Ich hatte vorher noch nie gehört, dass Katzen babysitten, sorry, meine natürlich Kinder hüten oder du, Mama?"

„Nein, ich auch nicht. Aber Papa hat Recht, wir sind beide ganz stolz auf euch! Vielleicht könnten wir Mütter deine Freunde anheuern. Ich sag das den andern."

„Was ihr wollt, warum nicht!", meinte auch er.

„Dann nehme ich Kasimir in die Wohnung, wenn ihr mal ausgeht, gellt?", rief Anna begeistert.

Alle lachten.

Nach dem Essen guckte Anna nach dem Unterschlupf auf der Terrasse. Kasimir war nicht drin. Aber als sie um sich sah, gewahrte sie ihn etwas abseits auf dem Mäuerchen, an seinem Lieblingsplatz, sich in der Sonne räkeln. Er genoss offensichtlich sein morgendliches Sonnenbad. Anna rannte sofort in die Küche und brachte eine extragroße Portion frische Milch in einer Schale der Größe XL und stellte sie auf den Boden. Kasimir sah es, sprang auf den Boden, schnurrte zufrieden, kam zur Schale und trank offensichtlich mit Genuss. Anna blieb bei ihm, wie sie das immer tat, mit strahlendem Gesicht und sichtlich stolz auf ihren kleinen Freund. Dieser leckte genüsslich weiter, rieb aber immer wieder seine Flanke zärtlich an Annas Beinen, von denen eins einen Verband am Oberschenkel trug - eine Erinnerung an das gemeinsame Abenteuer. Nach einigen Tagen war die Wunde verheilt und nichts deutete mehr darauf hin, weggewischt war sie, verschwunden wie ein Mandala, das man abgebaut und ausgelöscht hatte.

STADT DER TIERE

*W*ie schön doch der Orangenbaum blüht!", rief Nina begeistert. „Hast du gesehen, Max? Jetzt trägt er gar schon viele Früchte."

Max und Nina befanden sich im Gewächshaus und erfreuten sich an der reichen Pflanzenwelt, die ihnen neben Arbeit vor allem so viel Freude schenkte.

„Ja, es ist eine Freude das Gedeihen zu beobachten und zu erleben. Siehst du, da habe ich die ersten reifen, goldenen Orangen von unserem Stammbaum, dem Vaterbaum sozusagen. Sie gehören dir, Nina!" Er lachte und hielt ihr eine große Schale mit den Früchten hin.

„O! Jetzt bin ich dran. Ich mache uns einen wunderbaren Orangensaft, den besten der Welt, wie versprochen!"

Sie nahm die Schale und eilte in die Küche, die zu Gewächshaus und Laden gehörte. An sie angegliedert war ein Essraum, eine kleine Kantine für sie und ihre Mitarbeiter. Dort entnahm sie der Schale einige Früchte, presste deren Saft in einen großen Krug und versetzte die Flüssigkeit mit Honig und Gewürzen eigener Rezeptur und stellte den fertigen Saft kalt. Die restlichen Früchte blieben an einem kühlen Platz.

„Hast du die Geschichte von dem kleinen Mädchen, das bei der Müllhalde in den Keller fiel, gelesen?", fragte sie, als sie später beim erfrischenden Orangentrunk beisammen saßen.

Max war des Lobes voll für den Saft made by Nina.

„Vom Unfall beim Abfallreservat? Ja, habe ich. Büßen müssen stets die andern für die Sünden der Verantwortlichen. Was für eine Gesellschaft sind wir denn, in der kleine Sünden überdurchschnittlich streng bestraft werden und große von Managern, CEO's oder Behörden überhaupt nicht, im Gegenteil sogar noch mit Bonus und - wenn sie tatsächlich zu Recht gehen müssen - mit einem goldenen Fallschirm in Millionenhöhe für ihren Absturz belohnt werden? Was tun wir für die Zukunft unserer Kinder, um unsere Wohlstandssünden nicht auf ihre Schultern zu laden? Dies hat in der Politik vermehrt Chefsache zu sein! Wir müssen lernen, wie wir noch besser aus den Fehlern lernen können. Die Tabuisierung dieser Themen muss ein Ende haben!"

„Bin als Regierungsmitglied ganz deiner Meinung, Max! Prost!"

„Prost!"

Auch die Gläser waren es, denn sie klirrten ziemlich laut.

Einige Tage später nach Annas Abenteuer begannen endlich die Räumungsarbeiten bei der Müllhalde. Das ganze Gelände wurde abgesperrt und mit Bretterwänden dicht gemacht, genau so, wie es viele

Bürger schon lange vorher gefordert hatten. Eine Wache sorgte dafür, dass keine Unfälle mehr geschehen konnten.

„He, Edelweiß!", rief Edelschwarz ihre Schwester.

Sie war ganz aufgeregt. Sie waren noch immer stets beisammen, sodass man sie leicht hätte für Zwillinge halten können. Wie heißt es doch: Ein Zwilling kommt selten allein! Offenbar hatte Edelschwarz bislang stets Glück in ihrem Leben gehabt, denn sie lebte noch immer, trotz ihrer Vorwitzigkeit und manchmal ein bisschen Kopflosigkeit. Das Rauchen hatte sie allerdings aufgegeben. Dazu ließ sie sich von ihrer edlen Schwester überreden. Gut, gut! Beide gehörten ja seinerzeit zur Elite in der Pharmaforschung, ehe sie fliehen konnten. Sie hatten dort eine Menge über das Leben und die Menschen gelernt. In der menschlichen Zivilisation zu leben, war daher für sie nur logisch und vorteilhaft. Sie waren bestrebt, ihre angestammte und angeborene Mäusekultur in jene der Menschen zu integrieren. Das gelingt nicht allen Tieren gleich gut. Vielen bekommt das ziemlich schlecht, wenn die menschliche Kultur für sie eine starke Konkurrenz wird.

„Ja, ja, ich weiß, liebe Edelschwarz! Wir dislozieren rechtzeitig und suchen uns eine neue Bleibe. Wir haben ja kein Mobiliar zu schleppen wie die Zweibeiner oder Nester wie die Vögel. Nur uns selbst müssen wir mitnehmen."

„Gut also, wir suchen Keller auf, da gibt es keine Greifer und..."

„Aber Hunde, Füchse, Katzen!", fiel ihr Edelweiß ins Wort.

„Wenn's nur das ist! Das Parfüm hilft uns ganz bestimmt weiterhin. Du hast es ja auch erlebt. Seit dem Rendezvous mit Kasimir genießen wir 100%gen Schutz und seither hat auch die Mäusejagd ein definitives Ende gefunden."

„Ja, da hast du Recht, Schwesterchen. Überdies bin ich froh, dass wir mittlerweile uns nicht mehr durch allerlei minderwertige Pasten und Schmiermittel tarnen müssen, dass wir in einen edlen Wohlgeruch schlüpfen konnten, das von einer Flüssigkeit stammen muss, die ein Zweibeiner anscheinend verloren hatte. Denn genau solche Düfte nebeln uns oft ein, wenn wir unter viele Menschen geraten."

„Ja ich kenne diese Duftqualität schon aus unserer Pharmaära. Erinnerst du dich an die Chefin? Der mussten wir doch gehorchen. Und die hatte uns jeweils den fürchterlichen Fraß verabreicht oder irgendwas Dubioses in unseren Hintern gestochen. Item, genau eine solche Duftwolke, wie sie damals die Chefin einlullte, hüllte uns jetzt ein", präzisierte Edelschwarz.

Edelweiß erinnerte sich. Eine Weile schwiegen beide.

„Wir benutzen einfach ein Transportmittel, das uns irgendwohin bringt", begann Edelschwarz von neuem.

„Was für ein Transportmittel und wohin soll es gehen?", fragte Edelweiß, die sich an der Fantasie ihrer Schwester amüsierte.

„Sieh doch, dort bei einem Zweibeiner ist eine große Tasche am Boden!" Edelweiß folgte dem Blick ihrer Schwester. In der Tat, bei der Mülldeponie stand eine Frau, die dem Treiben auf der Baustelle zuschaute. Offenbar war sie bei Einkäufen und gönnte sich gerade eine Pause. Auch andere Neugierige gab es. Neben sich hatte sie eine Einkaufstasche abgestellt. Eine große dunkle Ledertasche, bestimmt sehr kostbar und teuer, sicher am Weihnachtsmarkt in Como oder Luino erstanden. Sie scheint geradezu auf die beiden Mäuse gewartet zu haben. Der typische und nicht unangenehme Ledergeruch wehte ihnen einladend entgegen.

„Und nun, was schlägst du vor?", fragte Edelweiß.

„Wir verbergen uns darin und gehen erst wieder raus, wenn es nach Fressbarem riecht. Vielleicht gibt es sogar eine Bordkantine für eine Zwischenverpflegung auf der Reise", erklärte Edelschwarz.

Edelweiß musste lachen, war aber von der Idee begeistert. Sie guckten zwischen den Brettern zur Absperrung hinaus. Die scharfen Zähne ihres ausgezeichneten Nagewerkzeuges hatten sie in die Fuge gehackt und ein Loch herausgefräst. Dann zwinkerten sie einander zu als Signal zum Start und sausten zur Tasche. Die Frau hatte nur Augen für den Betrieb auf der Baustelle, sodass sie nicht bemerkte, wie zwei weiße Mäuse das Leder hochkletterten und im Inneren verschwanden. Nichts von wegen Bordkantine, nur Gläser und Flaschen, Büchsen und starker Karton. Sie verzichteten auf eine Verpflegung, zumal sie sich möglichst unauffällig verhalten und gut verstecken mussten.

Nach einiger Zeit geduldigen Wartens setzte sich ihr Transportmittel in Bewegung, indem es abhob und sich leicht schaukelnd vorwärts bewegte. Die Reise ins neue Land von Milch und Honig konnte beginnen. Für die gestandenen Abenteurerinnen war Seekrankheit kein Thema. Kaum gestartet schon wieder Halt. Die Schaukel senkte sich wieder auf den Boden.

„Wo sind wir?", flüsterte Edelschwarz.

„Noch nicht weit, nicht mal aus dem Areal hinaus. Aha alles klar! Es geht gleich weiter", antwortete Edelweiß.

Das Leder hob sich wieder, um aber gleich wieder mit einem Ruck anzuhalten. Dann gab es einen dumpfen Knall, es wurde dunkel, man hörte Motorenlärm und alles setzte sich in Bewegung. Schon wieder eine Erinnerung an frühere Zeiten. Auch damals hatten sie kurze Reisen auf diese Weise mitgemacht. Wenig später nach einer weiteren schaukelnden und ruckelnden Reise mit manchmal Geräuschen von klimperndem Glas, wenn Flaschen oder Gläser aus der Nachbarschaft gegeneinander stießen, hielten sie wieder an. Die Tasche wanderte aus dem Dunkeln und schwankte offenbar im Freien weiter, denn frische Luft brach herein und umströmte die empfindlichen Geruchsantennen der beiden blinden Passagiere.

Dann nahm der Lärm schwatzender Menschen zu und ein Duft von Gemüse, Obst, Früchten, Lebensmitteln und Gebäck tauchte sie in ein willkommenes Wellnessbad. Zeit auszusteigen und das Gelände zu rekognoszieren, zu testen, ob eine neue Bleibe gefunden sei. Sobald die Tasche sich nicht mehr bewegte, wollten sie sofort ausbrechen. Die zwei Mäuse hatten sich ruhig in ihrem Versteck verhalten. Nichts Verdächtiges vermochte nach außen zu dringen. Und da sie keine Angst hatten, fiel es ihnen auch nicht ein, im Innern eine Sauerei zu veranstalten. Sie wollten es der Kriminalpolizei möglichst schwer machen, bei einer allfälligen Anzeige freiwillig und großzügig Spuren zu legen, die auf sie zurückzuführen waren. Da stand die Tasche still. Edelweiß hielt durch ein winziges Loch nach draußen Ausschau, um die Situation zu checken.

„Günstige Gelegenheit abzuhauen. Auf los geht's los!", flüsterte sie zu Edelschwarz.

Diese war einverstanden. Im selben Augenblick, als sie sich zum Verlassen ihrer Gondel, die sie in einem gemütlichen Ritt bis hierher gebracht hatte, entschieden, tauchte eine weibliche Hand zu ihnen herab. Edelschwarz war frech genug, trotz Warnruf von Edelweiß die fünf Finger als Leiter zu benutzen und sie zu besteigen und auf ihnen hoch zu klettern. Edelweiß selber erkletterte das Leder, stieg über den Rand und außen hinab auf den Boden. Edelschwarz rutschte am Kleid der Dame auf den Boden runter oder vielmehr ließ sie sich abschütteln. All das ging mit Lichtgeschwindigkeit. Man darf dabei nicht vergessen, die Kondition dieser mutigen Schwarzfahrerinnen war auf hohem Niveau. Damals während ihrer Karriere in der Pharmaindustrie brachten ihnen die täglichen Übungen mit Treten an Ort in einer Drehtrommel viel Muskeltraining ein, von dessen Früchten sie nun in ihrem neuen Leben zehren konnten, im Gegensatz zu manchen Politikern, deren gleiches Verhalten ins Leere verpufft und keine Früchte trägt. Auch von Mäusen kann man lernen.

Die Frau auf ihrem Einkaufsbummel war überdurchschnittlich begeistert und tat dies dem ganzen Laden mit mehrmaligem Aufschrei aus tiefstem Herzen kund. Das wäre aber nun wirklich nicht nötig gewesen, die Hand in einem Blitzreflex aus der Höhle der Maus zurückzuziehen und kräftig durchzuschütteln, als müsste sie Regenwasser abschütteln wie ein Pudel das Nass von seinem Fell. Edelschwarz hatte wirklich nicht die Absicht gehabt, sich auf ihrer Hand oder in ihren Armen einzurichten. Vielmehr auf dem Boden gelandet, sauste sie sofort mit Edelweiß zusammen in rasendem Tempo weg, als trainierten sie für die Mäuse-Olympiade. Die Schreie nahmen zu, vermehrten sich zu Chören mit jedem Meter, den sie unter ihren schnellen Beinchen hinter sich brachten, als sie zwischen Hosenbeinen und Taschen hindurch schossen. Dann nahmen in der Kammer des Schreckens zunehmend Flüche in tieferen Frequenzen überhand, wohl eher aus männlichen Kehlen, anstelle der weiblichen schrillen Schreie.

Die beiden edlen Schwestern rasten kreuz und quer durch den Laden, bis sie zuhinterst hinter einer Tür verschwanden, aus der eine blaue Schürze gestürzt kam, um nachzuschauen, was denn da geschehen war. Weil der Blick des Schürzenträgers in die Ferne über die ganze Verkaufsfläche schweifte, sah er nicht die Ursache so nah an ihm vorbei flitzen, wie zwei Jets, die im Tiefflug unter dem Radar durchflogen. Die wären aber wohl kaum von der Schweizer Luftwaffe gewesen. Zu klein die Schweiz, nur für langsame und billige Brummer kompatibel. Die Schweizer hätten eben damals in alter Zeit die eroberten Länder nicht stapeln, sondern sie in der Ebene anordnen sollen. Dann wäre das Land groß genug, um Jets herumschwirren zu lassen.

Zurück zu unseren mutigen Flitzern. Zwar waren sie ohne Zwischenverpflegung bis hierher gekommen, aber umso mehr versprachen nun verschiedene Wohlgerüche leckerer Angebote zum einstweilen Verbleiben ein.

Auf dem Boden hinterließen sie natürlich nicht die geringsten Fußabdrücke, ebenso wenig Fingerabdrücke in der Ledertasche de Luxe. Die scharfsinnige Bohnenstange Sherlock Holmes im karierten Mantel und mit ebenso gemusterter Detektivmütze auf dem Kopf, die ihm aber erst die Filmindustrie verpasste, dann der gewitzte und bullige Bulle von Tölz oder Pfarrer Iseli, die clevere Imitation von Pater Brown, oder dieser selbst, ja sogar Kommissar Maigret oder etwa der Alte trotz seiner vorwitzigen Augen, die am liebsten weit voraus und um alle Ecken eilen würden, könnten sie es auch nur, oder Miss Marple, die chronisch das Image von Scotland Yard schädigte, aber auch der langmütige und gelassene Ehemann Commissario Brunetti, sie alle dürften Mühe haben, ihre Ermittlungen erfolgreich durchzuführen, sollte es dazu kommen. Und Kommissar Hunkeler? Der ist in Pension gegangen und wurde von Hedwig auf eine Reise durch Frankreich abgeschleppt, dass er keiner Versuchung verfällt.

Die Mäuse indes kümmerte das herzlich wenig. Sie waren clever. Die Tür war wieder zu geschwungen, die Schürze nicht mehr zurückgekehrt und sie waren nun außer Sicht- und Hörweite. Einfach ihrer Nase waren sie nachgelaufen und die hatte sie in einen Lagerraum geführt. In Ruhe sahen sie sich um.

„Siehst du, Edelschwarz, die Schwäche der einen ist die Stärke der andern! Verlust da, Gewinn dort! So läuft's in der Wirtschaft und Gesellschaft."

„Du weißt gar nicht, wie Recht du hast, Edelweiß! Würden wir beim Anblick unseres Futters stets so reagieren wie die Zweibeiner eben gerade, würden wir bei lebendigem Leibe verhungern, wären mausetot, nicht wahr! Wo wäre da unsere Würde?"

„Ja genau! Und erst jene, die uns jagen! Wenn ich nur an den Fall zwischen mir und Kasimir denke! Keine Chance hätte er gehabt, zum vornherein ein verlorenes Spiel für ihn, ehe es hat beginnen können. Er wäre zu Tode gekommen und ich hätte mich nicht mit jener stinkigen Brühe zu parfümieren und davon zu rennen brauchen. Alle Räuber hätten bei uns keine Chance!"

Ein Schlaraffenland war das da, wo sie gelandet waren. Es gab genug zerbrochenes und zerbröseltes Material, da und dort Spuren von verloren gegangenen Nahrungsmittelresten, wenn auch manchmal in homöopathischen Dosen. Aber viele kleine Beiträge ergeben auch etwas Großes, die Summe macht's, und die können gut genug auch die kleinen Mägen der Mäuse füllen. Keinesfalls fühlten sie sich als Diebe. Im Gegenteil. Sie halfen dem Lager zu mehr Sauberkeit und Ordnung, als Restvernichtungsmaschinen, als minutiöse Ergänzung zum Reinigungspersonal und das erst noch in freiwilliger Arbeit. Bald entdeckten sie bei ihren Erkundigungen, dass draußen vor der Tür im Hinterhof ganze Behälter voller Lebensmittel mit abgelaufenem Datum von den Zweibeinern aufgestellt worden waren. Dort lohnte es sich nachzuschauen, ehe alles abtransportiert wurde.

„Da gehe ich mal mit, wohin diese Riesenbüchse hingebracht wird, wo sie doch sooo viel Futter enthält, unglaublich!", dachte Edelschwarz.

Wenn Ruhetage das Warenlager verwaist ließen, beguckten sie sich natürlich die Vielfalt der Produkte, die da auf Abruf warteten. Edelschwarz blieb manchmal vor einem Paket staunend stehen, als sei sie in einem Kunstmuseum oder einem Zoo. Bewegte den Kopf viel sagend hin und her, nickte dann manchmal wie eine geduldige Zuhörerin, die von Zeit zu Zeit Aufmerksamkeit und Verständnis signalisiert.

„Hast du schon an den Produkten den Strichkode mit diesen vielen weißen oder schwarzen Balken oder den 2D-Kode mit weißen oder schwarzen Quadraten, die in Zeilen und Kolonnen angeordnet sind, gesehen?", fragte Edelschwarz und wandte sich Edelweiß zu.

„Ja, was ist damit?", fragte Edelweiß schmunzelnd zurück, wohl wissend, dass sich wieder eine Macke ihrer Schwester meldete.

„Zweibeiner haben Maschinen, die diese komischen Muster lesen und daraus Zahlen, Bilder und Texte zaubern können", begann Edelschwarz. „Das zeigt einmal mehr, wie viel Kreativität unser edles Wesen bei ihnen auslöst. Wir sollten diese mystische Piktogrammkunst für uns nutzen!"

„Hoppla und du weißt auch schon wie!", lachte Edelweiß.

„Weißt du, alles in der Zweibeinerwelt wird mit diesem Digitalzauber versehen und immer mehr. Der ist weltweit verständlich, universell. Da sollten wir uns ebenfalls damit schmücken! So können wir Katzen signalisieren: *Achtung, wir sind ungenießbar, wenn du uns frisst, verdirbst du dir den Magen und dich selbst!* Oder umgekehrt, Katzen könnten uns damit mitteilen: *Ich bin eine Schmusekatze, ganz und gar ungefährlich. Was seid ihr komische Kreaturen? Mäuse? Noch nie von ihnen gehört. Oh, keine Ahnung, was man damit macht!* Was meinst du? Warum sollten wir Paten der digitalen Welt von den Vorteilen ausgeschlossen bleiben?", grinste sie.

„Und wie sollen wir das anstellen?", fragte Edelweiß und lachte ebenfalls.

„Wir wagen uns in die Computerwelt. Wir stöbern ein bisschen in den Fachblättern. Ich bin überzeugt, eines Tages werden wir etwas finden, was sich unseres Niveaus würdig erweist. Von Mäusen und Menschen wird noch lange in der Zukunft die Rede sein!", beteuerte Edelschwarz.

Die Visionärin Edelschwarz war sehr neugierig und fand bei ihren akribischen Analysen heraus, dass die Wände des Lagers aus weichem Material bestanden. Beiden war es überdies aufgefallen, dass hier drinnen ein kühleres Klima als im Freien herrschte, gerade jetzt zur warmen Jahreszeit war das nicht unerwünscht. Edelschwarz nagte an der Innenwand und hatte rasch eine kleine Höhlung ausgefräst.

„Was meinst du, Edelweiß, wenn wir uns da hinein verkriechen? Es ist Platz genug."

„Ja, aber das Eingangsportal müssen wir möglichst geheim anlegen und dann einen Gang ins Innere ausfressen!", war sie einverstanden.

Und so bohrten zwei gestandene Tunnelbauer, wohl verstanden als Naturtalente und ohne Millionen schweres Gerät, und schufen einen perfekten Tunnel, eine geheime Gangway, ins Innere des Isolationsmaterials, das sehr dickwandig zu sein schien, und einen großzügigen und gemütlichen Wohnraum an dessen Ende. Der Eingang war sehr eng gewählt, dass er nur knapp ihren Körper aufnehmen konnte, er sollte ja möglichst wenig auffallen. Das Aushubmaterial brachten sie in den Container im Freien. Das Eingangsportal zu ihrem neuen Zuhause hatten sie unter einer kleinen Plattform an der Rückwand des Raumes angelegt, worauf ein Aggregat zur Kühlung installiert war. Dort hofften sie, bliebe es verborgen.

Von da aus starteten sie Unternehmungen nach allen Richtungen und fristeten so ein zufriedenes Mäusedasein. Ihre Körperwärme heizte das

Heim genügend auf und das Styropor der Wand behielt sie in mütterlicher Sorge für sie zurück.

Eigentlich verdiente es Edelschwarz wieder nach ihrem angestammten Namen *Edelhaar* gerufen zu werden, aber der neue hatte sich so sehr eingebürgert, dass beide ihn beibehielten. Eines Tages erweiterten sie ihre Zweisamkeit zu einer edlen Viersamkeit und notgedrungen im Verlaufe der Zeit zu einer glücklichen Großfamilie Edelweiß und Edelschwarz. Erst nach vielen Jahren, als die Großfamilie längst schon zu einer Großsippschaft weiter angewachsen war, stand ein Großumbau des Geschäftes an. Da war die ganze Dynastie Edelweiß und Edelschwarz gezwungen auszuwandern - sie hatten durchaus neue realistische Pläne für ihr weiteres Leben ausgeheckt. Und erst dann entdeckte man ihre Geheimgänge, ihr geheimes Pentagon. Nur an die Geschehnisse der beiden edlen Mäuse, der mutigen und ideenreichen Gründerinnen, daran erinnerte sich niemand mehr. Auch kein Mausoleum rettete sie vor dem Vergessen. Offensichtlich hatten sich diese Mäusefamilien so vorbildlich, ordentlich und mäuschenstill verhalten und waren in der Tat so gut getarnt, dass sie nie jemandem jemals aufgefallen waren. Weiß auf Weiß war nun mal schlecht sichtbar, wenn die schneeweißen Mäuse auf ihren Wechseln die weißen Wände entlang verkehrt hatten. Diese bemerkenswerten Umstände fanden nicht nur Eingang in die Annalen der Orangenstadt, sondern weit über die Grenzen hinaus in die Armeelehrbücher für perfekte Tarnung. Wenn der geneigte Leser die schneeweißen Schianzüge der Gebirgstruppen beobachtet, kennt er nun die Urheberschaft dieses Tricks der Tarnung.

Es waren nicht nur die Mäuse, auch Nardi und Kasimir mit seiner ganzen Katzengesellschaft entdeckten den Reichtum der Abfallberge, die sich regelmäßig vor Haustüren türmten, und fielen liebend gern über sie her. Manche entleerten sie, ehe sie von den städtischen Angestellten eingesammelt wurden, und verteilten deren Inhalt quer über die Straße, sehr zum Ärger der Bewohner und der Stadtverwaltung.

„Ich glaube, wir müssen rasch was tun! Ein stiller Vorwurf lastet auf den Schultern der Orangenpartei. Unliebsame faunistische Einflüsse in Sachen Abfallentsorgung schaffen Probleme", kommentierte Max die aufkommenden Kritiken, ja manchmal Beschimpfungen der so genannten Naturschützer, die solches nicht nur tolerierten, sondern sogar förderten.

Er las Nina einen bissigen Zeitungsartikel vor, worin eine Bürgerwehr mit dem Recht zu töten, wo immer Tiere Schaden stiften, gefordert wurde. Ausrottung von Fremden aus der Stadt! Krieg dem Ungeziefer!

Fremdenhass der einen, Aufruf zu Miteinander und Nebeneinander der anderen stritten sich, nicht ohne aufgebrachte Emotionen.

„Klar, sie haben nicht über den Tod unseres Chefs nachgedacht und noch weniger daraus gelernt. Viele Forderungen liegen mittlerweile im Rathaus auf dem Tisch. Du kannst dir ja denken, dass eine ganze Palette von kuriosen Vorschlägen ausgebreitet liegt. Es muss und wird einen vernünftigen Weg geben!", antwortete Nina.

„Was hältst du davon, wenn bei den Liegenschaften Container stehen, die Abfallsäcke aufnehmen? Die sind verschließbar und somit für Tiere unzugänglich. Es reicht, wenn sonst irgendwo in kleinem Maßstab Fressbares herum liegt, das wohl kaum gänzlich auszuschließen ist. Als generelle Regel muss gelten: Fürderhin die Abfallsäcke nicht schon am Vorabend auf die Straße bringen, sondern erst am Morgen des Sammeltages!", dachte Max laut.

„Finde ich eine absolut gute Idee! Ich will sie einbringen! Vielleicht finde ich bei den Ratskollegen Zustimmung. Ich bin sogar fast sicher, dass wir uns durchsetzen", gab sich Nina überzeugt.

„Weißt du, die Technik und Wirtschaft sind gefordert, möglichst Kreisläufe anzustreben. Technische Kreisläufe von Stoffen und Substanzen münden am Ende wieder in natürliche. Komplettes Recycling. Keine Deponien, schon gar nicht Umwelt schädigende. Hat man schon Deponien von unbefruchteten Eiern gesehen oder Blätter, die Tausende von Jahren alt sind und sich meterhoch in Wald und Feld auftürmen? Der Letzte räumt die Erde auf! Und der ist eine Unzahl verschiedenster Mikroorganismen, die am Ende alles wieder für neues Gedeihen der Pflanzen- und Tierwelt verfügbar machen!"

„Aber Verschwendung gibt's doch auch in der Natur oder?", insistierte Nina.

„Ja gewiss, aber aller Überschuss landet am Ende als Nahrung in den Verdauungstrakt von irgendeinem Lebewesen. Natürlich, die Natur lässt sich oft Zeit damit und die hat sie offenbar genug, im Gegensatz zu uns Menschen. Verrottung von Holz und Blättern zum Beispiel kann Jahrzehnte dauern. Aber es wird irgendwann mal Humus. In warmen Ländern wesentlich schneller. Auch Knochen von Menschen oder Tieren verschwinden zur Gänze. Was Wissenschaftler finden, sind Artefakte, höchst seltene Ausnahmen, die es offenbar auch gibt. Und auf solchen seltenen Zufallstreffern bauen wir eine ganze Kulturgeschichte auf, Wahnsinn!"

„Und Erdöl, ist das nicht auch eine natürliche Deponie und noch dazu eine Umwelt schädigende?"

„Richtig. Aber wer weiß, was in Millionen Jahren aus ihm würde, würden wir es nicht verbrennen? Ich glaube, wir haben in der Natur ein ausgezeichnetes Lehrbuch, wie wir intelligenten Umgang mit unseren Ressourcen pflegen können und wie wir smarte Ingenieurprodukte erzeugen können. Wir müssen nur die Forschung diesbezüglich entschiedener fördern!"

Tiezy und Striezy hatten es diesmal nicht auf Abfallgüter in den Straßenschluchten oder anderswo abgesehen, sondern sie verspürten Hunger nach besserem und energiereicherem Eiweiß. So trollten sie gegen einen der Parks in der Hoffnung, da zu finden, wonach sie suchten. Tiezy rannte voraus, als müsste sie für Striezy das Gelände rekognoszieren. Es war schon eine Weile her, seit sie Fühlung mit diesem Erholungsgelände aufgenommen hatte. Sie sprang ins Grüne alle sensitiven Härchen um ihre Schnauze auf höchsten Empfang eingestellt. Unwillkürlich witterte sie verunreinigten Duft, wie wenn in einen Leckerbissen hineingespuckt oder gar gepisst worden wäre. Sie hielt inne und guckte sich um. Da war irgendetwas im Duftstrom, was unangenehm störte, ein Missduft. Es lockte sie gar nicht, es hemmte sie. Striezy, die angerückt kam, blieb ebenfalls stehen. Sie bemerkte sofort das Missbehagen ihrer Schwester. Diese drehte sich um die eigene Achse und verzog angewidert ihre Schnauze.

„Behagt mir ganz und gar nicht! Antikatzengeruch!", sagte sie zu Striezy.

„Ja, mir auch nicht. He, siehst du da, Geruchsminen, Antikatzengranaten!", rief Striezy und bog ihre Schnauzhärchen dicht an ihr Fell.

Am liebsten hätte sie sie eingezogen wie ihre Krallen an den Pfoten. Doch das ließ sich leider nicht machen. Sie war zu einem der halbtrockenen braunen Kegel gesprungen, von denen es in rauen Mengen gab. Diese garnierten ein Loch, das zur unterirdischen Wohnstätte einer Wühlmaus führte. Angewidert schlenderten beide weiter, prüften die örtlichen Gegebenheiten, während sie die Gerüche über der Wiese aufmerksam wahrnahmen. Aber sie begegneten stets auf Schritt und Tritt Antikatzenbomben, die weit häufiger und dichter gesät waren als Eingänge zu den gesuchten Leckerbissen. Frustriert standen die Katzendamen still.

„Welche Hundesöhne haben denn diesen Bombenteppich gelegt? Hundescheiße soweit das Auge reicht!", rief Tiezy ärgerlich und Striezy stimmte ebenso verstimmt mit ein:

„Wanderer kommst du nach Lodz, findest da bloß Kot!"
Sie schüttelte missmutig den Kopf. Tiezy musste lachen und wurde durch ein lautes Gekläff unterbrochen.

Eine Dame spazierte in den Park und mit ihr ein kleines Hündchen an der Leine. Sein Fell offenbarte gediegene Pflege. Es glänzte silbergrau und wie aus Seide. Auf dem Gehweg bewegten sie sich zur Wiese und hielten davor an. Die Dame ging in die Hocke, nahm ihren Liebling zwischen die

Hände, kraulte ihn dann und sprach wohlwollende Worte zu ihm, während sie die Leine löste. Das Hündchen wedelte mit dem Schwanz, leckte ihre Hände und freute sich offensichtlich, seinem angeborenen Bewegungsdrang und seiner Spiellust freien Lauf lassen zu dürfen. Der Vierbeiner schnüffelte zuerst am Wegrand und sprang dann auf die Wiese, wo er sich mehrmals auf den Rücken warf und sich gründlich im niederen Gras wälzte, um sich möglicherweise von lästigen Parasiten zu befreien, die sich in seinem Fell tummelten, oder auch einfach, weil es ihm gefiel. Als er wenig später in einiger Entfernung der beiden Katzen ansichtig wurde, ließ er ein lautes Gekläff vom Stapel und rannte auf seinen zu kurz geratenen Beinen auf Tiezy und Striezy zu.

Obwohl solches eigentlich für beide nichts Neues war, sie wurden oft von Hunden gejagt, schossen sie davon und der Kläffer lautstark hinter ihnen drein. Die Dame mit dem Hündchen missbilligte diese Jagd und rief mehrmals laut nach ihrem Liebling, aber der hörte kaum hin, zumal die Distanz zwischen ihnen beachtlich geworden war. Der Vierbeiner kam erst zur Ruhe, als die Verfolgten in Windeseile auf einen der Bäume zu gejagt, die rund herum den Park abschlossen, alsbald den Stamm hoch geklettert waren, oben auf einem Ast saßen und zu ihm runter in Stereo knurrten und fauchten. Der Köter blieb unten und bellte und knurrte zu ihnen hinauf, offenbar frustriert, weil er kein Zirkusartist wie seine Verfolger war. Er wusste ganz bestimmt sowenig wie die Katzen auch, warum sie sich eigentlich gegenseitig nervten.

Frauchen kam angetrabt und gab sich Mühe, ihre Freizeitbeschäftigung wieder zu beschwichtigen und brachte es schließlich zustande. Wie aber um seinen Frust loszuwerden, rannte er wieder auf die Wiese zurück, stoppte, spreizte die Hinterläufe und entließ eine braune schleimige Wurst oder auch zwei. Dann zog er mit Frauchen weiter.

Tiezy und Striezy, die das Beschwichtigungszeremoniell von ihrem Hochsitz aus gelassen und entspannt beobachtet hatten, schauten sich viel sagend an, was bedeutete:

„Urheberschaft geortet und nun zur Tat!"

Sie wechselten einige Worte und kletterten den Stamm runter. Anstatt auf dem Gehweg voranzugehen, verdrückten sie sich ins kleine Wäldchen, das den Park säumte, bewegten sich da aber zügig trotz Schleichmodus. Die Dame blieb auf dem Pflaster, indes ihr Hündchen ungebunden auf der Wiese nebenher hüpfte, von Zeit zu Zeit herumschnüffelte, um dann weiter zu schlendern. Die Katzen hatten auf ihrem verborgenen Weg die beiden schnell eingeholt. Der Hund war gerade wieder still gestanden und schnüffelte an Ort und Stelle, als suchte er etwas.

Wie auf ein gemeinsames Zeichen schossen beide Katzen plötzlich fauchend aus ihrem Hinterhalt und stürzten sich von zwei Seiten auf das ahnungslose Tier in der Wiese wie Großkatzen in den Tropen auf Antilopen oder Gazellen, die sie von der Herde abzuspalten vermochten. So nahmen sie mit ausgefahrenen Krallen das zu Tode erschrockene Hündchen in die Zange. Einige Sekunden wie gelähmt, begann es dann wütend zu bellen und sprang abwechselnd auf die eine und dann auf die andere Katze los, nicht wissend, von welcher mehr Bedrohung und Gefahr zu befürchten war.

Natürlich wussten Tiezy und Striezy sehr wohl, dass das gejagte Ziel kaum allein für die Fliege in ihrer Suppe verantwortlich zu machen ist, aber man musste doch ein Exempel statuieren, als Warnung für alle seine Verwandten und nicht zuletzt, um Dampf abzulassen. Mit Attacken meinten sie es kaum wirklich ernst, vielmehr verstanden sie es zunehmend als Spiel, zumal das Hündchen eine Nummer zu klein war, um sich ernsthaft überlegen zu fühlen. Denn er zog mit einer Mischung aus Bellen und Winseln den Schwanz ein und rannte über die Wiese davon. Die Verfolger jedoch eskortierten ihn und versuchten mit ihm Schritt zu halten. Frauchen rief ärgerlich und ununterbrochen nach ihm und bemühte sich ihn einzuholen. Vielleicht wäre das Verfolgungsspiel so weiter in die Länge gezogen worden, wenn nicht plötzlich eine dritte Katze wie aus dem Nichts aufgetaucht wäre, die Szene erblickt hätte und unverzüglich auf die Wiese zu ihnen gerannt wäre.

„He, halte ein, Eva! Lasst ab!", rief sie, als sie nah genug war.

Tiezy und Striezy stoppten abrupt, als hätte ihnen jemand den Stecker gezogen und stutzten. Sie sahen sich Kasimir gegenüber. Mittlerweile war auch die Dame dazugekommen und nahm den Kleinen wieder an die Leine. Sie beachtete die Katzen nicht weiter, zog ihn von ihnen weg und räumte das Feld.

Aus sicherer Entfernung blickten beide nochmals zurück und waren etwas verwundert, denn ihnen schien es, dass die dritte Katze die beiden andern ins Gebet nahm.

„Ich war bis jetzt der Meinung, dass wir Mäuse und nicht Hündchen jagen. Oder täusche ich mich da?", stellte Kasimir seine Freundinnen zur Rede.

„Er und seinesgleichen verderben uns den Appetit auf Mäuse. Sieh dich doch um! Hast du Lust in einen Hundeapfel zu beißen statt in eine saftige Maus?", verteidigte Tiezy und Striezy pflichtete ihr bei.

„Ich habe es auch bemerkt, bin ja nicht blind!", antwortete Kasimir und forderte sie auf, einfach miteinander neue Gründe aufzusuchen.

Gemeinsam trotteten sie über das Gelände, warfen immer wieder einen missbilligenden Blick auf die Wiese, deren Hektarertrag an Hundeäpfeln beachtlich war. Vielleicht würde sie ja jemand von der Orangenpartei ernten und Biogas daraus gewinnen, dachte Kasimir im Stillen. Er müsste diese Idee an einen aufgeschlossenen Vertreter weiterleiten. Aber wie, wo doch niemand seine Sprache verstand? Vielleicht könnte er es Franziskus von Assisi mitteilen, der ja zwischen ihm und den Menschen zu mitteln imstande ist. Wenn er nur bald möglichst von seiner langen Pilgerreise zurückkäme! Oder war er auf einer Forschungsreise in die Arktis und Antarktis, um die rückläufigen und bedrohten Populationen der Eisbären und Pinguine zu interviewen und ihre Anliegen und Sorgen ob der globalen Erwärmung bei der UNO und am G8-Gipfel, so wieder einer stattfinden sollte, vorzutragen? Er wusste es nicht so genau.

Am andern Ende des Parks war ein Kinderspielplatz eingerichtet mit allerlei Installationen, die Kids gerne benutzen, und eine große Sandgrube. Bänke darum herum boten Müttern die Möglichkeit sie zu beaufsichtigen. In der Parkmitte war ein großer Weiher mit einer Wasserfontäne im Zentrum. Weil das Wasser nicht tief war, konnte man ohne Gefahr Kinder plantschen lassen, wenn auch nicht ohne Aufsicht. Die drei Katzen erreichten das Wasser und tranken. Dann passierten sie den Spielplatz. Kasimir blieb stehen und blickte über das Spielgelände. In der Sandgrube spielten zwei Kinder. Das Größere zeigte dem Kleineren, wie man Sandkuchen backt. Andere Kinder versuchten auf der Hängebrücke beim Gehen auf dem wackeligen Boden, der gerne unter den Füssen wegrutschen wollte, als triebe er liebend gerne Schabernack mit den Kindern, ihr Gleichgewicht zu wahren. Kreischen. Gelächter. Mütter widmeten sich Strickarbeiten oder tauschten sich aus, nicht aber ohne ab und zu einen Blick auf die muntere Kinderschar zu werfen. Auch Tiezy und Striezy hielten an und sahen dem Treiben zu.

„Von da wenigstens halten sich Hunde fern", dachte Kasimir laut.

Zu früh gedacht.

Ein Bellen und noch eins erschreckten die spielenden Kinder im Sand. Sie guckten zu den beiden Hunden, die daher gerannt kamen, bellten und herumschnüffelten und neugierig um die Kids herum sprangen, dann Schwanz wedelnd still standen und wieder die Kleinen anbellten. Das Jüngere lief weinend aus der Grube zu seiner Mutter, die aufgestanden war und ihm entgegenkam, um es zu beruhigen und in die Arme zu nehmen. Das Ältere, etwas mutiger, blieb sitzen und warf Sandkörner gegen den einen Vierbeiner, der aber kein sonderliches Interesse am käsehohen Zweibeiner zeigte. Eine Mutter guckte sich nach einem Halter um, eine andere schimpfte mit drohenden Gesten gegen den Vierschröter, um ihn wegzuscheuchen. Der ließ es sich nicht nehmen, wie aus bösartiger Demonstration oder Protest die Hinterläufe breit zu machen und in den Sand zu koten. Der zweite Hund war um die Bänke mit den Müttern herumgestromert wohl in der Hoffnung, bei ihnen etwas Leckeres ergattern zu können. Er erntete Schimpf und wurde weggescheucht. Schlechtes

Beispiel macht Schule. Er rannte ebenfalls in den Sand und tat das gleiche wie sein Artgenosse.

Die beiden jungen Kaniden stammten offenbar aus dem gleichen Wurf. Mit ihrem prächtigen goldbraunen Rücken und dem weißen Bauch könnte man sie für Zwillinge halten. Das Trio, das bis anhin die unschöne Szene schweigend mit angesehen hatte, packte der Zorn über die Unerzogenen. Sie tauschten eindeutige Blicke aus und rannten dann los. Knurrend und fauchend rannten sie die Krallen ausgefahren wie die Großkatzen auf Jagdzügen auf die beiden Strolche los und attackierten sie unerschrocken, indem sie sie wiederholt anzuspringen und ihnen ins Fell zu kratzen versuchten. Die Hunde überrumpelt, nahmen bellend Reißaus, fassten sich dann aber wieder und drohten ihrerseits gegen die Katzen, indem sie zwischen diese hin und her sprangen. Die Katzen ließen sich nicht einschüchtern und setzten ihre Attacken fort. So bewegte sich der Knäuel langsam weg vom Spielplatz. Schließlich rannten die Hunde auf die Wiese und tobten sich dort weiter aus. Das Trio hielt an, als es die Überzeugung gewonnen hatte, dass das Interesse der Verfolgten sich andern Dingen zuwandte. So drehten sie ab und kehrten zur Sandgrube zurück und suchten nach den Äpfeln. Mit ihren Hinterläufen kickten sie in die unappetitlichen Granaten, die in Sand gerollt dem in Paniermehl gedrehten Brät glichen und beförderten es aus der Grube oder versuchten es wenigstens. Eine für Katzen ungewöhnliche Arbeit und wollte auch nicht hundertprozentig gelingen, noch zu feucht waren die frischen Würste. Die Trockenen, die ihrem Tun besser gehorchten, stammten offenbar nicht aus der jüngsten Produktion, deren Zeugen sie waren.

Die Mütter waren verärgert und ließen die Kinder nicht mehr im Sand spielen, aus Angst sie könnten mit den unerwünschten Hinterlassenschaften kontaminiert werden. Man wisse ja nicht, womit die Hunde infiziert waren. Wo war überhaupt der Hundehalter? Warum konnte er nicht ebenso auf seine Lieblinge aufpassen wie sie auf ihre Kids? Aber der bekam nichts davon mit. Er schnarchte ausgestreckt auf einer Parkbank, den Kopf hatte er auf seinen kleinen Rucksack gestützt; am Boden daneben eine Flasche Bier, aus der er sich wohl vor dem Schlafen einen kräftigen Schluck genehmigt hatte.

Die Katzen verließen den Ort des Geschehens, ohne die verwunderten und auch dankbaren Blicke der Mütter zu beachten und wanderten entspannt aus dem Gelände.

„Sind die deine Brüder oder Schwestern, he? Die haben ja fast das gleiche goldbraune Fell wie du. Bist du sicher, dass wir nicht deine Familie gejagt haben?", grinste Tiezy und Striezy lachte ebenfalls.

„Entsinne mich ihrer eigentlich nicht, doch ich weiß natürlich nicht, was für Viecher meine Eltern nach mir gezeugt haben. Aber wenn ich mich genau betrachte, so sehe ich keinen hellen Bauch an mir wie bei ihnen", lachte Kasimir.

So Unrecht hatte natürlich Tiezy nicht. Sind doch alle Katzen und Hunde letztlich verwandt, wenn man in den Evolutionslinien nur weit genug zurückgeht. Aber so gesehen, sind die meisten Tiere miteinander verwandt, sogar mit uns Menschen vielleicht.

Sie gelangten wieder auf die Wiese. Die beiden jungen Hunde tobten weiterhin ihren angeborenen Bewegungs- und Spieldrang aus. Ihr Boss schlief noch immer. Als sie die Katzen auf der Wiese wieder erblickten, packte sie die Lust auf eine Revanche. Jetzt wurden aus den vordem Verfolgern die Verfolgten. Sie rannten bellend auf das Trio zu und trieben es auseinander. Kasimir und seine Gespielinnen waren überrascht ob der unerwarteten Rückkehr der beiden. Als mutige Katzen fielen sie jedoch kaum in Angst und Schrecken, vielmehr spielten sie mit, indem sie sich sofort wieder zum Tripel zusammenschlossen und kreuz und quer über das Gelände jagten, die Hunde natürlich hinter ihnen her. Kasimir übernahm die Führung und drängte sich an die Spitze. Vielleicht hielten alle Beteiligten die Jagd mehr für eine Sportsübung, eine Art spielerisches Training, denn es wurde nur gerannt, kaum gefaucht oder gar wütend gebellt. Wenn die Katzen mal bremsten, um eine kleine Verschnaufpause einzulegen, und sich gegen die Verfolger umdrehten, hielten auch diese an und guckten nur mit Fragenzeichen im Gesicht, als wollten sie sagen:

„Was ist, warum hört ihr auf, schon müde? Jetzt, wo wir im Spiel *Fang mich!* so richtig gut eingespielt sind, schon aufgeben? Los, noch eine Runde!"

Die Katzen schienen es von ihren Augen abzulesen, verstanden und jagten mit Vollgas weiter, die Hunde sofort wie an einer Leine hinter sich herziehend. Tiezy hatte eher etwas Mühe mit dem Trupp Schritt zu halten, brach nach einiger Zeit aus der Gruppe aus, drehte bei und hinkte bald der ganzen Horde hintendrein. Sie bräuchte unbedingt Futterzusatzmittel, etwa Ovomaltine, dann hielte sie länger durch. Striezy und Kasimir waren dagegen gut in Form und schienen es wie ihre Verfolger zu genießen. Die Hunde beachteten Tiezy nicht, sondern konzentrierten sich auf Kasimir und Striezy. Nach einer weiteren Runde zielte Kasimir auf einen der Bäume am Rande und erkletterte den Stamm. Striezy folgte und so saßen beide nach einer Weile im unteren Geäst und blickten auf die Hunde hinunter. Die bewegten sich mit hängender Zunge keuchend langsam hin und her und blickten immer wieder zu den Katzen empor. Die beiden Hunde waren nach dieser Hatz ohne Hass offenbar auch ein bisschen auf den Hund gekommen. Dann legten sie sich auf den Boden und ruhten sich aus. Mittlerweile war auch Tiezy angekommen, kletterte ebenfalls den Stamm hoch und gesellte sich zu ihren Freunden. Alle schwiegen, kein

Keuchen, Fauchen, Knurren oder Bellen. Nur von Zeit zu Zeit sahen die einen nach oben und die andern nach unten.

„He Freunde!", rief Kasimir plötzlich.

Er hatte sich aufgerichtet wie ein Staatspräsident, der sich der Öffentlichkeit zeigt und eine Rede halten wollte. Die Hunde erhoben sich, sichtlich überrascht, so etwas zu hören. Nun gut, sie waren ja noch jung und hatten guten Grund anzunehmen, in ihrem noch bevorstehenden Leben manche Überraschung zu erleben und eine ungewohnte Erfahrung zu machen.

„Ein tolles Spiel war das! Wir sind keine Schoßkätzchen und ihr keine Schoßhündchen! Wir lieben das Spiel des Lebens in all seinen Facetten! Können wir doch wiederholen, wenn wir uns in Parks oder sonst wo treffen, einverstanden?"

Eine Pause trat ein, ehe der eine der Hunde das Wort ergriff:

„Recht hast du! Wir brauchen ein Mindestmaß an natürlicher Bewegungsfreiheit. Wir haben zwar unser Alphatier, aber das versteht uns! Wir sind einverstanden!"

„Wir haben dennoch eine Bitte", fuhr Kasimir fort, „das Naturgesetz will es, dass wir Mäuse fangen. Ihr möglicherweise auch. Wäre es möglich, dass ihr eure Notdurft nicht über eine ganze Wiese sät, sodass unsere Leckereien nicht mehr länger geschmacklich verhunst werden? Wir tun's auch nicht!"

„Einverstanden, aber wir sind nicht die Einzigen. Sehr viele Artgenossen bevölkern diese Gegend. Wir ärgern uns stets, wenn wir ihnen begegnen."

„Ja, das beobachten wir. Ihr betrachtet sie als Konkurrenten und wehrt euch gegeneinander, fast wie in einem Bruderkrieg."

„Es ist unsere Natur so..."

Das Gespräch wurde jäh von lautem Gebell, wie als Bestätigung des Gesagten, unterbrochen. Ein Mann mit einem schwarzen langhaarigen Hund, ein wandelnder Teppichvorleger, spazierte in der Nähe vorbei. Der Schwarze erblickte die beiden Artgenossen unter dem Baum, begann zu bellen und energisch an der Leine zu zerren. Der Mann bemühte sich, seinen Hund zu beruhigen und ihn an sich zu ziehen. Er gab den kräftig gebauten Vierbeiner nicht frei und ging weiter. Die Körperkraft des Vierbeiners war nicht ohne, denn der Halter musste sich anstrengen, um nicht selbst dorthin geschleppt zu werden, wohin das Tier wollte. Im gleichen Augenblick erschallten die Pfiffe und Rufe des Schläfers, der zwischenzeitlich aufgewacht war, seine Habe gepackt und sich aufgemacht hatte, seine Zöglinge wieder einzusammeln. Als er sie beim Baum erblickte, rief und pfiff er sie. Die Angesprochenen brachen das Gespräch mit den Katzen ab und gehorchten ihrem Rudelführer. Aber ehe sie ihn erreichten, drehten sie sich nochmals zu den Katzen oben im Baum um, blickten sie eine Weile schweigend an, die Katzen ihrerseits taten dasselbe, dann rannten sie zu ihrem Herrn. Sie sprangen an ihm hoch, leckten seine Hände und wedelten lebhaft mit ihren Schwänzen. Begrüßungszeremoniell. Der tätschelte und kraulte sie, nahm sie wieder an die Leine und zog mit ihnen von dannen. Auch der Spaziergänger mit dem schwarzen langhaarigen Vierbeiner war nicht mehr sichtbar. Das Trio war allein zurückgeblieben.

„Drei schöne Hunde, meint ihr nicht auch?", bemerkte Kasimir.

„Ja, auch der Kleine mit dem silbergrauen Fell", betonte Tiezy.

„Alle vier", bestätigte Striezy.

„Warum können unsere Spielgefährten nicht auch mal Hunde sein?", dachte Kasimir laut.

„Zweibeiner sind sich untereinander auch nicht immer einig oder?", warf Tiezy ein.

„Was haben wir eigentlich gegen sie? Es sind doch Vierbeiner wie wir", fuhr Kasimir fort und fügte hinzu: „Wisst ihr, es liegt nicht einfach an ihnen, dass sie in der ganzen Weltgeschichte herum koten. Ihre Rudelführer müssten doch zum Rechten sehen!"

„Wir machen das einfach auch. Unser eigener Scheißdreck schmeckt uns vielleicht besser als fremder!", schlug Striezy vor und grinste.

„Ne, machen wir nicht! Wir markieren damit nur unser Territorium, basta, und äffen nicht Fehler anderer nach!", protestierte Kasimir.

Tiezy gab Kasimir Recht und Striezy schloss sich dieser Meinung an.

Eine Weile ruhten sie sich auf den Ästen aus, dann entschieden sie, wieder auf den Parkboden hinunterzuklettern. Kasimir führte sie ins Rayon der Stadtgärtnerei, wo sie sicher waren, dort genug leckeres Futter vorzufinden, ohne unerwünschte hündische Einflüsse.

Wochen später standen in allen Parks grüne Boxen und eine Tafel dabei mit der Aufforderung an alle Tierhalter, die Notdurft ihrer Lieblinge künftig hier zu entsorgen. Dazu stünden Plastiksäcke zur Verfügung. Es war fortan bei Strafe verboten, Wiesen und Spielplätze damit zu bescheren.

„Musst immer nur du gehen bei Noteinsätzen mitten in der Nacht?", murrte Dinos Frau, als sein Handy die Ouvertüre zu Saint Saëns *Karneval der Tiere*, composed bei Samsung, klimperte.

Dino gähnte und nahm ab.

„Hallo!"

Stille, unverständliche Laute für die Ohren in einiger Distanz.

„Ja, alles klar, bin schon unterwegs!", rief Dino mit verschlafener Stimme ins Gerät.

„Was hast du gefragt?", wandte er sich dann an seine Frau, die aus dem Bett gekrochen war.

„Ich wollte nur wissen, ob du allein für Notfälle zuständig bist", wiederholte sie, aber ohne ärgerlichen Unterton.

„Nein, Schatz, nicht länger. Wir kriegen mehr Stellenprozente. Von nun an können wir uns für diesen Dienst abwechseln. Außerdem sind wir mit der Tierklinik und den Wildbiologen verbunden, die ebenfalls dafür zuständig sein werden. Wir sind vernetzt und erstellen künftig Noteinsatzpläne", erklärte Dino beim Ankleiden und verschwand in der Nasszelle.

Wenig später saß er im Auto. Diesmal wählte er die weiße Mütze. Sie würde gut zu diesem Einsatz passen, dachte er. Es war kurz vor der Morgendämmerung. Die Schatten der Nacht begannen langsam zu weichen und dem neu beginnenden Tag Platz zu machen.

Der Autofahrer stand am Straßenrand und wartete. Das Pannendreieck war ordnungsgemäß ausgestellt. Sein Fahrzeug wies am linken vorderen Kotflügel eine leichte Beschädigung auf und war neben der Fahrbahn parkiert. Er selber hatte Glück im Unglück und war ohne Verletzung davongekommen. Einige Meter weiter auf der ihm gegenüber liegenden rechten Seite bewegte sich ziemlich benommen ein Wildtier den Straßenrand entlang. Es war offensichtlich verletzt. Mühsam schleppte es beim Gehen seinen linken Hinterlauf nach. Jedes Abstützen auf den Boden bereitete ihm große Schmerzen. Berührte es manchmal ungewollt den Boden, knickte der Körper ein, das Tier stand still, als müsste es sich erholen, zitterte und winselte, ehe es wieder langsam weiterging.

Es war offenbar auf seiner allnächtlichen Tour in diese peripheren Quartiere der Stadt gekommen. Ein Auto war unterwegs in die Stadt. Seine Geschwindigkeit hatte es bereits auf das vorgeschriebene Tempo gedrosselt. Es hatte ein leiser Nieselregen aus dem leichten Morgennebel heraus eingesetzt, der die Sicht beeinträchtigte, umso mehr als zu dieser frühmorgendlichen Stunde die nächtliche Dunkelheit dadurch sich nur langsam verziehen wollte. Die Scheinwerfer waren eingeschaltet und der Fahrer verlangsamte nochmals das Fahrzeug. Er sah die Warnschilder, die auf mögliches Wild aufmerksam machten.

Plötzlich tauchte ein Vierbeiner von rechts her aus dem Nebel auf und wollte vermutlich die Straße überqueren. Der Fahrer bremste und hupte gleichzeitig. Dieses Manöver musste das Wild erschreckt haben, denn es wich nicht aus, sondern rannte irritiert gegen das Auto. Geistesgegenwärtig riss der Fahrer sein Fahrzeug auf die linke Seite, vermochte aber eine Kollision nicht ganz zu verhindern, traf einen der Hinterläufe, warf damit das Tier zur Seite und erreichte selbst die andere Straßenseite, wo der linke Kotflügel einen der Straßenpfosten mit der reflektierenden Markierung rammte. Ein Glück, dass kein Gegenverkehr herrschte. Dann rief er die Polizei und meldete kurz den Vorfall. Diese leitete den Notruf danach unverzüglich auch zum Notfall für Unfälle mit Wild weiter, das heißt zu

Dino, der vorläufig als Einziger diesen Dienst innehatte. Er hatte ihn ja selbst eingerichtet.

Die Streife, die hierher beordert wurde, war gerade eingetroffen, als auch der Veterinär angebraust kam. Die Polizei sicherte unverzüglich das Gelände ab, um den Verkehr zu kontrollieren. Ein Beamter widmete sich der Verkehrsregelung. Der andere begrüßte den Fahrer und stand danach Dino unmittelbar als Assistent zur Verfügung.

Dino stieg aus seinem Wagen, grüßte den ungeduldig wartenden Fahrer ebenfalls, fragte nach seinem persönlichen Gesundheitszustand und folgte der Hand des Fahrers, der mit seinem Arm zum verletzten Vierbeiner hinzeigte.

„Ich wusste nicht, wie ihn fangen, ohne dass er gleichzeitig noch mehr verletzt würde. Sie können bestimmt helfen!", bemerkte der Fahrer sich beinah entschuldigend.

„Sie haben absolut richtig gehandelt. Das ist für Laien kaum möglich beim Wild. Alle Fahrer sind per Gesetz verpflichtet, bei Unfällen mit Tieren die Polizei zu benachrichtigen. Es ist wichtig, dass Berufserfahrung ins Spiel gebracht wird!", antwortete Dino höflich.

Während des Gesprächs hatte er seine Utensilien aus dem Wagen geholt. Alles Nötige hatte er für solche Einsätze dabei. Dann wandte er sich den Beamten zu:

„Wir müssen den Patienten unbedingt ins weiche Gelände neben der Straße scheuchen. Wenn er bewusstlos auf den Asphalt fällt, kann er sich zusätzliche Verletzungen zuziehen. Das ist nicht so einfach, zumal das Wegscheuchen das Tier ziemlich stark stresst, aber wir haben keine andere Wahl. Alles muss einfach sehr rasch gehen!", erklärte Dino.

Sie überlegten sich eine geeignete Strategie.

Dinos Assistent eilte mit der Spezialbox, möglichst in Distanz zum Wildtier, das noch immer langsam und von Zeit zu Zeit winselnd dahinhinkte, auf der linken Seite nach vorn und näherte sich ihm dann so, dass er ihm den Weg abschnitt und es sachte von der Straße abzudrängen vermochte. Gleichzeitig bewegte sich Dino selber mit dem Betäubungsgewehr bewaffnet hinter den Bäumen, die zu einem leichten Wäldchen rechts von der Straße gehörten, außer Sichtweite für das verfolgte Wild vorwärts, um es aus der Deckung heraus zu treffen. Kurze Zeit später kippte es bewusstlos zu Boden. Jetzt musste ihm der Polizist helfen, das verletzte Tier sorgfältig in die Spezialbox zu betten, alles wie schon gehabt. Der Fahrer beobachtete alles sehr interessiert und gespannt.

„O, wen haben wir denn da? Ein alter Bekannter! Sieht man sich so wieder, alter Lausbub! Was hast du denn diesmal angestellt?", redete Dino zum kleinen Patienten, als er in ihm Nardi erkannte, und benutzte möglichst einen besänftigenden Ton.

Er hatte die Marke an Nardis Ohr erkannt. Die Daten aus dem Smartphon, das mit seiner Datenbank verbunden war, identifizierten ihn definitiv. Beruhigungsspritze und Schmerzmittel sollten ihn genügend ruhig stellen und vor allem transportfähig machen. Die Untersuchung vor Ort ergab nur leichte Schürfungen, aber den Bruch eines der Hinterläufe. Provisorisch pflegte Dino die Wunden. Ein gebrochenes Bein kann den langsamen Tod eines Raubtieres bedeuten, da es eine schwere Behinderung bei der Jagd darstellt, wenn nicht überhaupt ein unüberwindliches Hindernis. Raubtiere brauchen innerhalb nützlicher Frist genügend Jagderfolg, sonst werden sie zunehmend schwach, jagdunfähig und verhungern am Ende.

„Er kommt mit mir in die Tierklinik. Die Chancen stehen für ihn gut, da er noch ein Jungtier ist", kommentierte Dino seine Ergebnisse.

„Na Kleiner, beiß die Zähne aufeinander! Es geht los! Aber du wirst bald wieder flott auf deinen Läufen sein, keine Sorge!", redete er wieder Nardi beschwichtigend zu und kraulte ihn.

Nardi war entspannt und schlief oder es schien wenigstens so. Dann luden sie die Box mit Nardi vorsichtig und sachte in Dinos Dienstauto um. Am Ende nahm die Polizei den Unfallhergang zu Protokoll. Viel gab es nicht zu tun. Dino bedankte sich beim Fahrer und fuhr los, denn es war für Nardi keine Zeit zu verlieren. Kurze Zeit später war der Ort des Unfalls geräumt. Der Fahrer war dankbar, dass dem Tier geholfen werden konnte, aber noch glücklicher war er, dass es kein Kind war.

Ein Gekreisch verriet, dass auch noch andere Zeugen zur Stelle waren. Gierig und ungeduldig waren sie in die Nähe des Unfallopfers gehüpft und hatten frech und unanständig Maulaffen feilgehalten, wie dumme Gaffer unter Passanten, die sofort in gleicher Weise eine Traube um die Unfallstelle bilden, als gälte es, einer Spannung versprechenden TV-Krimi-Produktion beizuwohnen. Zu helfen sind sie wohl kaum imstande, ihr Beistand besteht vielmehr darin, allen ernsthaften Helfern eine sträfliche Behinderung zu sein. Jetzt, wo der Platz wieder geräumt war und es nichts zu fressen gab, verzogen sie sich wieder lärmend in der Umgebung und hofften auf eine neue Gelegenheit.

Raben und Krähen sind außerstande, selber größere Beute wie Fuchs, Dachs oder andere große Säugetiere zu jagen. Das mussten besser ausgestattete Jäger für sie besorgen. Oft machen sie Raubtiere, die in der Gegend nach Beute suchend umher schleichen mit Flugmanövern sogar auf potenzielle Ziele aufmerksam. Sie führen Räuber gewissermaßen zur Beute hin. Sind dann Tiere erlegt, stürzen sie sich schnell auf den Jagdplatz, um sich an der Vertilgung zu beteiligen. Nardi hatte überlebt und so ihre Chancen zunichte gemacht. Verkehrsadern sind reguläre Futterquellen für

Raben und Krähen oder Milane und Falken, die gelernt haben, dass dort immer wieder tote Tiere als Unfallopfer liegen bleiben. Als Gesundheitspolizei gewissermaßen leisten sie mit ihrer Vertilgung von Aas unverzichtbare und enorm wertvolle Dienste an der modernen Gesellschaft.

Max war überrascht, als er am Morgen Nardis Heimstätte verwaist vorfand.

„Der hat heute wohl eine lange Nacht oder gar eine Freundin gefunden", dachte er bei sich und betrat das Gewächshaus.

Er guckte sich seine grünen Lieblinge an und begrüßte sie. Ein Federgeistchen schwebte herbei und tanzte um seinen Kopf, schwebte und zitterte weiter, um unter dem großen Angebot an Halmen und Zweigen einen Schlafplatz zu finden. Dämmerung und Nacht sind seine Aktivzeit. Einige Artgenossen hatten sogar das Gewächshaus verlassen und Grünflächen oder private Gärten in der Stadt erobert. Bei Max waren mittlerweile nicht nur Pflanzen, sondern auch eine Vielfalt an Kleintierwelt einquartiert. Max hieß sie alle willkommen, auch wenn er nicht unbedingt großzügig Schädlinge tolerierte. Aber ökologische Vielfalt ist imstande ein Gleichgewicht herzustellen. In einem großen Terrarium krabbelte ein Tausendfüßler aus der Erde hervor, sah sich neugierig um und verschwand gleich wieder. Vielleicht hatte er große Furcht davor, als Fußballspieler angeworben zu werden. Denn das würde ihm ganz und gar nicht behagen, obwohl seinesgleichen bestimmt sehr gefragt wäre. Aber wenn er daran dachte, wie viele Turnschuhe er anzuziehen hätte und wie lange er dazu bräuchte, wurde es ihm bei diesem Gedanken schwindlig und wackelig auf seinen unzähligen Füßen.

Max begoss die Topfpflanzen, die er neu angesetzt hatte, da trällerte es aus seinem Handy. Dino meldete sich und überbrachte ihm die Nachricht von Nardis Unfall und beteuerte, dass es ihm den Umständen entsprechend gut ginge. Klar, würde er ihn in der Tierklinik besuchen und alles Nötige regeln, was zu regeln wäre, er sei ja sozusagen sein Vormund, antwortete Max.

„Nardi ist im Krankenhaus! Dino hat angerufen", eröffnete Max während der gemeinsamen Kaffeepause Nina die Neuigkeit. „Aber er wird durchkommen. Ich muss heute noch in die Klinik. Offiziell bin ich der Tierhalter, auch wenn wir ihm alle Freiheit lassen und ihn nicht als Haustier behandeln. Er bleibt ein Wildtier."

„Wetten, dass es öfter mal zu Zwischenfällen mit der Stadtfauna kommt? Wir müssen fürderhin mit solchen Vorkommnissen leben, das gehört zu einer Stadt, die nicht nur menschliche Einwohner kennt. Ist das nicht lustig, wir sind eine übermenschliche Familie? Dem entsprechend müsste die Gerichtsbarkeit ausgebaut werden und auch Tieranwälte zulassen oder?"

„Ja unbedingt!"

„Übrigens, Max, wenn wir es schon von Tierunfällen haben, ein Kunde berichtete von einem Rabenzwischenfall, der leider für den Vogel tödlich verlief."

„Ah ja, es gibt tatsächlich Kolkraben hier?"

„Ja, im großen städtischen Park gibt es einen oder vielleicht sogar mehrere Horste in den hohen Bäumen. Item, der Kolkrabe hatte offenbar Nüsse ergattert und ließ sie auf die belebte Straße fallen. Pech hatte er, als er zur falschen Zeit die Bruchstücke holen wollte und ein Auto ihn überfuhr!"

„War es das einzige Tier?"

„Es sah nicht darnach aus. Noch mehr Raben waren offensichtlich da."

„Weißt du, Raben und auch Krähen sind sehr intelligente, d.h. lernfreudige Wesen. Die Überlebenden haben bestimmt den Vorgang genau beobachtet, sodass die Chance besteht, dass sie lernen, wann das Straßenpflaster unbeschadet angeflogen werden kann. Sie lernen durch bloßes Beobachten. Einer Frau, die einen Raben als Haustier hielt, hatte der schlaue Vogel mit dem Schnabel den Motor gestartet, während er allein im Auto blieb und sie im Geschäft Einkäufe tätigte. Er hatte beobachtet, wie man für den Anlasser nur den Zündungsschlüssel zu drehen braucht. Das praktizierte er dann mit seinem Schnabel. Über Geschicklichkeit und Kraft verfügt er ja ausreichend."

„Und gab's einen Unfall?"

„Glücklicherweise nicht, die Gangschaltung war inaktiv und die Handbremse korrekt gezogen. Aber es war eine Warnung an die Frau, den Zündungsschlüssel stets abzuziehen, nicht nur von wegen Autodiebstahl!"

Am Vormittag meldete sich Saint Saën nochmals aus Dinos Handy. Der Veterinär stieg in den Wagen und fuhr gleich mit einem Wildbiologen zusammen zu einer Grünanlage am Stadtrand. Die weiße Mütze behielt er auf, keine Zeit gehabt das Outfit zu wechseln.

„Und Sie wissen, woher die kommt?", fragten sie einen jungen Mann, der sie erwartet hatte.

„Ich weiß nicht genau, wie die hierher gekommen ist. Aber ich kenne das natürliche Verbreitungsgebiet. Es ist das hier angrenzende Hügelgebiet. Es weist im Prinzip die richtigen Bedingungen auf. Ich kann mir aber eine mögliche Ausbreitung bis hierher gut vorstellen. Die beiden Gebiete sind eng benachbart. Die landwirtschaftlichen Maßnahmen im Hügelland mögen einige Plätze für die Tiere ungünstig gemacht haben und so etliche zum Abwandern zwingen. Wir müssen also mit vermehrtem Auftreten in unserer Stadt rechnen", erklärte der Schlangenfreund.

In einer transportablen Box zeigte er den beiden Fachleuten seinen Fund. Es war die braun gemusterte Giftschlange Vipera aspis.

„Ich beabsichtigte eigentlich nur, sie in ihrem natürlichen Territorium zu beobachten und zu fotografieren. Mein Weg führt stets an diesem Park vorbei. Mein auf Schlangen dressiertes Auge nahm im Grase etwas Braunes wahr, das sich bewegte. Ich erkannte sofort, was es war. Zum Fangen stets ausgerüstet habe ich sie gefangen und Sie danach angerufen. Fangen will ich oft nur, um sie besser zu bestimmen und zu fotografieren, dann lasse ich sie wieder frei."

„Aha, der mit dem Gespür für die Schlangen und mit ihnen spricht", lachte Dino und der Wildbiologe bestätigte die Aussagen des Hobby-Herpetologen.

„Ich möchte, dass man sie in ihr angestammtes Verbreitungsgebiet aussetzt!", fuhr der junge Mann fort.

„Sie haben absolut richtig gehandelt, dass sie ihren Fund meldeten. Wir müssen ein Auge auf die Verbreitung von Tieren in unserer Stadt haben, die eine Gefahrenquelle darstellen können!", bestätigte Dino und der Wildbiologe nickte zustimmend.

Dino war ja der Leiter des Überwachungsprogramms betreffend Stadtfauna.

„Wir sind froh um eure wachsamen Augen", meldete sich der Wildbiologe zu Wort, „Giftschlangen sind eine nicht unerhebliche Gefahrenquelle, wenn sie unerwartet in Erholungsgebieten wie in Grünanlagen und Parks, wo sich Menschen in der Freizeit aufhalten, auftauchen. Die Viperaspis ist zwar scheu und macht sich sofort davon, wenn sich Menschen ihr nähern. Aber wenn sie unerwartet mit ihnen in Berührung kommt, zum Beispiel in Gemüsegärten oder im Gras, wenn Menschen darin arbeiten oder spielen, dann kann sie aus Angst zubeißen. Das Gift ist nicht gerade tödlich außer bei Allergikern natürlich, doch Infektionsgefahr mitunter Blutvergiftung sehr wohl möglich."

Sie einigten sich, zusammen das Tier wieder in der Wildnis auszusetzen. Darüber hinaus sagte der Wildbiologe der Anfrage des Schlangenfreundes zu, bei einem ihrer Vereinstreffen einen Vortrag über die Reptilien zu halten. Es war der Wunsch der Mitglieder ihr Wissen dauernd zu vertiefen.

Es gab viele Naturvereine in der Orangenstadt. Ornithologen, Entomologen, Herpetologen, Botaniker, Ichthyologen engagierten sich in ihnen. Mit Begeisterung widmeten sich Jung und Alt ihrem Hobby. Nicht unwesentliche Beiträge lieferten sie zur Inventarisierung der Stadtfauna und zum Erhalt natürlicher Biotope und ebenso auch dazu, wie Mensch und Tier in einer Stadt nebeneinander existieren können. Die Stadt unterstützte sie in ihren Bemühungen.

Trotz allem war nicht alles Gold was glänzt, wenn man die Motivationen der Hobbyisten betrachtet. Der junge Mann engagierte sich nach Kräften gegen eine sinnlose Ausplünderung der natürlichen Ressourcen, die oft aus falscher Leidenschaft und Liebhaberei geschieht. Mitunter konnte er sich in leidenschaftlichen Diskussionen ereifern, wenn er auf Unverständnis in seinen eigenen Reihen stieß.

Exotitis nannte er das, wenn viele seiner Meinung nach gedankenlos und sinnlos giftigste und gefährlichste Schlangen aus den Tropen heimbrachten, sie in enge Boxen sperrten, nur um den Kollegen und Freunden damit zu prahlen. Da stünden reine Renommiersucht und Angeberei dahinter und das sei keine Rechtfertigung für den Raubzug, womöglich noch dort, wo eine Spezies schon selten geworden sei.

„Sind denn nicht schon genug Tiere aus der Natur gestohlen worden, die jetzt fehlen, wie etwa Korallenfische oder Papageien, zumal 80% nach verhältnismäßig kurzer Zeit in der Gefangenschaft sterben, die meisten sogar schon auf dem Transport nach Europa? In freier Wildbahn wären sie alle älter geworden. Beispiele dafür liefern gefangene Wale und Delfine. Das ist Tierfeindschaft, nicht Tierfreundschaft!", rief er dann zornig.

Das Hobby müsste auf echter Naturverbundenheit beruhen, und die schließe so etwas aus. Gefangenschaft sei nur gerechtfertigt, wenn eine Auswilderung geplant sei, um Verluste wieder wett zu machen, oder zwecks spezifischer Forschungen, wenn es nicht anders ginge. Das sei aber in den wenigsten Fällen der Fall. Tierhaltung in privaten Räumen wie auch jene in zoologischen Gärten müssen einer neuen strengen Überprüfung unterworfen werden. Vieles sei Schrott von gestern und nicht mehr zeitgemäß, schon gar keine artgerechte Tierhaltung, wie es uns so und so oft ins Ohr geflüstert würde, erklärte er dann.

Dino und seine Mitarbeiter waren mehr als einverstanden mit ihm.

CORBES UND VULPES

Die Arbeiten in der Klinik wurden sehr professionell und effizient geleistet. Alternativmedizin wie etwa Homöopathie wurde bei allen Spezies, die eingeliefert wurden, angewandt. Private und Zoos ließen ihre Lieblinge so behandeln.

„Sowohl bei Reptilien, Vögeln, Säugetieren, und Fischen funktionieren die Alternativen, etwa die Homöopathie, bestens. Viele private Veterinärpraxen arbeiten wie wir", wusste Dino bei einem öffentlichen Vortrag zu berichten. „Noch zu wenig Erfolg mit weißen Kügelchen zu verzeichnen haben wir, wenn ein Mensch Grillen im Kopf oder einen Vogel hat. Nur, die kommen nie zu uns in Behandlung! Aber das kommt bestimmt noch!", grinste Dino.

Max verband seine Visite von Nardi in der Klinik mit einem Besuch des städtischen Parks. Er wollte die Rabenhorste ausfindig machen und diese fotografieren. Sein Naturinteresse war geweckt. Er betrat den Park, nahm Fotoapparat und Fernglas hervor und hängte alles um seinen Hals. Jetzt war Max schwer bewaffnet wie ein Profi und für eine Recherche gut gerüstet. Langsam und aufmerksam bewegte er sich auf dem gepflasterten Gehweg, seinen Kopf unablässig zu den Baumwipfeln hinauf gerichtet wie Hans-Guck-in-die-Luft. Er musste wie er aufpassen, dass er keinen Fehltritt machte, wenn da und dort kräftige und dicke Baumwurzeln den Asphalt von unten anhoben oder gar aufsprengten und so eine gefährliche Schwelle bauten, eine Stolpermine sozusagen.

Max stand von Zeit zu Zeit still, wenn er Verdacht schöpfte, und suchte mit dem Fernglas angestrengt die oberen Stockwerke und Kronen der Bäume ab. Krähen waren da. Immer wieder flogen welche umher, landeten auf der Parkwiese und pickten im Gras nach Fressbarem. Wo eine herumhüpfte, gesellte sich bald eine zweite zu ihr, dann eine dritte und nicht lange und eine ganze Horde war da. Die Krähen fliegen abends nach Hause. Sie sind gesellige Tiere, vor allem die Saatkrähen, die in der ganzen Stadt verbreitet waren. In der Dämmerung belegen sie lärmend die Bäume, wo sie ihre Nester oft sehr dicht beisammen haben.

„Aha, dort muss was los sein!", sprach er halblaut zu sich selbst.

Max schien fündig geworden zu sein. Ein großer Kerl, fast doppelt so groß wie eine Krähe, segelte zu einem Baumwipfel, wo ein Haufen Zweige einen Horst anzeigte. Er landete dort. Durch das Fernglas konnte Max einzelne Merkmale ausmachen, die seine Vermutung bestätigten. Der dicke schwarze Schnabel und die struppigen Halsfedern. Beim Anflug war der keilförmige Schwanz deutlich zu erkennen. Max war begeistert. Er suchte in der Nähe eine Bank auf. Der Nacken schmerzte von der Hans-Guck-in-die-Luft-Haltung seines Kopfes. Er wollte aber den Horst dabei nicht aus den Augen verlieren.

Er nahm Platz und holte sein schmackhaftes Picknick hervor und legte es neben sich auf ein Stück sauberes Papier, das sozusagen als portables Tischtuch diente. Nina hatte darauf bestanden, ihm ein dickes mit Salat und viel Käse belegtes Brot mitzugeben.

„Ich will nicht, dass du in deine frühere körperliche Verfassung von damals zurückfällst, als wir uns kennen gelernt hatten!", sagte sie und lachte.

Jetzt war er doch nicht abgeneigt, eine Stärkung zu sich zu nehmen. Unvermeidlich, dass einige Brosamen beim Auspacken auf den Boden fielen, die bereits neugierige Krähen und Tauben anlockten. Die schwarzen Vögel hielten sich etwas mehr im Hintergrund, obwohl sie an Menschen gewöhnt waren. Manchmal werden sie gerne von Kindern gefüttert, denen die Erwachsenen Brotkrumen oder Popcorn in die Hand drücken. Auch Raben ließen sich oft auf dieses Spiel ein, kamen in die Nähe und ergatterten einen Happen, behielten aber eindeutig mehr Distanz bei als die andern.

Mit einem tiefen *Krook! Krook!* flog der Kolkrabe wieder auf und segelte über dem Parkgelände. Hoch oben drehte er mit ausgebreiteten Flügeln seine Runden. Max war von der Majestät dieses Flugkünstlers sehr angetan.

„Wahrscheinlich imponiert er gegen mögliche Artgenossen, markiert so sein Territorium gegen Konkurrenz", dachte er.

Er hatte noch gar nicht in seine Verpflegung gebissen, da stand er auf, packte sein Fernglas und entfernte sich ein Stück weit von seinem Sitzplatz. Er folgte dem Flug des Raben, der hoch über den Wipfeln kreiste, um ihn nicht aus dem Blickfeld zu verlieren, setzte immer wieder sein Fernglas vor die Augen und nahm ihn ins Visier. Max suchte auch die Bäume nach weiteren Horsten ab, fand aber keine. Der Flugakrobat lenkte auf einen größeren Radius ein, sodass er kurze Zeit außer Sichtweite geriet, um aber bald wieder zu erscheinen. Dann tauchte plötzlich ein zweiter Rabe auf und setzte ebenfalls zu Rundflügen am Himmel an. Der erste ließ sich dabei nicht beeinflussen. Vielleicht war es seine Partnerin. Ja es war sie, denn plötzlich vereinigten sich die beiden Flüge zu einem gemeinsamen und endeten im Horst.

Ein kreischender Lärm riss Max aus seiner Beobachtung des Himmels. Er wandte sich der Quelle zu. Einige Krähen drängten sich am Boden. Ein dritter Kolkrabe war unter ihnen. Woher der plötzlich kam, konnte Max nicht herausfinden. Vorsichtig näherte er sich dem Haufen. Abfälle lagen am Boden, um welche die Vögel sich balgten. Dann flogen noch mehr Krähen hinzu, magnetisch angezogen, da sie offenbar Futter witterten. Und dann stürzte sich auch das Kolkrabenpärchen in den Kreis. Der Lärm schwoll an. Einige Rangniedrigere, die zurück gedrängt wurden, flogen wieder auf, segelten in einiger Distanz umher, um möglicherweise später erneut ihr Glück zu wagen. Die Kolkraben hatten Vortritt, konnte Max feststellen. Mit seiner Sicht durch das Fernglas war er beinahe unter ihnen. Er bedauerte sehr, die Filmkamera nicht dabei zu haben. Fotos dagegen schoss er viele, wenn er nicht gerade durchs Fernglas sah. Er freute sich darauf, später wieder mit Dino und den Wildbiologen zusammenzusitzen, ihre Erfahrungen auszutauschen und zu fachsimpeln. Regelmäßig trafen sie sich. Auch Nina war mit dabei.

Eine Weile guckte er dem Treiben zu, ließ dann Fernglas und Kamera wieder um seinen Hals baumeln und schickte sich an, zu seinem Picknick zurückzukehren. Da schossen zwei Krähen hintereinander nah an ihm vorbei, als hätten sie einen Angriff auf ihn gestartet. Instinktiv zog Max den Kopf etwas ein. Die eine verfolgte offensichtlich die andere, denn die Vordere hielt ein großes Stück Käse im Schnabel. Nichts Außergewöhnliches, dass die Vögel einander das Futter abzujagen versuchten. Aber Max war sofort entrüstet. Er schrie auf und brüllte ihnen hinterher, als er im Schnabel des gewitzten Vogels sein eigenes Stück Käse erkannte. Zu dumm, Hans-Guck-in-die-Luft war ins Wasser gefallen und ertrunken. Er zu wenig aufmerksam, war dem Überlebenskampf dieser raffinierten Vögel zum Opfer gefallen. Gut, verhungern muss er ja nicht gerade! Dennoch, es ärgerte ihn. Zu lange hatte er seinen Imbiss unbeaufsichtigt gelassen und sich davon entfernt. Was sollte er tun? Gute Miene zum bösen Spiel zu machen, würde ihm Nina raten. Einig waren sie sich darin, dass sie sich mit einer intelligenten Stadtfauna zu arrangieren haben. Ihre Gegenwart kann niemand ungeschehen machen.

Die beiden Streitkrähen waren gelandet und rauften am Boden um die Beute, die ja fast größer als sie selber war. Schließlich flogen beide weg und hinauf in die Äste der umliegenden Bäume, wo jede von ihnen ein Stück des gestohlenen Leckerbissens im Schnabel hielt. Sie haben schließlich christlich geteilt. Max hatte die Diebinnen wenigstens für sein Poesiealbum fotografisch dingfest gemacht. Vielleicht könnte er sie ja mit einer gerissenen List noch übertölpeln und seinen Imbiss zurückgewinnen. Er könnte sich unter sie hinstellen und hinauf rufen:
„He da oben, meine Lieben! Ich habe gehört, dass ihr in der TV-Sendung *Schlag den Raab!* mit eurem Rabengesang den ersten Preis gewonnen habt. Ich bin ein Musik-Produzent. Also ich bitte euch, stellt euch mir zu einem Casting!"

Er brächte zum Schein die Kamera in Stellung, wäre aber gleichzeitig auf der Hut. Würden sie tatsächlich auf den Trick hereinfallen und, in ihrer Eitelkeit gekitzelt, den Schnabel weit aufreißen, um ihren tollen Gesang, der wie ein ungeöltes, knarrendes und schnarrendes Scheunentor klänge, zum Besten zu geben und vor allem dabei den Käse auf den Boden fallen zu lassen? Max war sich nicht so sicher, dass dies gelänge. Unweigerlich hatte er sich dabei an die Fabel *Le Corbeau et le Renard* (Die Krähe und der Fuchs) von La Fontaine erinnert. Er war zur Bank zurückgekehrt, wo er noch einige kärgliche Reste seines Picknicks vorfand. Er setzte sich hin, nahm einen Schluck von seinem Getränk, blickte in das beruhigende Grün des Parks und nahm sich Zeit, sich eine Weile seinen Gedanken hinzugeben.

Max musste lachen, wenn er daran dachte. Würde Nardi wirklich so reagieren? Er konnte sich das nicht so richtig vorstellen. Er hatte ohnehin Mühe, nachzuvollziehen, wie man in die Tiere alle Dummheit, Bosheit, Verschlagenheit und welche Schlechtigkeiten auch immer von uns Menschen in sie hinein projizieren kann. Alles, nur nicht verstehen wollen, was ihr wahres Wesen wirklich ist. Sehen wir in ihnen Konkurrenten, werden sie von uns kriminalisiert, blutrünstig verfolgt und bis aufs Blut bekämpft, wenn möglich ausgerottet. Nur als Marktware sind sie gesellschaftstauglich. Zwar verstand er, dass La Fontaine mit seinen Fabeln in den 60er-Jahren des 17. Jahrhunderts zu Recht den Menschen einen Spiegel vor die Nase halten wollte. Aber er war nichtsdestotrotz der Meinung, dass der Dichter des Guten zu viel getan und mit den Geschichten nichts zu einem besseren Tierverständnis beigetragen, im Gegenteil weiterhin nur Vorurteile und Irrlehren über die Tierwelt am Leben erhalten hatte. Einverstanden war er mit ihm allerdings damit, dass ein solcher Spiegel auch heute noch kein Luxusartikel ist.

Max dachte sich eine Gegenfabel aus, eine Art Revanche zu denen von La Fontaine sozusagen. Die wollte er später Nina erzählen. Er war sich gewiss, dass sie ihm beipflichten würde. Er holte sich seine Schreibutensilien aus der Tasche, die er stets bei sich trug, und schrieb, was ihm einfiel:

Corbes, der Rabe, hatte seinen Ruheplatz verlassen, schwang sich in die Luft und segelte kreisend über dem Park, dann setzte er zum Tiefflug an, so konnte er das Revier genauer in Augenschein nehmen und nach Futter Ausschau halten. Seit hier viele Menschen verweilen, hinterlassen sie entsprechend eine Menge Dinge, die für ihn von Nutzen sein können. Er überflog einen der Mülleimer, der sich anständig voll gefressen hatte, und landete auf der Kante. Mit seinem Schnabel stocherte er oberflächlich in den Dingen herum und hüpfte schließlich in medias Res. Er pickte mit zunehmendem Eifer um sich, wühlte in Papier, Karton und anderem Krimskrams herum, um etwas zu erhaschen, das nach seinem Gusto wäre. Dabei vollführte er heftige Bewegungen, wie er da so herumhüpfte und seinen kräftigen Schnabel in die Innereien hineinwuchtete.

Seine Bewegungen, die ob seiner Größe und Kraft beachtlich waren, übertrugen sich auf den Behälter, sodass dieser zu schwingen begann. Mittlerweile abgenutzt und schlecht verankert, sprang der Kübel aus seinen Schlotterscharnieren, kippte plötzlich vornüber und klapperte auf den Boden. Corbes erschrak ob der unerwarteten Wende der Situation, flatterte auf, erkannte dann aber gleich, dass nichts Bedrohliches geschehen war, außer dass der Behälter eine Auslegeordnung auf dem Parkboden zu seinen Gunsten veranstaltet hatte. Er war kein General, der auf übertriebene militärische Formen Wert legte und verlangte, dass sich die Dinge auf dem Boden in einer exakten geometrischen Ordnung darböten. Nein, ihm reichte es, wenn sie ihm so rasch die Übersicht über das Angebot erlaubten und er gezielt auf schmackhafte Leckereien lossteuern konnte. Was da alles weggeworfen wird!

Er konnte nicht lange überlegen, er musste sich beeilen, der Park hatte viele Augen. Man war selten allein. Und schon fanden sich schwarze Gesellen aus seiner Verwandtschaft mit der gleichen Absicht ein. Er hatte die Vorarbeit geleistet, ihm gehörte demzufolge alles Vorrecht. Das musste stets unmissverständlich deklariert werden. Der Rabe hatte eben ein großes Stück Käse geortet. Eingepackt in transparentes Papier war es, aber dennoch für ihn eindeutig ein Leckerbissen. Er war dabei, den mit seinem Schnabel eilends zu ergreifen.

Wenn zwei das Gleiche wollen. Corbes war stärker und schneller und vermochte sich den Happen zu sichern. Genug gab es ja für alle. Der Vollständigkeit halber sei erwähnt, dass die Absichten der Anwesenden nicht immer die gleichen waren. Das mag daran gelegen haben, dass die Verlockung eben vielfältig geworden war. Es gab ja nicht nur Fressbares pur, sondern auch allerlei sonstigen Müll, zuweilen nicht gerade stoffwechselkompatibles Material. Vielleicht haben wir tatsächlich mit den Tieren etwas gemeinsam. Wir essen mit den Augen. Vögel sind ausgesprochene Augentiere wie wir. Die Augen essen mit. Wenn aber menschliche Aktivitäten und Eingriffe Geschmack, äußere Erscheinung und Nährwert der Objekte auseinander dividieren, sind Fehlleistungen nicht auszuschließen.

Die Ära der Atomspaltung hatte weit herum auch andere Bereiche erobert und in zunehmender Weise künstlich gespalten, was auf natürliche Weise einst zusammengehörte. Der Geist, der dahinter stand, begann Grundlage allen menschlichen Handelns und Wirtschaftens zu werden. Ökonomisch macht es Sinn, alle Aspekte eines Produktes getrennt zu vermarkten, aber macht es auch Sinn für das Leben als Ganzes? Was gut roch, schmeckte oder aussah, war bislang auch gut für den Körper, konnte so rasch und sicher als solches erkannt werden und versprach Energie zum Überleben. Aber jetzt?

Die Elster, die herbei geflogen kam, stürzte sich auf die zerquetschte Aludose, die prächtig in der Sonne glänzte und ihrem Instinkt einen leckeren Genuss vorgaukelte. Sie trug sie weg in ihr Nest oben in den Bäumen. Nistmaterial, vielleicht, wohl weniger um den Hunger zu stillen. Sie liebte Glamour, doch wenn dieser an allen Orten überhand nimmt, verschiebt sich das Gleichgewicht. Und erst das Splitterwerk von Papier, Karton oder noch schlimmer Plastik, die in den Mägen der Futter suchenden Tiere landen, sind geradezu ideal, bei vollem Magen optimal zu verhungern, zu Lande und zu Wasser.

Der Rabe hatte Glück. Er flog ins Geäst eines nahen Baumes und befreite den Inhalt von seiner weichen Umhüllung. Seine Erfahrungen erlaubten ihm Täuschungen zu vermeiden. Da saß er nun hoch oben auf seinem Ast und beabsichtigte, einen Teil der Beute gleich zu vertilgen, den Rest später in einer Vorratskammer, die er zuhauf in der Umgebung vor Konkurrenten verborgen hielt, aufzuheben. Nicht nur für Vögel, sondern auch für Säugertiere war der Park ein Eldorado, human made wie auch ein natürliches. Eine beachtliche Lebensgemeinschaft war hier gewachsen.

So versuchte auch Vulpes, ein vitaler Fuchs, da sein Glück. Wie alle war er nicht abgeneigt dort zuzugreifen, wo ihm die Tauben ohne besondere Anstrengung ins Maul fliegen, wenn sich Gelegenheit dazu bot. Aus einer sicheren Deckung heraus hatte er den Raben beobachtet. Ihn reizte es, ihm die Beute streitig zu machen. Also schlich er ihm nach, um herauszufinden, wohin der Rabe flog. Seine Intelligenz war einer List genug gewachsen. Er erreichte den Baum und stellte sich darunter, demonstrativ sichtbar für Corbes über ihm. Der Rabe, der das heranschleichende Säugetier sehr wohl erspäht hatte, fühlte sich vor der Zudringlichkeit des Fuchses sicher, weil er hoch genug über ihm saß, sollte dieser sich einer frechen Attacke erdreisten. Er hielt inne, noch immer ein Stück Käse im Schnabel, und blickte auf den Vierbeiner herunter und der Vierbeiner blickte unverwandt und herausfordernd zu ihm hinauf. Und so standen sie sich eine Weile schweigend Auge in Auge übereinander.

„Hallo, Corbes!", brach Vulpes das Schweigen.

Ja, er kannte seinen Namen, denn die geschwätzigen Spatzen kennen alle Bewohner des Waldes und schreien sie von den Wipfeln der Bäume, wenn sie lautstark vor dem Schlafen tratschen und über alles und jeden motzen. Was sollten sie denn sonst als Abendunterhaltung tun, ohne Glotzkiste bei ihren Schlafplätzen?

Corbes guckte bewegungslos runter und sagte nichts. Er wollte erst abwarten und herausfinden, was der andere von ihm wirklich wollte. Schließlich könnte es ja ein dahergelaufener, dubioser Firmenvertreter sein, der ihn mit unlauterer Werbung für ein überschüssiges Produkt über den Tisch ziehen wollte.

„Du hast bei der Show *Die größten Schweizer Talente* mit deiner Gesangsperformance den ersten Preis gewonnen. Ich gratuliere dir herzlichst!"

Der Rabe fühlte sich natürlich geschmeichelt. Und infolge müsste sich bei einer Reaktion sein Schnabel öffnen und dann wäre es um den köstlichen Happen geschehen. Corbes richtete sich in Pose, sträubte die Halsfedern, wie er dies immer zum Imponieren tat, und blickte selbstbewusst auf Vulpes hinunter. Doch dann drehte er sich zur Seite, legte den Brocken auf den beabsichtigten Vorrat und wandte sich endlich dem Fuchs zu.

„Herzlichen Dank, mein lieber Vulpes, für die Blumen!"

Ja auch er kannte selbstverständlich den Namen seines Gesprächspartners. Auch er hatte Augen zum Sehen und Ohren zum Hören. Auch für ihn sind die Spatzen keine unbekannten Nummern, die stets für Waldklatsch sorgten wie die Waschfrauen am Brunnen vor dem Tore oder der Blick unter den Zeitungsenten.

„Hast du mich wirklich am Fernsehen gesehen?", fragte er den Fuchs mit vorgetäuschter erstaunter Stimme.

Der versuchte seine einstweilige Enttäuschung zu vertuschen und antwortete so unschuldig wie möglich:

„Klar doch! War ganz begeistert von deinem Auftritt. Ich habe dich sofort wieder erkannt", log der Fuchs.

„Du bist sehr scharf im Beobachten, wie es scheint. Aber sage mir, wie kommt es, dass du abends TV schaust, wo du doch auf Futtersuche gehen solltest? Um diese Zeit schlafe ich, um fit für den Tag zu sein. Hätte ich einen nächtlichen Auftritt, wäre das eine äußerst seltene Ausnahme, eine sehr seltene."

„Mein Rhythmus ist ein bisschen anders, seit ich in der Stadt lebe. Habe manchmal Schlafstörungen. Was soll ich mich da in meinem Bunker nervös von einer Seite auf die andere wälzen und auf den Sandmann warten? So bin ich denn halt ab und zu auch tagsüber unterwegs", entschuldigte sich Vulpes schlagfertig.

„Bist du hungrig, möchtest du ein bisschen Käse? Ich habe eine vortreffliche Sorte erwischt. Ich lade dich ein!"

Er packte das Stück Käse demonstrativ und provozierend wieder in den Schnabel. Vulpes ging sofort in Bereitschaft, um sich schnell und sicher auf den Käse zu stürzen, sollte der Rabe tatsächlich ihm den Bissen im freien Fall zukommen lassen. Corbes legte ihn aber nochmals nieder, als hätte er es sich anders überlegt oder müsste noch etwas bemerken. Nahm den Leckerbissen dann aber erneut auf, ließ sich soweit auf die Äste hinaus, wie sie sein Gewicht gerade noch tragen konnten, sodass der Fuchs in möglichst gerader Linie unter ihm war. Der wurde langsam nervös und befürchtete schon, sein Gegner triebe ein böses Spiel mit ihm, vermied es aber seine

Gefühle zu verraten. Dann öffnete Corbes den Schnabel und der Käse fiel. Sofort sperrte Vulpes sein Maul auf, peilte mit pendelnden Kopfbewegungen das Ziel an. Der Käse drehte sich leicht und fiel die Ziellinie entlang Richtung Schnauze des Fuchses. Der Rabe hatte in der Tat Wort gehalten und Vulpes nicht getäuscht.

Schon hatte der Brocken die Hälfte der Wegstrecke zurückgelegt, als unerwartet ein schwarzer Schatten heran schoss und den Käse wegschnappte. Corbes flog auf dem Rücken, den Bissen fest in seinem Schnabel, drehte geschickt im Quadrat ein, zwei Eskimorollen, kam wieder in die Normallage, schoss wie ein Pfeil aus dem Bogen von Robin Hood oder Odysseus steil in die Höhe, hörte auf mit den Flügeln zu schlagen und ließ sich wie ein Kunstflieger mit ausgeschaltetem Motor vornüber kippen, sackte mit angewinkelten Schwingen senkrecht in die Tiefe und fing den Sturzflug erst wieder auf, als er beinahe mit dem vor Verblüffung noch immer offenen Maul des Fuchses kollidierte. Vor Überraschung erstarrt, vergaß dieser auszuweichen, um nicht getroffen zu werden. Corbes landete sicher und weich neben Vulpes und verschlang selenruhig den Käse.

„Übrigens, was ich dir noch sagen wollte, ich war noch nie an einer TV-Sendung aufgetreten, weder bei *Die größten Schweizer Talente* noch bei *Deutschland sucht den Superstar* und es auch kaum tun werde", sagte Corbes mit gelassener Stimme, nachdem er den Leckerbissen geschluckt hatte, und blickte Vulpes schelmisch von der Seite an.

„Da schweigt der Laie", meinte der Angesprochene lakonisch, aber anerkennend zugleich.

Plötzlich aber verzog der Fuchs sein Gesicht zu einem schlauen Grinsen, sodass es verschlagener und listiger aussah, als er ohnehin schon war und wandte sich an den Raben neben ihm.

„Klar weiß ich das! Nimm's nicht als Beschimpfung oder Beleidigung, aber du weißt es selber so gut wie ich, dass du nur miserabel singen kannst, kaum eine Chance bei solchen Wettbewerben mitmachen zu dürfen, bist nur für die Biologen ein Singvogel. Du selbst hast dich ja auch nie als solchen ausgegeben. Du bist eine ehrliche Kreatur. Ich glotze ebenso wenig wie du in die Verblödungskiste der Zweibeiner, genug Action gibt's hier ja in der freien Natur. Ich sehe beileibe genug fern, wenn ich aus meiner Deckung heraus die Menschen und ihre Welt beobachte. Aber weißt du, lieber Corbes, ich kannte das außerordentliche Niveau deiner Flugkunst, die seinesgleichen sucht. Und diese wollte ich einfach mal aus nächster Nähe erleben. Die Männer mit ihren fliegenden Kisten haben eine Menge von euch Vögeln gelernt und können noch einiges mehr. Mit eigenen Augen zu sehen ist doch gewiss weit mehr wert als all die Reproduktionen aus zweiter Hand. Habe tausend Dank, dass ich das durfte und verzeih mir, wenn ich dich provoziert habe! Das Stück Käse in deinem Schnabel war mir egal, nicht aber der Käse, den die Menschen über dich und mich und über uns alle erzählen", erklärte Vulpes in versöhnlichem Ton und verbeugte sich respektvoll vor Corbes.

Der Geehrte verbeugte sich ebenfalls und meinte bescheiden, ihm hätte es einfach Spaß gemacht, auf so kurze Distanz einen Kunstflug zu probieren. Üben und Üben gehörten nun mal zu seiner Überlebensstrategie. Das sei eine immerwährende Herausforderung für ihn als noch jungen Vogel und er sei keineswegs sicher gewesen, ob es ihm auch tatsächlich gelänge. Er dankte auch Vulpes für seine Assistenz bei dieser Übung und versicherte, er hätte selten Gelegenheit zu einer solchen.

„Für wie dumm halten wir eigentlich unsere Tierwelt?", fragte sich Max halblaut, als er fertig geschrieben hatte. „Macht es nicht manchmal den Anschein, dass die Sachlage eher umgekehrt sei? Mir mag es zuweilen so vorkommen, wenn ich unser eigenes Verhalten, das Verhalten des Homo sapiens, oft ganz und gar nicht sapiens, beobachte."

Er erhob sich. Die Reste seines Picknicks streute er neben der Bank auf den Boden aus, in der Gewissheit, dass sie Abnehmer fänden. Und da wurde er auch nicht enttäuscht. Hinter der Sitzbank streckte eine große Schnecke im Gras ihre Fühler mit ihren sensiblen kugelförmigen Enden, die alles im Zeitlupentempo, aber desto exakter und genauer mitbekamen, gegen ihn aus. Sie war aus dem Häuschen, denn sie dachte, welche Überraschung das zu hören und wie Recht dieser Riese auf den zwei Beinen doch hat! Max musste unweigerlich schmunzeln, als er sie gewahrte, und es war ihm, als schmunzelte die Langsamkeit in Tiergestalt ebenfalls.

Er packte seine Sachen zusammen und verließ den Park. Die Rabengesellschaft hatte sich teilweise wieder aufgelöst, nachdem der Müll auf dem Boden nichts Fressbares mehr hergegeben hatte. Hoch oben kreiste wieder einer der Raben mit einem lauten *Krok! Krok!* und flatterte manchmal mit seinen weit ausladenden Schwingen.

Nina musste Tränen lachen, als Max von seinem Rendezvous im Park erzählte.

„Vielleicht gibt's noch mehr Probleme mit intelligenten Vögeln oder Tieren allgemein. Die Zeitung berichtete von einem Transformatorenbrand, ausgelöst durch einen Raben, der dort nisten wollte. Er benutzte Drähte, metallene Kleiderbügel neben anderem geeigneten Nistmaterial aus Quellen der Zivilisation. Unglücklicherweise verursachte er einen Kurzschluss und Schluss war es auch mit ihm, dem Armen!", bedauerte sie.

„Eben! Zu viele solche Plätze, so auch Hochspannungsmasten, sie scheinen attraktiv für sie zu sein. Sie können sie sogar gegen Menschen, die in der Nähe sind, mit regelrechten Attacken verteidigen, wenn sie glauben Gelege schützen zu müssen. Hitchcocks *Die Vögel* lassen grüßen! Bündel von spitzen Nägeln oder Nadeln sind eine bewährte Abwehr, wo Nisten oder auch nur Ruheplätze unerwünscht sind", kommentierte Max.

„Aber wenn Fakire unter ihnen sein sollten, dann ist es allerdings Essig damit!", lachte sie.

„Ja das wäre allerdings Pech. Übrigens, du kennst ja Peter, er arbeitet bei mir im Gewächshaus. Er erzählte mir in der Kaffeepause von seinem Bekannten namens Otto und musste dabei nicht ohne Schadenfreude grinsen. Die Geschichte passt gut zu meinem eigenen Erlebnis. Also Otto sei jüngst ein Pechvogel gewesen, wenn auch nicht unschuldig, erzählte mir Peter und bezeichnete ihn mit einem spitzbübischen Schmunzeln als Ausländerhasser. Er hätte lautstark bei ihm darüber geschimpft, dass er von einem fremden Fötzel bestohlen worden sei", begann Max zu berichten.

„O, das ist natürlich penibel, aber gleich eine ganze Gruppe von Menschen zu verurteilen und zu hassen, als ob alle so wären!", lamentierte Nina Stirn runzelnd.

Max lachte und fuhr fort:

„Was denn ihm gestohlen worden sei, hatte Peter ihn argwöhnisch gefragt. Ein saftiges leckeres Steak war die Antwort. Dann stellte sich heraus, dass Otto sein Mittagessen, nämlich Brot und Fleisch, vors Fenster im Umkleideraum der Firma gelegt hatte. Im Hinterhof gab es Bäume mit etwas Grünfläche. Es muss zu Beginn seiner Mittagspause gewesen sein, als ein prächtiger Raubvogel über diesem Flecken schwebte und sich plötzlich auf das Fleisch stürzte und es mit seinem Schnabel packte. Das Brot ließ er liegen. Otto konnte das just mit ansehen, als er zum Fenster trat, um sein Picknick zu holen. Daher hätte er zornig losgepoltert, diese Vögel seien bloß zugeflogenes, fremdes Lumpenpack. Die seien ja nicht mal heimisch, gehörten nicht hierher. Man sollte sie alle abschießen. Es sei schon genug, dass man die Plagen der beschissenen Tauben ertragen müsse. Man sollte Taubenvergiften als Sport erlauben und jeden Erfolg mit einer Prämie belohnen wie früher jedes Kilo Maikäfer, die ebenfalls mit Übervermehrung protzten. Der Tierschutz sei schuld an allem. Er hätte sie über die Grenze gelassen, statt sie auszusperren. Peter hatte nur gelacht und ihn gefragt, warum er denn um alles in der Welt sein Picknick ausgerechnet aufs Fensterbrett gelegt hätte, wo alle doch wüssten, dass sich Raubvögel und Katzen im Gelände rumtreiben."

„Wir sind doch noch sehr irrationale Wesen! Ich glaube, da müssen wir noch manches lernen, ehe unsere Stadt wieder in einen Busch zurückfällt. Weiß man, welcher Vogel in Frage kommt?", fragte Nina und lachte ebenfalls schallend.

„Es könnte ein Turmfalke gewesen sein, von denen einige wieder zurückgekehrt sind, aber auch ein Kolkrabe ist nicht auszuschließen. Eher das erstere, denn einer ist bei der besagten Firma gesichtet worden."

Dann las er ihr seine Notizen vor, die er im Park gemacht hatte.

„Das gefällt mir!", rief Nina begeistert, als Max geendet hatte, und fuhr fort: „Besser als die Fabeln von La Fontaine, auch wenn er sie in guter Absicht geschrieben hatte. Gut, er war halt noch im finsteren Mittelalter. Aber unsere Zeit ist ja in manchen Belangen auch nicht heller. Item, vielleicht müssen wir Heutige uns von gewissen Formen literarischer Mitteilung verabschieden. Es ist nicht immer alles für die Ewigkeit bestimmt. Alles müssen wir nicht in Spiritus und Formalin einlegen. Alles ist in stetigem Wandel. Jede Zeit entwickelt ihre eigenen Formen des künstlerischen Ausdrucks, muss und darf das auch. Selbst Märchen haben manchmal ausgedient. Sie mögen noch historischen Wert besitzen, aber nicht mehr. Ich denke dabei zum Beispiel an Struwwelpeter oder den Schmutzli und seinen Assistenten, den Samichlaus, wie auch immer man diese wilden vorweihnachtlichen Gesellen benamsen will. Diese Geschichten können doch kaum mehr ernstlich als pädagogisches Mittel bei Kindern eingesetzt werden."

„Einverstanden, ganz deiner Meinung! Mir fallen gerade in diesem Zusammenhang die Märchen *Aschenpudel* oder *Schneewittchen und die sieben Zwerge* ein. Eine Autorin schrieb in einem Artikel über Literatur, speziell Märchen und Sagen, dass Geschichten wie diese beiden ausgesprochen frauenfeindlich seien. Hässliche Frauen seien darin stets böse und Schöne immer gut. Das sei unhaltbar und solche Geschichten abzulehnen", ergänzte Max.

„Ich denke eher, dass wir in unserer Zeit die Sprache alter Märchen und ihre Poesie oft nicht mehr verstehen. Selbst Experten sind da nicht besser. Um bei den beiden Beispielen zu bleiben. Wollen diese Märchen nicht umgekehrt sagen: *Das Gute ist schön und das Böse ist hässlich?* Aber wie gesagt, wir verstehen sie nicht mehr. Neue zeitgemäße Mythen und Märchen sind gefragt, die wir Heutige verstehen können, für uns geschrieben. Bin nicht überzeugt, dass jemals etwas für Menschen, die erst Tausende von Jahren später leben, geschrieben oder erzählt wurde, selbst die Bibel nicht. Solche Schriften richteten sich doch in erster Linie an die Zeitgenossen oder schreiben etwa unsere Schriftsteller ausschließlich für Menschen, die 5'000 Jahre später leben werden?", spann Nina den Faden weiter.

Nach einiger Zeit hatte sich Nardi soweit erholt, dass Max ihn wieder nachhause nehmen konnte. Er wollte ihm Futter bringen, bis seine Selbständigkeit wieder zurückgekehrt wäre. Nardi spürte sehr wohl, dass ihm von den Zweibeinern keine Gefahr drohte. Man wollte ihn aber auf keinen Fall zähmen und ein Haustier aus ihm machen, obwohl er schon vor dem Unfall viel Scheu Max gegenüber verloren hatte. Er durfte ihn sogar aus nächster Nähe Futter geben und ließ sich sogar kraulen wie ein zahmer Hund. In der Zeit, in der er für seine Streifzüge etwas behindert war, war er wie ein Pflegevater auf Zeit für ihn. Max reduzierte im gleichen Masse das Futter, wie Nardis körperlicher Zustand sich normalisierte. Und eines Tages blieb Nardi wieder die ganze Nacht weg. Max und Nina freuten sich über seine vollständige Genesung.

EIN KLEINES ABENTEUER

Was hast du jetzt wieder vor?", fragte Edelweiß, als sich ihre Schwester anschickte, den geheimen Styroporpalast zu verlassen.

Ihre Mimik verriet aufkommende innere Unruhe. Edelweiß war sehr wohl in der Lage, die Körperzeichen zu deuten, ehe ihre Schwester auch nur ein einziges Wort darüber verloren hatte.

„Ein Taxi ist eingetroffen, sah ich eben, das mich nach draußen bringen wird."

„Aha, Edelschwarz hat wieder Lust auf eine abenteuerliche Odyssee? Schon wieder deine üblichen Grillen!"

„Kommst du auch mit?"

„Nein, ich hüte die Familie. Aber vergiss nicht, der Krug geht zum Brunnen, bis er bricht! Hast du deine Tarnaura um?"

„Alles klar, Schwesterchen, wie wahr!"

Edelweiß wusste, dass sie ihre Schwester kaum zurückzuhalten vermochte. Am besten ist es, sie ziehen zu lassen, es müsste ja nicht zwangsläufig in ein Fiasko enden. Etwas Vertrauen hatte sie schon in sie.

Edelschwarz war sauber weiß, nur ihr leicht struppiges Haar unterschied sie gut von ihrer Schwester. Sie drang vorsichtig ans Ende des langen und engen Foyers und guckte ins Kühllager. Sie hatte erspäht, dass viel Nachschub, in weißem Isolationsmaterial eingebunden, ins Lager gebracht wurde. Die blaue Schürze war damit beschäftigt, den Inhalt herauszuholen und einzuordnen. Den Augenblick, wo er gerade nicht hinsah, nutzte sie, um sich im leeren Verpackungsmaterial zu verstecken. Ihre natürliche visuelle Vorzeigetarnung erlaubte unerkanntes Mitreiten im ebenso weißen Leergut, das die blaue Schürze einige Zeit später in den großen Sammelcontainer warf. Sie landete im Müll des Containers vor dem Supermarkt. Dann schloss der Deckel. Alles ging sehr schnell. Das war Pech, denn Edelschwarz fand so keine Gelegenheit, ins Freie zu blicken. Kein Fensterplatz. Nur Stille und Dunkelheit umfing sie. Die waren für sie nicht ganz im Sinne des Erfinders. Alles Mögliche war da im Gefängnis zusammengekommen. Aber als Lebewesen fand sie sich allein. Sie durchwühlte den Duftspuren folgend das Durcheinander. Aber wohl musste sie unterscheiden, was von ihr selbst oder fremd verursacht war. Eingeschlossen, begann sie doch ein wenig an der Richtigkeit und Klugheit ihres Entscheides zu zweifeln. Edelweiß hatte sie gewarnt:

„Wenn du den Container nicht rechtzeitig verlassen kannst, riskierst du in der Hölle zu landen, wohin sie den Inhalt bringen."

Sie hatte nur gelacht, wie immer, wenn sie den Eindruck gewann, dass ihre Schwester alles zu sehr dramatisierte.

„Ich finde schon rechtzeitig raus, wenn ich im richtigen Augenblick springe. Ich bin immer noch sehr sportlich!"

„Kannst du nicht. Die Tür öffnet sich unmittelbar über dem Feuer. Die Hitze ist so gewaltig, dass du gleich gebraten wirst. Der Gesang im Feuerofen ist dann das letzte Lied, das Lied vom Tod, das dir die Hölle spielt, wenn die lodernden und donnernden Flammen meterhoch nach dir züngeln und mit ihrem heißen Atem deinen aller wertesten Hintern streicheln. Es ist das Einzige, das dir noch bleibt, bis du eine gebratene Maus bist. Dem Namen Edelschwarz machst du dann alle Ehre, mit Betonung auf Schwarz natürlich!"

Edelweiß hatte das mit eindringlicher und beschwörender Stimme gesagt, um ihrer Schwester die Flausen auszutreiben. Ohne Erfolg.

Sie stieß auf weiches Material, das eine Welle guten Duftes um sie spülte. Edelschwarz kannte sehr wohl diese Signale und biss beherzt hinein.

„Wie können die Zweibeiner nur fast täglich solche Köstlichkeiten und in so großen Mengen wegwerfen? Sind die nicht ganz bei Trost? Damit könnte man ja eine ganze Stadt voller unseresgleichen ernähren!", redete sie mit halbvollem Maul.

Obwohl sie im Dunkeln saß, sah sie im Geiste die Früchte, in die sie wie in einen Schlaraffensumpf geraten war. Da waren Bananen, Äpfel, Trauben. Sie konnte sich kaum satt fressen, ohne dass das Volumen des Angebotes merklich abnahm. Solch edle Verköstigung war ihr und Edelweiß während ihrer Karriere im Pharma-Multi nie vergönnt. Ihre Neugier ließ sie noch mehr stöbern. Eine weiche Plastikverpackung lockte sie und so wuchtete sie ihre Zähne hinein. Ein Hustenanfall war die Folge.

„Was ist das nun wieder?"

Sie spie das Pulver wieder aus und hustete, dass ein kleines Erdbeben ihren kleinen Körper erschütterte. Es schmeckte zwar verlockend und aufreizend, aber kaum zu schlucken. An das Aroma jedoch erinnerte sie sich. Dieser Dunst war damals einige Male am Tag aus Tassen ihrer Betreuer zu ihnen in ihren Käfig geschwebt. Sie sogen den wohl riechenden Nebel mit ihren Nasen ein, aber die Zweibeiner tranken die braune Brühe, die sie Coffea Arabica nannten.

Plötzlich spürte sie ein Rütteln und Vibrieren, dass sie wie aus einem Schlaf erwachte. Sie hielt inne und lauschte. Dann wurde es wieder ruhig. Jetzt konnte sich weisen, wohin die Abenteuerlust sie führt. Vom Leben gefeuert werden oder überleben. Nach kurzer Zeit begann wieder eine Unruhe einzusetzen und ein Brummen drang durch. Nochmals Bewegung. Edelschwarz arbeitete sich zum Deckel nach oben. Sie hatte einiges Fressbare erwischt und begnügte sich vorläufig damit. Etwas nervös wartete sie, was das Schicksal für sie bereithielt. Der Container hatte abgehoben und war auf der Ladebrücke des Spezialfahrzeuges gelandet. Ein kräftiger Stoß erschütterte den Transporter.

Der Container war an einen andern gestoßen. Edelschwarz warf es gegen die Wand. Ihr taten die Knochen weh. Sie wich aus Selbstschutz von der harten Wand etwas zurück, sollte es sich wiederholen. Nach einer Weile Rumpelfahrt spürte Edelschwarz, dass das Gefährt offenbar irgendwo anhielt. Jetzt konzentrierte sie sich wieder auf den Deckel, der hoffentlich bald geöffnet werden sollte. Zu ihrem Leidwesen konnte sie an keiner Stelle eine Lücke feststellen. Sich durch das Metall zu beißen, war ein unmögliches Unterfangen. Dann bewegte sich das Gefängnis erneut und plötzlich hatte sie die Idee, er würde gar nicht gekippt, wie Edelweiß es verheißen hatte, sondern möglicherweise nur vom Laster auf den Boden abgestellt. Sie hatten ja schon mehrfach beobachtet, wie diese riesigen Metallkisten verladen und entladen wurden.

Vielleicht würde jemand den Deckel heben und sie könnte entfliehen. Doch kaum dass sie solche Vorstellungen entwickelt hatte, bewegte sich das Ding mit einem Ruck wieder und es schien ihr, es schwebe irgendwohin. Dann sank es mit einem weiteren Ruck ab und schlug unsanft auf dem Boden auf. Ja es wurde offenbar abgestellt, wie sie vermutet hatte. Edelschwarz hatte sich an die Kante gepresst, sich am Gummiflansch festgebissen, ebenso mit allen Pfoten festgekrallt, so gut das bei diesen schmalen Bändern ging und wartete, bis sich mehr Licht durch die sich öffnende Spalte zeigen sollte. Sie hatte rasch einen Plan im Kopf gefasst. Das müsste funktionieren. Sobald die Spalte groß genug wäre und sie sicheren Boden unter sich gewahren würde, wollte sie rasch auf die äußere Kante klettern, auf ihr weiter balancieren und schließlich über die großen Arme und Krallen, die den Container festklammerten, aufs Pflaster springen.

Durch die harte Landung war der Deckel ins Schwingen geraten und hatte sich für einen kurzen Moment eine kleine Spaltbreite geöffnet. Edelschwarz packte geistesgegenwärtig die Gelegenheit beim Schopf und pushte sich hinaus, doch dann klappte der Deckel gleich wieder zu, bevor sie ganz draußen war und klemmte ihr den Schwanz ein. Edelschwarz, nicht genug, dass sie unter den Hammer geraten war, baumelte nun am Container wie die getöteten Rinder an den Fleischhaken im Schlachthof.

„Mein Gott, muss ich erst erhängt und dann halbtot gebraten werden, wenn ich dann geschunden über dem Feuerschlund abgeworfen werde?", rief sie sich im Geiste zu.

Sie zappelte und strampelte, in der Hoffnung, sich losreißen zu können, aber dann würde sie sich nur mit viel Glück auffangen können, ehe sie auf den Asphalt klatschte, außerdem schmerzten ihr noch die Glieder ein wenig. Da war guter Rat teuer. Der Mann, der für die Entleerung der Behälter zuständig war, beachtete die Maus nicht, die an der seinen Blicken abgewandten Seite baumelte. Der Stapelfahrer hob den Container sachte und sorgfältig wieder an und fuhr im Schritttempo gegen die Frontseite des Gebäudes mit dem Ofen dahinter. Ein neuerlicher Ruck könnte Edelschwarz befreien, aber der blieb leider aus. Die Maus schwebte ihrem Schicksal entgegen. Dann einige Meter vor dem Ofen, dessen Maul sich langsam zu öffnen begann, stoppte er. Sie spürte den heißen Atem, den der Rachen dieses Ungeheuers ausspie. So müsste es sich anfühlen, wenn man in unmittelbarer Nähe von ausgeworfener Lava stünde oder gleich neben der Schusslinie eines Feuer spukenden Drachen.

„Warte noch, ich habe da noch was, das kannst du auch gleich noch entsorgen!", rief eine Stimme dem Stapelfahrer zu.

Aha, daher der Stopp. Der Rufer brachte noch eine Beige Krimskrams in diversen Verpackungen auf dem einen Arme, hob mit dem andern den Deckel an und warf die Ladung hinein. Jetzt war endlich die Erlösung gekommen! Edelschwarz wurde vorzeitig abgeworfen. Sie fiel zuerst auf die untere Kante, wo sie sich nach einem Salto mit letzter Kraft zu fangen vermochte. Dabei hatte sie beim Fall den frei gewordenen Schwanz in die Luft geschwungen und sich so in die richtige Lage manövriert. Ein Stück hangelte sie an der Kante weiter wie eine Akrobatin hoch über der Arena unter der Zirkuskuppel. Dann ließ sie sich ganz auf den Boden fallen. Alle Glieder schmerzten noch.

Trotzdem nicht lange gezaudert, sie rannte so schnell wie möglich über den Platz weg außer Sichtweite. Ihrer Neugier folgend, suchte sie sich nur eine Deckung im Buschwerk, das den Rand des Areals säumte, und beobachtete die Prozedur. Gleichzeitig hatte sie endlich Gelegenheit, sich vom Stress etwas zu erholen und zu verschnaufen. Der Container hatte tatsächlich beinahe unmittelbar vor einem riesigen Maul angehalten, fuhr nun ganz heran und kippte infolge langsam vornüber, sodass der ganze Plunder in den Schacht fiel. Das Flimmern der Luft und das Spiel des rötlichen Lichts verrieten tatsächlich große Hitze, die seinem Bauch entwich.

„Ein bisschen übertrieben hatte meine Schwester ja schon. Es ist nicht gleich Feuer da. Selbst im letzten Moment hätte man noch fliehen können", beruhigte sich Edelschwarz selbst.

Sie war aber dennoch ganz schön ins Schwitzen gekommen.

Aber das gehörte ja gerade zum Reiz einer Abenteurerin. Eine Herausforderung suchen solche Individuen.

„An die Grenzen gehen, sich selbst testen, den inneren Schweinehund überwinden, bla bla bla!", hört man jeweils von ihnen.

„He, eine Maus!", rief einer der Kumpel im roten Overall auf dem Platz.

Er war der Disponent. Nun war Edelschwarz vor seiner Nase vorbei gerannt. Der Stapelfahrer im blauen Arbeitskleid wandte sich ihm zu, nachdem er den Behälter ganz zum Ofen gefahren, und ihn leer gerüttelt hatte.

„Was hast du gerufen?"

Im Lärm hatte er ihn schlecht verstanden.

„Eine Maus!", wiederholte er.

„Ja, ja, habe ich auch gesehen. Kein Problem. Lass sie doch oder willst du sie als Sandwicheinlage? Dafür gibt sie allerdings nicht viel her. Trotzdem, eine saubere wie die ist keine so unappetitliche und schmutzige wie die Hausmäuse oder Feldmäuse", sagte der Stapelfahrer.

„Ja, es ist eine weiße Maus, zu sauber um eine hundsgewöhnliche zu sein, eine spezielle, sag ich dir!", rief der rote Overall mit ernster Miene.

Der Stapelfahrer hatte den Container geleert, schwenkte ihn mit lärmender Hydraulik und hob ihn wieder auf den Buckel des Lasters zurück, der an der Seite parkiert war. Dann saß er ab und führte das Gespräch mit seinem Kumpel weiter. Eine Pause durften sie sich gönnen, ehe es wieder weiterging.

„Was ist da so speziell an ihr? Die wird aus einem kleinen Käfig, wo sie ein Kind wahrscheinlich als Haustierchen gehalten hatte, abgehauen und irgendwie dahinein gekommen sein. Die Kleine wird sie suchen und nicht finden. Leider war sie nicht angeschrieben, hatte weder Etikette noch ein Glöcklein um den Hals gebunden, das gebimmelt hätte", lachte der Stapelprofi.

„Eben, eine weiße Maus! Und weiße Mäuse sind Labormäuse, voll gestopft mit pharmazeutischem Zeug. Das kann ganz schön ins Auge gehen! Vielleicht ist sie Trägerin von irgendwelchen Viren, Ebola oder Aids im Quadrat oder Schweineviren der neuesten vollständig überarbeiteten Auflage. Wenn du was von ihr erwischst, bist du der Stein, durch den das Unheil ins Rollen kommt und eine Epidemie auslöst. Rolling Stone, eine Seuchenlawine, nicht auszudenken!", ereiferte sich der Disponent.

„Verrückt, wenn du Recht hast! Dann hätten wir sie aber schon längst fangen müssen!"

„Tu das, Bruder, aber die ist schon über alle Berge. Gnade, Großmutter, das Unheil nimmt seinen Lauf! Ich sehe schon die Epidemie."

„Da siehst du, was die Pharmazie produziert!", rief das blaue Arbeitskleid.

„Ja, deutlich, weiße Mäuse noch und noch und die Manager kriegen einen Haufen Mäuse dafür, schon ein bisschen mehr als wir für unseren Unrat und Schmutz da!", grinste der rote Overall.

„Also du meinst, wenn die jetzt warten, bis sich die Lawine genug ausbreitet, die Behörden und die Mediziner Alarm schlagen, dann bringen sie Antimäusepräparate in Umlauf und... Klar, verstehe, das ist Marktstrategie... Wahnsinn!"

Der Fahrer schüttelte sich, als müsste er eine unappetitliche Maus von sich abschütteln.

„Ja aber dennoch, sicher sind wir natürlich nicht, dass die eine solche Maus ist. Sollte sie tatsächlich eine Labormaus sein, gibt es noch eine andere Möglichkeit der Trägerschaft. Sie könnte beispielsweise genmanipuliert sein", beschwichtigte der Disponent.

„Und das wäre weniger dramatisch?"

„Unter Umständen. Wer von uns Laien weiß denn schon, was die hinter den Türen experimentieren und dann in die Welt setzen wollen. Da gibt's Gefährliches neben weniger Gefährlichem. Harmloser wäre zum Beispiel das Methusalem-Gen!"

„Das was?", war der Fahrer neugierig.

„Ach, das ist das Gen, das dem Träger ewiges Leben ermöglichen soll. Schon seit Menschengedenken ist man auf der Suche nach einer Möglichkeit, den Tod zu besiegen. Es gibt den Jungbrunnen, es gibt das Einfrieren des Toten in der Hoffnung, die Wissenschaft wäre einst in der Lage, den Körper wieder aufzutauen und zum Leben zu erwecken, wenn sie bis dann die Prämissen, sprich die molekularbiologischen Grundlagen des Lebens verstanden haben. Die Altersforschung glaubt nun, ein Gen gefunden zu haben, das für den Alterungsprozess und schließlich für den Tod eines Lebewesens verantwortlich ist, und sucht Möglichkeiten dieses auszuschalten, beziehungsweise die Schalterstellung des Gens zu verändern, es zu deaktivieren. Wenn die Herren in den weißen Kitteln glauben, was gefunden zu haben, dann müssen eben weiße Mäuse als Versuchskaninchen dran glauben", erklärte der Disponent.

„Tja, das wäre gar nicht so schlecht! Versuchen wir die Maus zu finden! Wo ist sie auch nur hingegangen? Siehst du Kotspuren von ihr? Aber weißt du, wenn ich daran denke, ewig zu leben, wird mir beinahe schlecht. Man muss sich das doch mal plastisch vorstellen. Wer einen langweiligen Job oder sonst wie ein hartes Leben hat, soll der sich einbilden, das ewige Leben würde ihm automatisch dereinst bessere Verhältnisse schaffen? Haben gut Situierte ihre bessere Seite im Leben gewonnen, weil sie älter sind als die andern? Arme oder Benachteiligte gäbe es infolgedessen nur unter Kurzlebigen? Ich habe noch nie gehört, dass ein Mensch umso besser gestellt wurde, je länger er lebte. Das Leben ist zu wahr um so einfach zu sein! Die Mächtigen würden dann ja auch ewig leben und eine Ewigkeit manipulieren, Macht ausüben, kontrollieren und die andern müssten sich ewig beugen, könnten nie gewinnen. Jede Revolution würde scheitern.

Unliebsame Menschen würden nie verschwinden! Puh! Alle Ungereimtheiten würden ja parallel zueinander ewig in die Länge gezogen, Änderungen hätten ewig die gleichen Hindernisse! Und all den Dreck, den wir auf diesem Planeten veranstalten, müssen wir selbst ausfressen. Nein, Gottlob, gibt es das noch nicht oder wird es vielleicht auch gar nie geben! Aber die Maus, die müssen wir trotzdem unbedingt fangen, dass sie ja nicht in die falschen Hände gerät, falls sie das Methusalem-Gen trägt, was meinst du?", belustigte sich der Fahrer und strich grinsend sein blaues Arbeitskleid glatt.

„Wir sind ja gar nicht sicher, ob das bei ihr zutrifft. Vielleicht ist sie ja wirklich nur ein harmloses Haustierchen zum Schmusen für die Kids wie Hamster oder Ratten. Die wird froh sein, dass sie nicht länger in einem engen Drahtkäfig sitzen und täglich in einer langweiligen Trommel treten muss", lachte auch der Disponent im roten Overall.

Dann klopfte er dem Fahrer im blauen Überkleid auf die Schultern und meinte:

„Komm in die Kantine! Lassen wir sie, trinken wir lieber zusammen ein kühles Bier auf das Wohl dieser Maus! Dort können wir auch weiter philosophieren, wenn wir mögen."

Dann steuerten beide zum Gebäude.

„Weißt du, auch die Geschichte mit dem Tiefgefrieren, also wenn man sich nach dem Tod einfrieren lässt, ist so ein technologischer Unsinn. Wer sich jetzt einfrieren lässt, hat keine Chance, dass sein Körper jemals wieder leben wird. Die Eiskristallbildung beim Einfrieren und Auftauen zerstört die Zellen. Dieses Problem ist zurzeit nicht gelöst. Wenn die Sache jemals gelingen sollte, wird die Technologie mit Sicherheit komplett anders sein als sie heute ist. Also ist die derzeitige Prozedur zum Scheitern verurteilt! Ist nur ein leerer und mordsteurer Wahn, abgesehen vom Energieverschleiß! Wie irrational wir rationale Wesen doch immer noch sind!", hörte man den Disponenten noch bemerken, als beide hinter der Tür verschwanden.

Edelschwarz hatte den beiden zugeschaut und ihr Gespräch belauscht, aber kein Wort verstanden. Dennoch hatte sie das Gefühl, sie sei das Gesprächsthema gewesen oder bildete sie sich das nur ein, weil sie dies wünschte? Als niemand mehr auf dem Platz war, nur noch der Transporter, und das große Maul sich wieder geschlossen hatte, machte sie sich auf den Weg. Der Dauer ihrer Reise nach zu urteilen, mochte sie nicht sehr weit von ihrem Zuhause zu sein, am Stadtrand etwa, wo die Kehrrichtverbrennungsanlage stand. Sie würde den Rückweg bestimmt ohne Probleme finden.

Nur ein kleines Abenteuer war's. Es gab für andere weit anspruchsvollere, etwa für blinde Passagiere in Flugzeugen oder für solche in Containern oder

Schiffsrümpfen oder im Gepäck der menschlichen Passagiere auf Reisen über die Ozeane und Meere. Wenn sie von fernsten Fernen hier gelandet sind, erleben sie einen Kultur- und Klimaschock und werden oft noch von aggressiven Chemikalien verfolgt. Allerlei Gesindel kommt hierher, fremde Fötzel von Vier-, Sechs- und Achtbeinern mit oder ohne Flügel. Tourismus und Immigration boomt auch unter ihnen. Da können wieder einige jammern und schimpfen, aber es nützt ihnen nichts, denn sie brauchen weder Pass noch Visum und finden auf allen erdenklichen Schleichwegen über die Grenze.

Sie beabsichtigte nach einigen Streifzügen mit Zwischenstationen auf großen Umwegen wieder nach Hause zu gehen. Sie schlug sich durchs Gebüsch und sichtete Häuser. Da stand vor ihr ein schönes Einfamilienhaus mit Garten. Niemand schien in Blickfeld zu sein, also wagte sie den Garten zu durchqueren und steuerte auf die Hausmauer zu, um nach einem Schlupfloch zu suchen. Die Fenster, die sie passierte, waren offen, aber alle vergittert. Kein Einlass wurde ihr gewährt. Edelschwarz schlich vorsichtig die Mauer entlang und bog um die Ecke. Vielleicht würde sich da eine Möglichkeit bieten. Mit angehaltenem Atem spähte sie. Ehe aber eine solche in Sicht kam, schrie eine Kinderstimme:

„Mama, Mama, schau eine kleine Maus!"

Die kleine Miss war ganz aufgeregt, zeigte aber keinerlei Angst. Im Gegenteil sie rannte auf Edelschwarz zu und stoppte vor ihr. Edelschwarz hielt ebenfalls inne und blickte auf das Kind, das auf sie zu geeilt kam. Sie wusste, dass Kinder neugierig waren, gerade so wie sie und überhaupt keine Bedrohung darstellten. Sie fallen auch nicht in Ohnmacht, wenn sie einer Maus begegnen. Zudem hatte Edelschwarz ohnehin die schnelleren Beine als Kinder, ganz zu schweigen von Erwachsenen. Es ist gar nicht einfach, eine Maus zu fangen. Das gelingt in der Regel nur mit raffinierten Tricks. Als die Mutter ebenfalls schreiend dazukam, zischte sie ab und schoss durch die Eingangstür des Hauses, die als einzige offen stand und ihr den Eintritt gestattete. Sie hörte noch das aufgeregte Rufen der Mutter:

„O jetzt rennt sie womöglich in den Keller! Warte nur, dich krieg ich schon!"

Getrappel hinauf in die Wohnung, wo die Tür knallte, als sie heftig aufgestoßen wurde und gegen die Wand donnerte. Stille, dann wieder Getrappel die Stufen runter und runter in den Keller und immer wieder der Ruf *Warte nur, dich krieg ich schon!* wie ein Schlachtruf von Soldaten, die in den Krieg ziehen. Edelschwarz, die zwischen den Holzstreben hindurch in ein Kellerabteil geflüchtet war, konnte so jederzeit die schreiende, trampelnde und schnaufende Gefahrenquelle lokalisieren. Die Destination war ein viel versprechendes Eldorado für die Abenteurerin. Da konnte sie nach Herzenslust in schmackhaften Äpfeln schwelgen und biss herzhaft in einen rotbäckigen, nachdem sie das Holzgestell hoch geklettert war. Überraschend kroch ein erschrecktes Würmchen aus dem Anbiss und krümelte schmollend davon. Edelschwarz schüttelte nur den Kopf und fraß weiter. Sie hätte sich hier auch gut verstecken können, käme die Jägerin hierher. Aber des einen Glück, des andern Pech! Die gute Frau konnte die angestrebte Beute nicht so schnell orten und wenn schon, dann hätte sie enttäuscht feststellen müssen, es war nicht ihr Kellerabteil. Unverrichteter Dinge zog sie einige Zeit später wieder ab, nichtsdestotrotz den Schlachtruf nur noch wütender und beschwörender von sich zu geben.

Edelschwarz, die den Abzug ihrer Bedrohung mit Befriedigung konstatierte, spazierte forschend im Abteil herum und gewahrte ein kleines Gittergehege, das auf dem Boden lag. Der Duft eines Käses lockte sie ins Innere. Sie lief um dieses merkwürdige Ding herum und wunderte sich, dass der Käse in einem Käfig eingesperrt und nicht auf offenem Boden herum lag. Sie war sich gewohnt, dass in der Welt der Zweibeiner einiges merkwürdig und für sie nicht immer gleich verständlich war. Sie klapperte die Datenbank aller Nagetiererfahrungen ab, um eine Analyse vorzunehmen. Ein Warnlicht blinkte. Leider beachtete Edelschwarz dies nicht immer zuverlässig, denn oft dominierten Neugier und Fresslust. Aber in diesem Augenblick schien es zu funktionieren. Sie merkte sich die Anordnung und wollte weiter. Dabei puschte sie ungewollt gegen das Gitter. Mit einem dumpfen Geräusch klappte ein Tor runter und verschloss den Käfig. Erschrocken drehte sich Edelschwarz um und sah nun, wozu der Käfig gut war.

„Hoppla, Schwein muss die Maus haben!", dachte sie bei sich und kletterte aufs Holzgestell.

Sie landete nach einem gewagten Sprung von der Kante, die sie erstiegen hatte, auf dem flachen Deckel eines ziemlich großen Glases oder eher eines kleinen Beckens. Warum war dieser Behälter auch nur so anziehend für sie, dass sie sich sofort mit ihm beschäftigte? Der Verschluss war weich und ließ sich leicht durchbeißen. Sie fraß sich durch, bis sie das leckere Mus unter sich spürte und prompt in den verführerischen Sumpf plumpste. So viel süße Umarmung wäre nun wirklich nicht nötig gewesen und auf die Dauer bekäme das Kuscheln in einer dickflüssigen Marmelade ihr auch nicht gut. Sie erkannte plötzlich, wie bedrohlich die Situation für sie werden könnte. Die Glaswände waren exklusiv mäusefeindlich, um an ihnen hoch zu kraxeln.

„Vergiss nicht, der Krug geht zum Brunnen...!", dröhnte es in ihren Ohren.

War es nun ihr Schicksal, zwar nicht zu verbrennen, aber elend in der süßen, matschigen Falle, in die sie in ihrem Abenteuerdrang hineingefallen war, zu Grunde zu gehen? Sie wollte es nicht glauben. Nun musste sie auch

B sagen, wenn sie schon A gesagt hatte. Sie nahm trotzdem gemütlich ein Maul voll, als Wegzehrung gewissermaßen. Wie käme sie da wieder raus? Sie ruderte dauernd mit den Beinen, bis es ihr in den Sinn kam, dass sie ja leichter als die Flüssigkeit war und an der Oberfläche blieb. Wo hatte sie nur wieder ihre Gedanken gehabt? Die einen schwimmen im Geld und sie selbst in einem leckeren Früchtecocktail. In ihrem Gehirn arbeitete es fieberhaft. Auch sie raffte wie seinerzeit ihre liebe Schwester erneut alle Nagetierschlauheit, die die Evolution bislang erarbeitet hatte, zusammen, um die Situation zu analysieren. Sie versuchte, sich mit den Zähnen an der Glaskante festzubeißen, aber die war zu dick. Da gewahrte sie, dass der Deckel zerbrochen war und Bruchstücke davon wie sie in der Marmelade schwammen. Sie bewegte sich, so gut es in dieser klebrigen Masse ging, zu einem Bruchstück und versuchte darauf zu klettern, was ihr auch nach einigen Mühen glückte. Doch das zu kleine Stück drehte sich wie ein kleiner Eisberg und ließ Edelschwarz wieder zurückplumpsen.

Im Gegensatz zur Titanic war der Eisberg nicht so hart, um in der Lage zu sein, ihr den Bauch aufschlitzen und sie jämmerlich absaufen zu lassen. Aber der Untergang der Titanic war allerdings keine ihr bekannte Tragödie. Sie wurde nicht als Mäusesaga an die Nachfahren weiter erzählt. Alle Mäuse, die an Bord waren, kamen um. Und wenn sich doch eine insgeheim ins Gepäck von Überlebenden oder sonst wie in Rettungsboote flüchten konnte, wurde sie nirgends registriert oder zu einem Interview eingeladen. Bernard und Bianca, die Mäusepolizei, waren zu jener Zeit noch nicht auf den Plan getreten. Und der Eisberg kam gar nicht dazu, die schlimme Nachricht sofort in der ganzen Welt zu verbreiten. Aber er schmolz sehr bald danach zu einzelnen Wassermolekülen und die konnten es jetzt weiter erzählen, womit sie bis heute noch beschäftigt sind.

Allein der Geologe Robert D. Ballard ist der einzige, der auch unter ihnen recherchiert und sie interviewt hatte. Oder wie erklärt es sich, dass er die Titanic in nur zehn Tagen seiner Suche im Atlantik fand, während doch andere professionelle Schatztaucher in jahrelanger Forschung nicht auf das Wrack gestoßen sind? Die Wasserteilchen, diese zuverlässigsten und treuesten Zeugen, haben Gedächtnis, wie Forscher zeigen können. Die waren ja zu jeder Minute dabei, hatten alles beobachtet, was von der ersten Sekunde des definitiven Absaufens dieses Monstrums an geschehen ist und noch geschieht bis heute. Sie wissen auch, wie lange es gehen würde, bis nichts mehr von der Titanic übrig bliebe als nur noch ein Mythos im kollektiven Unterbewusstsein der Menschen. Spätere Ausgrabungen am Lande brächten zwar Tassen, Teller, Gläser und alles Mögliche mit Abbildungen darüber ans Tageslicht, sofern sie nicht unwiederbringlich der Verrottung anheimgefallen waren wie damals Vasen und Amphoren mit

Bilddarstellungen aus der griechischen Sagenwelt. Aber der Untergang der Titanic würde nichtsdestotrotz nur noch für eine spannende Legende gehalten, kaum mehr für Realität, für eine Parabel, die den Aufstieg und Niedergang des euroamerikanischen Reiches erzählt.

Aber vielleicht hat der erfolgreiche Schatztaucher darüberhinaus auch ein nichtmenschliches Lebewesen gefunden, das ebenfalls einiges zu berichten wusste. Solche Lebewesen sind vielleicht etwas unbefangener, weil weniger mit Emotionen belastet als menschliche Zeugen. Sie haben gleichfalls wie die Wassermoleküle alle Geschehnisse mitgekriegt.

Ja tatsächlich! Ein solches traf Ballard. Es lag ja in seinem Interesse, die Suchaktion auf eine möglichst kleine Fläche einzugrenzen. Zeit ist Geld. Die Tageskosten des Schiffs beliefen sich auf zig tausend Dollars. Auf seiner Suche stieß er glücklicherweise - oder war es Fügung? - in einer Ausstellung über das Titanic-Desaster auf eine Orange. Sie war in die Tasche des Schiffskochs gewandert und hatte wie dieser selber überlebt. Er hatte sie wohl als Wegzehrung mitgenommen. In einem der Rettungsboote gehörte er zu den Überlebenden. Die Orange war kaum belastet vom Schrecken und von Ängsten oder andern negativen Emotionen, die Menschen in einer solchen Situation befallen und eine objektive Sichtweise vernebeln und das Gedächtnis behindern, wenn überhaupt je etwas in es einzudringen vermag. Diese Frucht hatte alles minutiös beobachtet und gespeichert. Sie wusste genau, wo der Luxusliner versank, ehe sie in der Tasche des besagten Seemanns untertauchte. Wie sie schließlich selbst den Schiffskoch überlebt hatte, im Heer der Requisiten gelandet war und warum sie bis heute noch existiert...? Aber das ist eine andere Geschichte.

Die Orange war bereit, Ballard alles zu erzählen, was sie wusste und möchte es auch heute noch tun. Fragt sie, sprecht mit ihr! Also sie freute sich postum über den Respekt, die Dankbarkeit und Anerkennung, die man ihr gegenüber zeigte. Welcher Pflanze ist es denn schon beschieden, dass man nach ihrem Wissen und ihrer Weisheit fragt, sie nutzt und sich ihr gegenüber dankbar erweist, wo man sie doch nur für Bioroboter, biomechanische Wesen hält, die es aus unerfindlichen Gründen schaffen, sich doch noch ein bisschen anders zu benehmen als technische Geräte, die sich nicht reproduzieren können wie sie? Die Orange ist vielleicht von der chinesischen Kultur geprägt. Ihre Herkunft ist ja in Südchina zu suchen. Wirkt diese sehr alte Kultur mit ihrer längeren Tradition in Wissenschaft und Technik als irgendein westliches Land in ihr nach? Dass ihresgleichen den Weg in die Orangenstadt gefunden hatte, ist wie eine Gnade.

Zurück zu Edelschwarz. Sie kam leider nicht in den Genuss einer Mäusesaga oder von Ergebnissen der Kulturforschung. Bernard und Bianca hatten diesbezüglich nie Forschung betrieben. Sie verstanden sich lediglich als Mäusepolizei für Noteinsätze und Hilfeleistungen in der Gegenwart, aus reinem Idealismus.

Edelschwarz störte es nur, mit Marmelade arg verklebt zu sein. Vor allem die Augen musste sie schützen. Sie packte das Teilstück erneut, schubste es vorsichtig vorwärts und schob es unter einen intakten Teil des Deckels, der noch am Glas haftete. Mit den Zähnen holte sie sich ein weiteres Bruchstück und versuchte es mit aller Kraft unter das erste zu schieben. Nach mehreren Versuchen hatte sie Erfolg. Sie wollte die Tragfähigkeit sicherstellen. Sie drehte sich auf den Rücken und hielt still, um neue Kraft zu schöpfen. Die Klebrigkeit der dicken Marmelade, die teilweise sogar trocknete und wie ein Leim wirkte, kam ihr zu Hilfe. Aber sie musste angestrengt kämpfen, um nicht sich selbst zu verleimen und so eine neue tödliche Falle zu schaffen. Nach einiger Zeit wurde sie fähig, sich auf den Stapel zu hieven, wobei sie alle Beine und vor allem ihr wertvolles Gebiss zu Hilfe nahm. Sie saß oben auf und ruhte sich erstmals eine Weile aus, bis sie das süße Sumpfgelände definitiv verlassen konnte, aber nicht ohne sich nochmals einen leckeren Happen einzuverleiben. Wie sah sie aus! Die Marmelademasse, so gut sie auch schmeckte, hatte sie in ein klebriges Übergewand gekleidet. Mit Pfoten und den Zähnen befreite sie sich, so gut sie es vermochte, um wenigstens genug beweglich zu sein. Jetzt, wo sie wusste, dass sie schwimmen konnte, freute sie sich auf ein späteres Bad, das sie bestimmt gänzlich säubern würde.

Dann schlich sie wieder aus dem Kellerabteil, in das inzwischen wieder Ruhe eingekehrt war. Aber da hatte sie die Rechnung ohne den Gatten der Kriegsherrin gemacht, denn der war als Pater Familias entschlossen auf Mäusejagd zu gehen. Sein gesundes Gespür hatte ihn zur richtigen Stelle geführt und die Maus bei ihrem Tun aus sicherer Entfernung beobachtet. Er hoffte, dass sie aus dem fremden Abteil ausbräche, wo er ihr mit einem großen flachen Besen verbissen auflauerte. Als Edelschwarz erschien, stürzte er aus seiner Deckung hervor und schlug mit dem Besen auf sie ein. Edelschwarz geriet in Panik. Nicht genug, dass sie sich Fell und Beine marmeladeverklebt hatte, was sie beim Fliehen ziemlich behinderte, sie musste auch noch nach einem neuem Versteck rennen. Eile war geboten. Der Besen schlug rechts und links von ihr ein wie die verheerenden Wasserbomben bei den U-Booten, aber getroffen wurde sie nicht, manchmal jedoch nur um Haaresbreite. Fluchen und Beschwörungen begleiteten die Szene. Schließlich gelang es ihr, wieder in ein Abteil zu flüchten und so einstweilen sicher zu sein. Die Kellertür war geschlossen, daher war das die einzige Rettung. Der Jäger fluchte noch lauter, die Maus höhnte, aber er hätte es ja besser wissen müssen. Mäusefangen ist eine Kunst und mit Fluchen und Schimpfen wird sie nicht erfolgreicher.

Diesmal war es doch ihr Glück, dass ein Kellerfenster, das sie nach einer ausgiebigen Kletterpartie über allerlei Abstellmaterial erreichte, offen und das Gitter zerrissen war, und sie so ins Freie entkam. Der kleine Vierbeiner im Marmeladepelz rannte über den grünen Umschwung weg und Richtung nach Hause. Sie suchte Deckung, wo immer sie eine fand, denn sie genierte sich, in ihrem Zustand unter die Leute zu gehen, und hielt auf den Park zu, wo sie Wasser wusste. Und wie sie über ein Stück Wiese rannte, kreuzte unverhofft ein Hase ihren Weg, der in die Gegenrichtung sauste. Sekunden hielten beide still und glotzten sich an, als sei vor ihrer Nase ein UFO gelandet und er eine Marsmaus, respektive sie einen Marshasen sähe.

„Was guckst du so kariert, ich gehöre zur Marine und das ist der neueste Taucheranzug!", rief sie dem Osterhasen zu und wunderte sich, ihn überhaupt hier zu sehen, denn Ostern war ja schon längst vorbei, oder musste er die Eier suchen, die er in der Eile und Verwirrung verloren hatte, oder wurde er vom österlichen Verwaltungsrat abgewählt und in die Wüste geschickt, etwa wegen Korruption?

„Häschen, du bist gewiss unschuldig, Opfer von Mobbing seitens der Hühnermafia oder einer dubiosen Partei!", dachte Edelschwarz bei sich.

Aber der verdutzte Mister Lampe verdrehte bloß seine Kulleraugen wie in den japanischen Mangas und sagte nichts. Dann jagten beide weiter.

Im Parkweiher konnte sie sich endlich von diesem lästigen klebrigen und halb getrockneten Früchtemus befreien. Das Bad empfand sie nach dieser Aufregung als eine Megawohltat. Noch war es nicht Abend, daher hatte sie eine gute Chance, sich in einem geeigneten Versteck von der warmen Sonne trocknen zu lassen. Sie wählte eine Büchse, verkroch sich in ihr und verschloss sie mit Pflanzenresten. Dieser Unterschlupf wäre auch in der Lage, ihren Körpergeruch nicht nach außen dringen zu lassen, sodass kein Räuber sie fände. Jede Hoffnung gründet stets auf einem Fundament, auch wenn es sich später als Illusion entpuppt. Die Sonne hatte das Innere in einem Treibhauseffekt rasch aufgeheizt. Sie rechnete damit, dass sie schnell trocknen würde. Bei zu großer Hitze, wäre sie aber auch rasch wieder draußen. Müde, aber zufrieden mit sich selbst, schloss sie die Augen und fühlte sich geborgen und sicher.

Einmal mit dem Leben davon zu kommen ist Zufall, zweimal ein Wunder und mehr als zweimal Gewohnheit. Wenn das so weiter ginge, würde Edelschwarz zur Gewohnheitstäterin. Was für ein Omen! Da würde ihr angestammter Name doch wieder besser zu ihr passen: *Edelhaar*, die Edle, die um Haaresbreite dem Tod entrinnt.

Niemand ist allein, schon gar nicht in einem Park wie diesen. Der hat viele Augen und viele Ohren. Haben wir schon mal gehabt. Leicht kann man dies vergessen. Und Edelschwarz hatte das offenbar. Denn plötzlich klopfte es unerwartet an die Metallwand. Edelschwarz erschrak, war sofort wacher als wach und die Aufmerksamkeit und Atemlosigkeit selbst.

„Wer erdreistet sich, mich bei meinem Saunagenuss zu stören? Zu Zweit ist er hier eindeutig zu eng. Der oder die kann gefälligst warten, bis er oder sie an der Reihe ist!", dachte sie ärgerlich und doch packte sie Furcht.

Er mochte aber nicht warten. Er wollte an das Objekt in dieser Tüte ran. Er wollte das Ding, das sich da drin versteckt hielt und nach Beute roch. Mit seinen Pfoten trommelte er nochmals gegen die Dose und kratzte mit den ausgefahrenen Krallen über die Metallhaut, dass der in den höchsten Frequenzen quietschende Ton jedem das Gehirn zermartern muss. Das Erdbeben und die Gehörfolter gingen ihr durch Mark und Bein. Sie war gezwungen herauszufinden, was dies zu bedeuten hatte, und spähte heimlich nach draußen. Es war für sie ein Schock, als sie sah, wer da draußen vor der Tür stand. Das war doch der leibhaftige Kasimir in seiner ganzen Herrlichkeit und Größe. Sie kannte ihn natürlich. Sie alle kannten sich in der Stadt. Es wäre sonst nicht die Orangenstadt.

Sie verzog sich in die letzte Ecke ihres Hotspots und setzte ihren gewitzten Bordcomputer in Betrieb, um in Windeseile die richtige Entscheidung zu treffen. Sie fühlte sich wie die Besatzung von Apollo 13, die wie sie, sich unerwartet in einem Gefängnis oder Sarg eingesperrt sah und alle Hebel ihrer Intelligenz in Bewegung setzen musste, um heil der Affäre zu entrinnen. Nur, deren Gehirne waren bestens mit denen des Bodenpersonals auf Mutter Erde vernetzt und so waren sie imstande als Superhirn den größten Misserfolg in der Geschichte der NASA erfolgreich zu Ende zu bringen. Aber sie? Sie hatte keine Verbindung zu ihrer edlen Schwester. Sie musste allein zurechtkommen. Leider hatte das Bad alle olfaktorische Tarnung von ihr weggewaschen. Und wenn sie vorgaukelte, sie sei eine Spitzmaus, die doch von keiner Katze gefressen wird? Sie versuchte ihre Schnauze möglichst zuzuspitzen, aber sie musste einsehen, nach dem üppigen Schmaus der Marmelade war sie eher eine Breitmaulmaus geworden. Der Kater würde bestimmt den falschen Braten riechen. Dumm war er ja nicht.

Wieder erlitt die Büchse einen kräftigen Stoß mit ca. 7,5 auf der Richterskala. Sie rollte zur Seite, sodass Edelschwarz unerwartet eine Eskimorolle drehte und Mühe hatte sich zu halten. Die glatten Wände - zum Teufel!

„Eva, wo bist du? Warum verbirgst du dich vor mir? Komm raus, ich muss mit dir reden!", rief Kasimir und stemmte seine Pfoten auf die Büchse.

„Seit wann reden Katzen erst mit ihrer Beute? Gehen sie nicht stets gleich zur Sache ohne langes Felllesen wie in unserem Fall?", dachte Edelschwarz bei sich etwas irritiert.

Dann piepste ihr Bordcomputer und spukte eine Idee raus. Sollte Kasimir tatsächlich mit einem Angriff zögern, hätte sie vielleicht eine Chance für einen Fallout. Also ließ sie ihre Beine nicht hängen, warf ihren Motor an, drehte auf Höchstleistung und jagte in einem Blitzstart mit Lichtgeschwindigkeit – nicht im Quadrat, sonst ginge sie ja in pure Energie auf – zwischen den aufgestemmten Vorderbeinen Kasimirs hindurch in die Freiheit – das heißt in den nächsten Haufen Hundescheiße und wälzte sich darin. Jetzt hatte sie wieder ihren Ungenießbarkeitsschein. Ihre Schwester würde bestimmt wieder motzen, wenn sie so nach Hause käme, aber was soll's, es war reine Notwehr. Mit Kot einbalsamiert, fühlte sie sich zutiefst verbunden mit allen Stinktieren der neuen und alten Welt und vor Kasimir so sicher wie eine Spitzmaus.

Kasimir wandte sich der Geflüchteten zu und lachte seinen Katzenbuckel voll.

„Das ist ja toll, nicht schlecht, wirklich sehr clever, Edelschwarz! Kommt mir vor, als würde der Teufel in der Not beim Himmel um Seelen betteln!"

Er stand vor Edelschwarz, die ihn als einziges lebendes Fragezeichen anstarrte und die Welt nicht mehr verstand. Er posierte sich gar nicht aufgeblasen und zeigte nicht seine geschliffenen Krallen. Keine Angriffsbereitschaft, die Waffen eingezogen. Nur mit einem weißen Tuch wedelte er nicht, denn das fand er nicht nötig. Selbstverständlich kannte er ihren Namen. Die Spatzen... von den Dächern... Alle ...in der Orangenstadt... klar, alles klar.

„Was guckst du so verdutzt aus deinem Hundepelzmantel, als hätten Himmel und Hölle miteinander fusioniert? Glaubst du, ich hätte dich nicht beobachtet, wie du dich in die Büchse verkrochen hast. Ich bin dir schon eine ganze Weile nachgeschlichen, aber nicht um dich zu fressen, sondern mit dir zu reden. Übrigens, weißt du den Unterschied zwischen dir und Gorgonzola?", fragte Kasimir und lachte noch immer.

„Das ist nur eine faule Phrase von ihm, das übliche Spiel des Jägers, aber - meine Tarnung... Naja... Andererseits, wenn das stimmt, was er sagt, dann hätte er wahrlich genug Gelegenheit gehabt, mich schon eh zu fangen", dachte sie einen Moment, beruhigte sich und versuchte auf sein Spiel einzugehen.

„Nein, echt nicht, aber du kannst es mir bestimmt gleich verraten!", gab Edelschwarz, schon wieder ruhig geworden, zurück.

„Es gibt keinen. Bei euch beiden muss man beim Fressen die Nase zuhalten, weil ihr zwar penetrant riecht, aber gut schmeckt!", grinste Kasimir.

„Danke für die Blumen, fühle mich sehr geschmeichelt und so ist der Zweck der Übung ja erfüllt oder?", parierte Edelschwarz.

„Weißt du, ich habe mit dir und deiner edlen Schwester stillschweigend einen bilateralen Vertrag auf Nicht-Fressen abgeschlossen!", erklärte Kasimir.

„Ach ja, bist du etwa Vegetarier geworden oder was?", rief Edelschwarz mit gespielten Galgenhumor dazwischen, da sie immer noch an seiner Ehrlichkeit ein wenig zweifelte.

„Das gerade nicht!", fuhr Kasimir unbeirrt fort, „ihr seid keine normalen Mäuse. Du hättest dich nicht in eine Stinkmaus einzukleiden brauchen. Ich habe mich seinerzeit, als Edelweiß sich wie der Geist aus der Flasche verbarg, entschieden, in eurem Fall der weißen Mäuse, Töchter aus edlem Hause, das Naturgesetz, das Katz und Maus miteinander verbindet, zu brechen. Ich fresse keine weißen Mäuse, auch in homöopathischen Dosen nicht!", beteuerte er.

„Soso! Und warum? Oder flößen wir dir so viel Ehrfurcht ein?", war nun Edelschwarz neugierig und wagte ebenfalls ein Lachen.

„Ihr seid mit dem modernen Zauber der hehren Pharmazie gesegnet", erwiderte der Kater, „und da weiß man nie, ist's ein Fluch oder ist's ein Segen, wenn man hineinbeißt! Plötzlich wächst mir vielleicht ein zweites Maul aus dem Hintern und zwickt mich die ganze Zeit unverschämt und unanständig in den Schwanz. Wer bringt mir dann die Pharmazie wieder zum Schweigen? Oder ich falle nach qualvollem Leiden tot um. Das ist wirklich nicht lustig! Man hätte ja nur einen Versuch. Die Technik von Versuch und Irrtum ist da nicht sehr hilfreich. Weißt du, unser Wissen darüber, was tödlich oder was Leben fördernd ist, hat sich nicht auf diese Weise Eingang in den Wissensschatz von unseresgleichen oder euresgleichen verschafft. An dieser Knacknuss arbeiten die Biologen noch immer", ereiferte sich Kasimir und verzog sein Gesicht zu einer Grimasse, als hätte er in die sauerste Zitrone gebissen.

„Woher weißt du überhaupt, dass Edelweiß und ich der Pharmazie entflohen sind? Wer hat das denn wieder herumgereicht?", wollte Edelschwarz wissen und ärgerte sich ein wenig über den Klatsch, der über sie kursierte.

„Dass ihr Labormäuse seid? Haha! Die Spatzen pfeifen's von den Baumwipfeln im Wald und den Dächern in der Stadt. Sie sind der Blick und der ist doch überall. Woher denn sonst?", lachte Kasimir.

„Du weißt gar nicht, wie Recht du hast. Du tust gut daran, mich und Edelweiß nicht zu fressen, wir beide sind tatsächlich genmanipuliert."

„Und was bedeutet das? Jetzt machst du mich echt neugierig!"

„Das müsstest du noch herausfinden. Und dazu müsstest du uns tatsächlich fressen, aber wie du selbst sagtest, auf eigenes Risiko. Wir könnten für nichts garantieren, denn ich weiß auch nicht, was die Folgen wären. Die Forscher kamen damals nicht mehr dazu, das zu evaluieren. Du wärst ihnen also sogar über, wenn du zu einem Ergebnis kämst, sofern du das noch mitteilen kannst. Denn unsere Flucht vermasselte ihnen eben gerade das Experiment. Das heißt, jetzt sind wir ein laufendes Freilandexperiment. Aber, um die Welt nicht in Gefahr zu bringen, haben wir diverse Stellenangebote bei der Industrie studiert. Wir wollten Vorsorge treffen, ehe wir in die Schlagzeilen geraten, etwa: *Als die Welt den Atem anhielt* oder so ähnlich, weil wir eine grassierende und verheerende Seuche verursacht haben - schlimmer als den Gau in Tschernobyl oder den Einschlag ins World Trade Center!", erklärte Edelschwarz mit todernster Miene.

„Ihr wollt also tatsächlich wieder in die Pharmaindustrie zurück, die Krankheiten in alle Welt verkauft und damit auf unsere Kosten und dank unserer Verluste saftige Gewinne macht - und das freiwillig? Verstehe ich nicht!", fragte Kasimir mit überraschter Miene.

„Nein, nein!", lachte Edelschwarz. „Keinesfalls! Ich meine, in der Digitaltechnik spielen wir jetzt schon eine überragende Rolle. Nein, ich spreche von der Computerwelt. Da sind wir Mäuse mit unseren Qualifikationen sehr gefragt - und gut bezahlt. Wir haben Angebote aus aller Welt. Wir werden uns in den nächsten Tagen für ein passendes entscheiden", verkündete Edelschwarz, nicht ohne mächtig stolz zu sein.

„He Mann, super! Geht's nach China, Japan, Amerika? Oder vielleicht Afrika? Dort wär's ja nicht schlecht, etwas mehr Farbe täte euch Bleichmäusen ja ziemlich gut oder?", witzelte Kasimir und gleichzeitig begeistert.

Eine Weile schwiegen beide.

„Komm, wasch dir deinen stinkenden Pullover mit einem frischen Bad ab und dann klettere auf mich! Jetzt bin *ich* dein Transporter und bring dich, wohin immer du willst!", sagte Kasimir und meinte es ernst.

Edelschwarz war nun überzeugt, dass Kasimir es so meinte, wie er es sagte, im Gegensatz zum Multi, der sie und alle Versuchsmäuse nie wirklich aufgeklärt hatte, sondern sie über die Folgen stets im Ungewissen ließ. Das machen sie offenbar auch mit den Zweibeinern. Sie wusch sich, ließ sich an der warmen Sonne trocknen, während Kasimir sich auf den Boden legte und auf sie wartete. Dann bestieg Edelhaar, alias Edelschwarz den Katerbuckel, krallte sich in seinem wohligen Kaschmirfell fest und ab ging die Post. Edelweiß wird Bauklötze staunen, wenn sie sie so antraben sieht.

Und dem war auch wirklich so, als das ungewöhnliche Tandem zuhause auftauchte.

WIND UND WASSER

*I*m Morgengrauen erschien das Licht eher fahl und wollte nicht gleich die gewohnte sommerliche Helligkeit zeigen. Und als es tatsächlich heller wurde, weil die Sonne über den Horizont gestiegen war, blieb es beim Grau. Über Nacht hatte sich der Himmel zugedeckt und versperrte die Sicht zur Leuchtkugel am Himmel. Eine Störung hatten die Meteorologen angesagt. Aber wen störte das wirklich? Höchstens die Menschen, kaum aber Tiere und Pflanzen. Die Wetterlagen sind das Gesicht der Erde, das wie jenes der Menschen von verschiedenen Stimmungen und Gefühlen getragen ist und sie zum Ausdruck bringt. Sie gehören zur Dynamik des Lebens und kann kaum einer Werteskala unterworfen werden. Schlechtes Wetter, gutes Wetter, was soll das? Vollbringt die Natur mit den unterschiedlichen Wetterlagen schlechte und gute Taten? Pausenloser Sonnenschein bekäme dem Gedeihen in der Natur nicht gut. Die heißen Tage ließen die Böden zunehmend dürsten, auch wenn noch nicht im Geringsten von einer anbrechenden Dürre die Rede sein kann.

Nachtregen, der angenehme Kühlung brachte, war willkommen. Jetzt aber kündigten sich einige Tage Regen mit Gewittern an. Die Wetterpropheten sprachen aber nur von etwa drei Tagen, dann sollte der strahlende Sommer wieder zurückkehren.

„Mami, ich glaube, heute kommt es regnen. Kasimir wird bestimmt ausschlafen", beteuerte Anna beim Frühstück und die Eltern mussten lachen.

Die Teilnahme ihrer Tochter an Kasimirs Leben war bezaubernd und lustig.

„Bist du sicher? Hast du ihm keinen Regenschirm ausgehändigt, dass er mit trockener Pfote auf Mäusejagd gehen kann, he?", lachte der Vater und zwinkerte mit den Augen.

„Weißt du, Anna, Kasimir hat ein gutes Fell, das ihm erlaubt, auch im nassen Wetter draußen zu sein. Außerdem wird er bestimmt Schutz suchen, wenn es allzu drastisch für ihn wird", beschwichtigte die Mutter.

Nach dem Frühstück stieg Anna aufs Dach, um nach ihrem Liebling zu sehen. Doch der war fort. Es regnete nicht. Es war auch nicht klar, ob es so bliebe und wenn schon, wann und wie viel es regnen würde. Lokale Angelegenheit teilten die Meteorologen mit.

Kasimir scherte sich nicht um die Wetterlage. Sein Körper richtete sich nach den augenblicklichen Bedürfnissen und das hieß Futter suchen. Anna hätte ihm eine Schale Milch zum Morgengruß gebracht, wäre er noch hier gewesen.

Nach dem Mittagessen plante die Mutter mit ihr ins Kino zu gehen und anschließend einige Einkäufe zu erledigen. Kino- und Museumsbesuche, vorausgesetzt, sie stießen bei Anna auf Interesse, hoben sie sich für trübe Tage wie diesen auf. Schöne wollten sie nicht in dunklen Sälen verbringen, um drinnen zu erleben, wie es draußen war. Anna hatte sich den Film *Die Abenteuer von Pettersson und Findus,* vom alten Mann und seinem gewitzten Kater, gewünscht. Klar, Findus ist gleich Kasimir und Kasimir ist gleich Findus für Annas Phantasie. Wie sollte es auch anders sein!

„Ich glaube, heute wird es noch ein Gewitter geben", sagte auch Nina zu Max.

Sie hatte zum Fenster hinaus zum Himmel gesehen und mehrmals die Luft durch ihre Nase gesogen, als würde sie zur Zunft der *Wetterschmecker* gehören. Dann saß sie mit Max an den Tisch und sie frühstückten gemeinsam.

„Aha, du riechst es! Hast du auch den Ameisenhaufen orakelt, dass wir die Ergebnisse zweier Methoden vergleichen können?", witzelte er, gab ihr aber Recht.

Der Vortag war merklich schwüler geworden. Sehr viel Feuchtigkeit hatte sich in der Luft angereichert.

„Ich nehme sensible Pflanzen vom Balkon und lasse die Abdeckung runter, wenn die ersten Tropfen fallen", schlug Nina vor.

„Ist gut, wenn du dich darum kümmerst. Ich bin mit Peter im Gewächshaus beschäftigt und behalte den Innenhof im Auge für den Fall, dass unerwünschte Aliens dorthin fallen sollen", sagte er.

„Und wenn, was wirst du tun?", parierte sie.

„Ganz einfach, im Regen stehen lassen. Bei uns doch klein Problem! In der Schweiz hätten sie allerdings keine Chance, extraterrestrische Ausländer sind nicht toleriert und werden sofort wieder ausgeschafft", grinste Max.

„O, womit und wohin?"

„Mit dem Gripen, dem neuesten Flugzeugmodell der Swiss Army und aufs Albisgüetli, den Versammlungsort des gemeinnützigen Vereins, der sich um das Wohl Vertriebener kümmert!"

Der Sommer war fortgeschritten. Aus vier befruchteten Eiern war nach einem knappen Monat ein gesunder Nachwuchs geschlüpft. Weit aufgerissene Schnäbel hatten nach Futter gebettelt. Küken sind pausenlose Bettler und halten ihre Eltern ganz schön in Trab. Oben in den Horsten im Hochparterre war es zu dieser Zeit sehr lebendig gewesen. Die Störche wechselten sich in regulärem Schichtbetrieb mit Fütterung der Jungstörche ab. Fette Nahrung fanden sie zur Genüge im großen Umkreis der Stadt. Regenwürmer bildete meist die erste Nahrung der Brut. Nach und nach werden auch andere Kleintiere verfüttert. Sie waren erfolgreiche Jäger. Im

Nest angekommen setzte ein Geklapper mit ihren Schnäbeln ein, wobei sie Kopf und Hals weit nach hinten über den Rücken durchkrümmten. Begrüßungszeremoniell und Bestätigung, dass die richtige Familie beisammen war. Störche erkennen sich individuell unter vielen andern, wie die Pinguine unter Tausenden ihresgleichen. Nicht selten können bis zu einem Dutzend Horste auf dem gleichen Dach aufgebaut sein, so es groß genug ist.

Die Küken sind mittlerweile zu jungen, kräftigen, schwarzweißen Jungstörchen herangewachsen, die genauso viel Betriebsamkeit und nervtötende Unruhe in die Storchenfamilie hineinbringen können wie unsere Kids. Max und Nina liebten es, von Zeit zu Zeit mit dem Fernglas den Horst in ihrem Sichtbereich zu beobachten und die Aufzucht mitzuerleben. Die Jungen hatten vor einiger Zeit begonnen, spielerisch in die Luft zu springen und mit den Flügeln zu schwingen. Sie starteten ihre Flugversuche. Wenn ihre Turnübungen allzu wild wurden, flohen die Eltern meist aus dem Horst und setzten sich in Sichtweite in der Nachbarschaft ab, um ihren Kids mehr Raum zu gewähren.

„Es ist erstaunlich, dass sie eigentlich das Fliegen gar nicht lernen müssen. Sie können es einfach", staunte Max.

„Aber sie flattern doch sehr wild. Und nur langsam gelingt ihnen ein Schweben über dem Nest", wandte Nina ein.

„Ja, aber es ist nicht das Lernen, das man sieht. Die nötigen Hirnareale sind noch nicht voll entwickelt, wenn sie bereits ihre Flugübungen beginnen. Im Zuge der Schlussphase der Gehirnentwicklung verbessert sich das Ergebnis. Die Nervenverbindungen sind dann alle da. Es sind nur noch reine Übungen. Die Eltern müssen ihnen nichts beibringen. Fliegen können sie auch ohne sie, wie eine isolierte Aufzucht gezeigt hatte, als verlassene Küken gefunden und aufgepäppelt wurden. Das ist allgemein bei Vögeln so. Ebenfalls auch bei Insekten, zum Beispiel Schmetterlingen, Zikaden, Wespen, Bienen. Sie fliegen nach dem Schlüpfen aus dem Kokon sofort vollumfänglich flugfähig davon, sobald das Chitin ausgehärtet ist", erklärte Max.

Auch Anna hatte manchmal den Störchen zugeschaut, wenn sie sich nicht gerade mit Kasimir beschäftigte. Inzwischen suchten die Jungstörche mit den Eltern schon selbständig nach Nahrung. Trotzdem blieben sie im elterlichen Horst.

„Mama, glaubst du, ich dürfte mal auf ihrem Buckel mit reiten? Weißt du, nur einmal über die Stadt fliegen oder vielleicht sogar weiter!", hatte sie gefragt, als sie den schönen stolzen Vögeln nachsah, wie sie mit beeindruckenden Schwingen übers Hochparterre und manchmal auch über ihre Terrasse segelten.

„Nein, Schatz, du bist viel zu schwer für so einen Vogel, auch wenn du für uns ein Leichtgewicht bist", lachte ihre Mutter. „Da müssen wir uns doch um einen künstlichen Vogel bemühen. Hab Geduld bis nächstes Jahr! Zum Kinderfest werden wir Gelegenheit haben mit einem Heißluftballon aufzusteigen. Wer weiß, vielleicht werden uns dann die Störche begleiten, wenn sie wiederkommen", tröstete die Mutter.

„Und wohin gehen sie denn?"

„Sie fliegen nach Nordafrika und kehren im nächsten Frühling wieder zu uns zurück. Im Winter ist es ihnen zu kalt hier!"

Einmal war auch Kasimir da und guckte wie Anna zu den prächtigen weißen Vögeln hinauf, die ihm und Anna wie ein Kleinflugzeug erschienen, reckte seinen Hals, dass es einem wehtat, wenn man zusah. Sein Maul hatte er geöffnet und keckerte in die Luft. Doch es dürfte ihm klar gewesen sein, ein Storch ist wohl eine Nummer zu groß für ihn, denn er machte keine Anstalten einen von ihnen fangen zu wollen.

Anna war nach dem Frühstück auf ihr Zimmer gegangen, nachdem sie sich vergewissert hatte, dass Kasimir abwesend war. Sie guckte sich Bilderbücher an. Mutter hatte sie für den Vormittag freigestellt. Erst für den Abwasch nach dem Mittagessen würde ihre Hilfe beansprucht.

Dann nahm sie aus dem Schrank die neuen Malutensilien hervor, die sie zum diesjährigen Geburtstag geschenkt erhalten hatte. Sie hatte mehrfach gezeigt, dass das Malen ihr Freude machte. Als Mutter ihr einst ein Heft zum Ausmalen brachte, hatte sie die Tierfiguren mit viel Liebe und Sorgfalt bemalt. Dann begann sie selber zu probieren, indem sie die Figuren abzeichnete und dann bemalte. Die Eltern freuten sich an ihrem Interesse. Am liebsten stürzte sie sich auf Tierdarstellungen. Tiere waren ihre große Liebe. Ihre Gehversuche in Sachen Malen und Zeichnen waren gewiss keine Kunstwerke, aber eine genaue Betrachtung offenbarte doch, dass da zweifellos ein kleines Talent im Wachstum war. So schenkten die Eltern ihrer Tochter einen großen Farbkasten mit differenzierterer Abstufung der Farben und einen echten Zeichenblock zum Geburtstag.

Anna legte sich bäuchlings aufs Sofa, streckte ihre angewinkelten Unterschenkel in die Höhe, breitete Zeichenblock und Farbkasten aus, daneben das Bilderbuch mit Tierfotos, und begann ein ausgewähltes Portrait abzuzeichnen, um ihm nachher geeignete Farben zu verleihen.

Es war Mittag geworden, da erklang vom Gang der kleine Gong und rief die Gemeinschaft zum Mittagessen. Vater war auch schon da. Anna verließ das Zimmer und zeigte den Eltern die begonnene Arbeit. Ihnen gefiel der Fleiß, den die kleine Anna an den Tag legte, und lobten sie über das vorläufige Ergebnis.

„Meine Tochter, eine kleine Künstlerin, ich bin stolz auf dich, Schatz! Mach weiter so, solange es dir Spaß macht!", sagte der Vater, nahm sie in die Arme und liebkoste sie.

„Wenn du möchtest, gehen wir später mal in den Tiergarten, dann kannst du lebende Modelle erfassen. Es braucht nicht alles gleich schon ausgezeichnet und perfekt zu gelingen. Übung macht die Meisterin! Und wer wie du Liebe und Ausdauer in die Sache bringt, der erntet mit der Zeit auch seine Erfolge!", fügte die Mutter hinzu und streichelte ihr zärtlich über die Haare.

Nach dem Essen ging Vater wieder zur Arbeit und Anna und die Mutter verfolgten nach dem Abwasch wie vereinbart ihre Nachmittagspläne.

Das leichte Grau des Himmels verwandelte sich im Westen langsam in dunkleres Grau und später fielen die ersten Tropfen. Nina zog auf dem Balkon die Plastikplane herunter. Empfindliche Pflanzen nahm sie in die Wohnung. Nach einer Weile hörte es wieder auf, Wasser in homöopathischen Dosen auf die Orangenstadt zu sprayen. Aber ein leichter Wind blies. Trotz Bedeckung war es warm und die schwüle, feuchtigkeitsschwangere Luft lastete unangenehm auf den Lungen.

Nardi erholte sich in seinem Wigwam von seinen nächtlichen Streifzügen und Kasimir war nicht aufs Hochparterre zurückgekehrt. Er stromerte in den Parks umher und stöberte saftige Wühlmäuse auf, die er sich mit Behagen einverleibte. Der Tisch war da reich gesegnet. Auch Kitty und Miezy waren dort und kamen ebenfalls auf ihre Rechnung.

Wenig später am frühen Nachmittag fielen erneut Tropfen. Sie wurden größer und schwerer und malten schwarze Tupfer auf den grauen Asphalt, wo das vormalige Nass bereits wieder verdunstet war. In der Ferne verfärbte sich der Himmel in giftiges Gelb, als wollte es bald Schwefel regnen wie einst bei Sodoma und Gomorrha, und über der Stadt verdüsterte sich die Wolkendecke zu dunklem Grau, vereinzelt gar rabenschwarze Wattebausche eingelagert. Feine Fahnen in der Ferne, die bis zum Boden reichten, wurden zu Vorboten des eigentlichen Regens.

Windstöße pusteten Papier und Blätter in die Luft, so welche herum lagen, und ließen sie über dem Pflaster tanzen, ehe sie irgendwo an den Häuserfassaden oder sonst wo hängen blieben.

Das Laub in den Bäumen zitterte im Wind, der durch die Zweige strich. Vögel verschwanden vom Himmel und suchten sich einen sicheren Hort. Die Störche blieben einstweilen in ihren Hochsitzen.

Anna passierte mit ihrer Mutter die Kinokasse und verschwand im Saal. Viele Mütter mit ihren Kids hatten Platz genommen, doch auch Jugendliche und jung gebliebene Erwachsene waren da. Schwatzen und

Lachen erfüllte den Raum. Jung und Alt freuten sich auf die bevorstehende Unterhaltung. Kurze Zeit später griffen kleine und große Hände nach Popcorn, Eis und süßen Getränken, dann wurde es dunkel, die Geräusche erstarben und die Vorstellung begann.

Der gelbe Himmel näherte sich der Stadt. Immer wieder flackerte farbiges Licht in ihm auf. Zuerst war es stumm, dann aber hörte man nach einiger Zeit ein fernes dumpfes Grollen. Der Wind legte an Stärke zu und wischte energisch über den Asphalt. Vereinzelt schob er eine wirbelnde Staubwolke als grauen Schleier vor sich her. Das Zittern der Blätter im Park nahm zu und übertrug die Bewegungen auf die Äste, die zu schwingen begannen. Es rauschte und raschelte durch den Wald. Da und dort knallte in der Stadt ein loser Fensterladen gegen die Hausmauer, bis ein aufmerksamer Hausbewohner ihn festmachte.

Kasimir vertraute seinem dichten Fell, schließlich zählte sein Kaschmirwollfell zu den besten, schönsten und strapazierfähigsten, zur Qualität der Spitzenklasse in der Welt. Er würde bestimmt einen Unterschlupf finden, sollte die Wettersituation dramatisch werden. Er stromerte in den Quartieren mitten in der Stadt umher. Miezy und Kitty waren ihm später gefolgt. Der Duft von Getreide strömte ihnen entgegen, als sie eine offene Türe in einer Häuserfront passierten. Ein Camion war davor parkiert. Das Trio ließ sich durch den Eingang locken und huschte in den halbdunkeln Gang. Ein summender Ton wie von einem Staubsauger, der rasch näher kam, ertönte aus dem Hintergrund und gemahnte sie zur Vorsicht. Sie stoppten und drückten sich dicht an die Wand, denn ein Mann mit einem Hubstapler erschien und hielt bei den Katzen.
„He! Katzen haben hier keinen Zutritt! Marsch raus da, aber schnell, sonst mache ich Rosswürste aus jedem von euch!"
Die Angesprochenen hörten sehr wohl den drohenden Ton in der Stimme, verstanden zwar die Worte nicht, fauchten aber ebenso drohend der finsteren Gebärde des Arbeiters entgegen, der sie stirnrunzelnd anblickte und mit den Armen fuchtelte. Eine zweite Stimme meldete sich. Ein weiterer Arbeiter trat von hinten zu ihnen, um nachzusehen.
„Ach lass doch die Katzen kommen! Sie sollen mit mir ins Lager. Die werden bestimmt die Mäuse fangen, die dort ihr Unwesen treiben. Die sind effizienter als die untauglichen Fallen, die wir gestellt hatten."
„Wenn du meinst, bitte!", antwortete der Mann mit dem Stapler mürrisch und steuerte sein Gerät ins Freie, um Paletten mit Getreidesäcken zu holen.
Das Trio folgte der freundlichen Stimme und kam in ein Vorratslager mit Getreide und Mehl. Es gehörte zur Großbäckerei nebenan. Die Katzen

verteilten sich sofort im Raum und suchten nach nichtvegetarischen Gerüchen, die Jagdbeute versprachen. Sie hatten eine Karte mit den Lokalitäten und der zugehörigen Wahrscheinlichkeit von Mäuseaufkommen und ihrer Ergiebigkeit in ihren Gehirnen angelegt, wie Schatzsucher, die genaue Verzeichnisse besitzen, wo sich in den Weltmeeren Tauchgänge nach versunkenen Schätzen lohnen.

Der freundliche Mann widmete sich seiner Arbeit und das Trio der Schatzsuche. Nicht lange und Miezy hatte einen der Getreideräuber aufgespürt und ihn zu Kasimir gejagt, der wie ein Stürmer in der Nähe lauerte. Kitty schob Wache bei der Tür, um eine Flucht zu vereiteln. Sie koordinierten wie ein gut eingespieltes Fußballteam. Kasimir stürzte sich auf die Maus, trieb sie Kitty zu. Die fing sie auf wie ein tüchtiger Torhüter, packte zu und verschlang sie. Dann tauschten sie die Rollen. Kasimir und Kitty versuchten eine weitere zwischen den Säcken hervor zu scheuchen und gegen Miezy zu treiben, die am Eingang wachte. Nach einigen Passbällen von Kasimir zu Kitty und wieder zurück, gelang es schließlich, die Verfolgte in die Pfoten und am Ende ins Maul von Miezy zu befördern. Der Arbeiter war begeistert und lobte den Erfolg der lebenden Mäusefallen.

Miezy und Kitty spürten eine dritte Beute auf, die piepsend vor Angst und Schrecken in der hintersten Ecke zwischen den Säcken bebte und zitterte. Miezy fauchte und drohte nach ihr, um sie ans Licht zu zwingen. Die Maus fühlte sich derart verzweifelt in die Enge getrieben, dass sie in einem plötzlichen Fallout allein ihre Rettung sah. Sie schoss zwischen den Säcken hervor, Kitty empfing sie und trieb sie zum Ausgang. Glücklicherweise war dort kein Räuber, nur die Füße des Mannes, der das Lager verlassen wollte, um nach dem Kollegen zu sehen. Die Flüchtige stürmte zwischen den Beinen hindurch und durch die Tür in die vermeintliche Freiheit. Aber da hatte sie die Rechnung ohne Kasimir gemacht. Der hatte verborgen hinter der Tür gelauert und schoss nun blitzschnell hervor, schlug seine Krallen in die vor Überraschung Gelähmte und fraß sie.

Die Beine blieben stehen und der Arbeiter, dem sie gehörten, blickte befriedigt schmunzelnd auf den Kriegsschauplatz zu seinen Füssen. Die blutige Schlacht war zu Ende und das Trio verließ zufrieden schnurrend den Raum. Die letzte Ladung Säcke rollte gerade herein, als die Katzen ins Freie traten.

Pettersson und Findus waren strahlende Sommertage beschieden. Der temperamentvolle und quirlige Kater hielt mit seinem Schabernack den Alten dauernd in Bewegung. Die grüne und saftige Vegetation um sie lud beide ein ihr Abenteuer zu suchen. Auch ihre Hühner, die aufdringlich an den Unternehmungen der beiden teilhaben wollten, schnappten frische

Sommerluft. Sie genossen die warmen Tage in der Hochblüte der Natur. Anna und die andern Zuschauer fieberten mit und ließen sich ins Leinwandgeschehen hineinziehen.

Die Welt der Illusionen bewahrte sie wie in einer Konservendose vor dem Zugriff der gegensätzlichen Realität rund ums Kinogebäude. Diese war vom Unwettergott bestimmt, der wasserschwangere Luftmassen unbeirrt gegen die Stadt schob. Die schweren Tropfen vereinigten sich zu dichten Strähnen, die plötzlich mächtig anschwollen und über die Orangenstadt herfielen, als hätte jemand den Gashebel aufgedreht und die Wasserfontänen zur Agglomeration gesteuert. Es klatschte und prasselte wie aus einem Riesenreservoir vom Himmel. Mit Hochgeschwindigkeit war eine Gewitterzelle angerauscht. Die Abstände zwischen Blitz und Donner waren sehr schnell kürzer geworden und bald synchronisiert.

Die drei Katzen wurden auf der Straße vom Wasserfall, der jäh vom Himmel herunter stürzte, überrumpelt. Zurück ins Gebäude der Großbäckerei war nicht mehr möglich. Der Camion fuhr weg und der Eingang war verschlossen. Keine Nässe durfte ins Lager gelangen, unedlen Schimmelpilz musste verhindert werden. Die Tiere waren ausgesperrt und ihrem ungewissen Schicksal überlassen. Der Wind blies kräftig in ihr Fell und erschwerte ihr Fortkommen beträchtlich, als wären sie in einen Windkanal der Flugzeugindustrie geraten. Sie hielten sich dicht an der Hauswand, erhofften so ein wenig Schutz, aber es nutzte nichts. Sie fühlten sich wie für eine böse Tat bestraft, wo sie doch in Wirklichkeit dem Unternehmen einen unschätzbaren Dienst erwiesen hatten, und den aus freien Stücken, ohne Bezahlung. Nicht mal eine Cremeschnitte oder ein Stück Kuchen bekamen sie. Oder hatten sie sich zu schnell davon gemacht?

Nina sprang nochmals zum Balkon, um die Planen, worauf die Regengüsse wie Peitschenhiebe einschlugen, fester zu ziehen. Alle Fensterläden schloss sie gegen den Druck des Windes, der immer mehr Widerstand leistete. Es blitzte und donnerte unaufhörlich. Auf dem Pflaster flossen kleine Bäche zu den offenen Mäulern an den Straßenrändern. Der Wind legte kräftig zu. Die Bäume in den Parks und Alleen bogen sich mit flatternden Ästen und verloren schwache Zweige, die der Wind mit sich riss, bis er sie irgendwo verlor. Die gelbe Wand hatte sich in eine schwarze Wolkenbank verwandelt und verdunkelte das Tageslicht. Zuckende Blitze ließen sekundenlang taghell werden.
„Rumpelstilzchen wütet genau über uns und seine Paparazzi machen verbotene Fotos. Ich habe überall abgeschlossen, brauchst du noch Hilfe?", rief Max, als er bei ihr vorbeischaute.

„Es müsste alles sicher sein. Mir tun die Störche dort oben leid. Was meinst du, was halten die Horste aus?"

Sie zeigte auf den Giebel, wo die Storchenfamilie eng aneinander gekauert das Unwetter auszusitzen versuchte.

„Ich halte die dort oben im Auge!", antwortete Max, ebenfalls besorgt.

Der Kinosaal war gut gegen äußere Einflüsse geschützt und konnte die heile Welt der romantischen Natur im Inneren gut gegen sie verteidigen. Findus lag allein im Zelt im Garten hinter Petterssons Haus. Kein Regen und kein Gewitter machten ihm Angst, nur die Geräusche der nächtlichen Umgebung evozierten in seiner Fantasie Monstergestalten, die ihn fressen würden. Wäre sein Zelt jetzt draußen, hätte es wohl Mühe gehabt sich zu behaupten. Pettersson besaß kein sturmsicheres Biwak, das Extrembergsteiger an Felsen befestigen und darin Nächte mit Schnee und Stürmen überstehen. Aber selbst für sie gibt es keine Erfolgsgarantie. Wetterwechsel mit gewaltigen Orkanen haben schon ganze, durchaus alpen- und arktistaugliche Zelte mitsamt der Belegschaft von den Felswänden geblasen und in die Tiefe gerissen.

Es waren keine Zelte, die weggepustet wurden, aber Zweige und Äste flogen durch die Luft. Insekten, die sich festklammerten, reisten mit und landeten irgendwo. Unbeaufsichtigte Fensterläden zersplitterten beim Dauerschlag gegen die Hausmauer und verstreuten sich über den Talboden zwischen den Betongebirgen. Baumwipfel in Parks und Alleen verbeugten sich beängstigend tief. Für einige zu tief, sie brachen und krachten auf den Boden. Vögel, die in ihrem Geäst Schutz gesucht hatten, flatterten verängstigt und erschreckt davon. Der Wind wurde zum Orkan. Minutenlange Pausen zwischen den Leuchtfeuern zeigten an, dass offenbar mehrere Gewitterzellen sich gestaffelt über die Gegend schoben, als hätte ein Navigator am Steuerpult eine Kollektion von ihnen auf einem unsichtbaren dichten Highway über der Skyline in die Agglomeration dirigiert. Könnten sie denn nicht auf diversen Nebenstraßen verteilt werden, um diese Konzentration zu entschärfen?

Kasimir eilte als Rädelsführer voraus und suchte für sein Team ein Schlupfloch in der Häuserfront. Die Bewohner hatten aber zwischenzeitlich alle Türen und Kellerfenster gegen die Attacken von Wind und Regen verschlossen. Kein Durchschlupf wollte sich öffnen. Um ihr Domizil aufzusuchen, war der Weg zu weit. Sie mussten bald einen schützenden Hort finden. Miezy fiel mehr und mehr zurück. Sie war außer Atem und erschöpft. Wie lange würde sie noch durchhalten können? Kitty, robuster und stärker wie Kasimir, achtete auf sie und als sie sah, dass Miezy schlapp zu machen drohte, ging sie zu ihr und schob sie sanft von hinten voran und half ihr so vorwärts. Ihre Felle waren durchnässt und drohten ungenügenden Schutz zu gewähren. Kasimir war zu allem bereit. So schnell ließ er die Fellhaare nicht hängen. Vor dem nächsten zwar verschlossenen, aber unbewaffneten Fenster blieb er stehen und wartete auf seine Kumpel und bedeutete ihnen anzuhalten. Kasimir postierte sich vor der Scheibe auf wie seinerzeit bei seiner Begegnung mit Edelweiß und trommelte mit all seiner Kraft gegen das Glas. Nach einer Weile zeichneten sich einige Risse ab. Um sein Gesicht zu schonen, drehte er dem Fenster seine Flanke zu und warf sie schließlich gegen die Scheibe. Sie zerbarst lautstark und gab endlich den Eingang frei. Er sprang als erster rein und guckte sich um. Dann bedeutete er allen, ebenfalls ins Innere zu kommen. Gestelle an den Seiten erlaubten ihnen den freien Zugang zum Keller. Kasimir hatte sich allerdings bei seiner Übung leicht verletzt, denn er blutete ein wenig. Kitty leckte ihm die Flanke, wo eine kleine Wunde klaffte. Der Speichel entwickelt desinfizierende Wirkung, weswegen Säugetiere stets ihre Wunden lecken, bis sie abgeheilt sind.

Die Störche schwangen nervös ihre Flügel. Es war nicht zu erkennen, ob sie das tun, um sich vom Wasser frei zu schütteln oder aus Absicht wegzufliegen. Einer der Jungen wurde vom Wind erfasst und hoch gerissen. Wild schwang er die Flügel, legte sich mächtig ins Zeug, als wollte er mit dem Sturm kämpfen. Er wurde herum geworfen, gewann aber an Höhe und hielt sich erstaunlich gut. Er konnte sich behaupten. Einer nach dem andern tat dasselbe. Alle riss der Wind hoch und sie drifteten ab. Weit über den Giebeln schossen sie weg und verschwanden außer Sicht. Max und Nina hatten das Geschehen beobachtet.
„Ich hoffe, dass sie irgendwo Schutz finden. Das Landen ist schwierig bei solchen Verhältnissen. Vielleicht in einen Wald, sofern die Bäume stark genug sind und nicht unter der Wucht des Orkans zerbrechen, oder unter großen weit ausladenden Dächern", sorgte sich Max.
„Der Horst?", fragte Nina.
„Ja er läuft Gefahr weggepustet zu werden und abzustürzen. Er hat schon etwas Material verloren und ist ins Rutschen gekommen. Ich muss was unternehmen", dachte er laut.
„Was willst du tun? Du kannst jetzt nicht aufs Dach! Es ist zu gefährlich!", wehrte Nina ab.
„Wenn Peter und ich es gemeinsam wagen, geht das. Er ist ein erfahrener Bergsteiger, sturmsicher und wetterfest. Aber ich warte, bis sich der Sturm etwas beruhigt hat. Vielleicht geht das nicht lange so", beschwichtigte Max.

Dann rief er Dino an und erkundigte sich nach dem Zustand der anderen Horste in der Stadt. Sie sprachen eine Weile miteinander und Dino gab auf alle Fragen bereitwillig Auskunft.

„Was meint der Fachmann?", wollte Nina wissen.

„Dino ist mit den Biologen auf Kontrolltour. Im Normalfall sind die Störche in der Lage, Stürme in den Horsten schadlos auszusitzen. Am meisten gefährdet ist der Nachwuchs, wenn er noch keine Federn, sondern nur Flaum besitzt. Die Sterblichkeit ist dann am höchsten. Die Elterntiere nehmen sie schützend unter ihre Flügel, vorausgesetzt die Jungen sind noch klein genug. Jungstörche mit ausgewachsenem Federkleid kommen gut zurecht. Kehren die Störche aus den Winterquartieren hierher zurück, befestigen sie den alten Horst und lockern ihn etwas auf. Meist ist es derselbe, den sie schon im Vorjahr belegt hatten. Das Material ist gut verflochten und dennoch locker, sodass der Wind hindurch blasen kann. Nur in seltenen Fällen wird ein Horst weggeblasen, unbesetzte eher als belegte. Sogar kurzfristige Temperaturstürze überstehen die Vögel erstaunlich gut", rekapitulierte Max Dinos Bericht.

„Ich bewundere diese großen Vögel für ihre bemerkenswerten Leistungen. Wie machen sie das nur?", staunte Nina.

„Ja, es ist kaum selbstverständlich. Laut Dino bringen sie System in die Bauweise, indem sie die Äste und Zweige, die sie als Baumaterial verwenden, geschickt ineinander verhaken. Es muss eine Art Korbflechterei entstehen. So kann der Wind durch die Maschen strömen, clever, wo die Horste doch extrem windexponiert sind. Sie suchen das Material gezielt aus, vermeiden Unbrauchbares", setzte Max auseinander und fügte schwärmend hinzu: „Mit der Filmkamera möchte ich einmal liebend gern den ganzen Bauvorgang begleiten. Vielleicht würde Dino mitmachen."

„Klar, ergäbe ein wertvolles Dokument. Wir können immer noch eine Menge von den Tieren lernen!", teilte sie seine Begeisterung.

„Es ist manchmal sehr amüsant, wo die Störche ihre Nester anbringen. Ein Horst wurde in der Gabelung von Arm und Mast eines hohen Krans gesichtet, während er doch für einen Häuserbau noch immer in Betrieb ist. Das Amüsanteste und gleichzeitig Bedauerlichste ist dabei die Tatsache, dass die Arbeiter jeden Montagmorgen das Nest wegräumen und die Störche es infolge immer wieder aufbauen. Die ganze Saison hindurch kamen sie bis jetzt aus dem Bauen nicht hinaus, geschweige denn zum Brüten. Ein anderer Horst war zuoberst auf dem Wipfel einer hohen Tanne platziert. Die armen Tierchen müssen ja seekrank werden, wenn der Baum so richtig tief durchpendelt", ergänzte Max.

Pettersson und Findus wichen den zudringlichen Hühnern aus, die ihnen dauernd auf den Versen nachgackerten, und gingen an den großen Weiher zum Fischen. Der Alte wollte Findus seine neue Anglertechnologie vorführen. Dafür konnte das Federvieh zu ihrer Erleichterung kein Interesse aufbringen.

„Siehst du, Findus, jetzt kann ich jeden großen Fisch fangen. Mein Nachbar würde staunen, sähe er meine neueste Errungenschaft", blaffte er.

„Wow! Was für ein Monstrum ist denn das?", war Findus neugierig und hüpfte begeistert um Pettersson herum, der seine Waffe ablegte.

„Ich habe im Buch von René Gardi *Walfischjagd – Erlebnisse bei Walfängern an der norwegischen Küste* gute Zeichnungen der Harpune gefunden und dachte, eine solche könnte ich als einfache Ausführung für meine Zwecke nachbauen", erklärte er.

Er stellte ein kleines portables Gestell auf und montierte ein einfaches Rohr auf ein Drehgestell. Mit einer starken Feder, die ähnlich wie bei der Armbrust von Wilhelm Tell und anderen Schützen gespannt wird, kann ein Pfeil an einer Leine auf ein Ziel geschossen werden. Die Leine entrollt sich hinten am Rohr von einer Trommel. Ein Elektromotor rollt sie auf Knopfdruck wieder auf.

„Wie weißt du, dass ein Biest angebissen hat?", wollte Findus wissen.

„Kontrolllampe und lautes Signal zeigen an, wenn ein starker Zug an der Leine geschieht. Jetzt müssen wir nur noch den Fisch finden", erläuterte Pettersson voller Stolz.

Findus hüpfte ganz aufgeregt wie ein federnder Tennisball am Ufer entlang auf und ab, sodass er beinahe aus den Hosen sprang, und guckte angestrengt nach Fisch, während Pettersson mit der Stellage hinter ihm ging.

„Sssst!", rief Pettersson, „Da, siehst du, Findus, im Pflanzenbestand versteckt lauert ein Bursche! Und was für einer!"

Auch Findus guckte, wohin Pettersson zeigte. Er würde einen Köder ins Wasser werfen und dann im rechten Augenblick schießen. Das Wasser war kristallklar. Es herrschte das beste Anglerwetter. Findus ging ganz nah ans Wasser. Fast fiel er hinein. Klar er wollte sich einen Logenplatz sichern.

„Mami, wenn Kasim...eh...mf.. Findus rein fällt, wird er vom großen Fisch gefressen?", raunte Anna ganz besorgt der Mutter zu und neigte sich ganz nah an ihr Ohr.

„Das denke ich nicht, sei unbesorgt, Schatz! Er ist nicht so ungeschickt, dann ist ja noch Pettersson da, der kann ihm helfen, wenn es dennoch passiert", beruhigte die Mutter.

Max besprach sich mit Peter. Er war einverstanden und versprach, Bergsteigermaterial von zuhause zu holen. Später hörte man ein Auto wegfahren. Max und Nina beobachteten den Horst, der sich etwas bewegte und dann und wann Nistmaterial ausspuckte. Der Orkan hatte tatsächlich etwas an Kraft verloren, die Gewitterzellen schienen sich zu entfernen, aber der Regen peitschte noch immer unablässig auf die Dächer des Hochparterres, wo einige Fensterscheiben zerbarsten, wenn die Böen Material gegen sie schleuderten. Blumen in manchen Töpfen, die nicht in die Räume geholt wurden, wurden ausgerissen und verschwanden zwischen den Häusern.

Nina stieg in den Keller. Sensible Objekte wollte sie sicherheitshalber in Regale versorgen, sollte der Keller mit Wasser voll laufen. Die Fenster prüfte sie, ob sie dicht waren. In einigen Quartieren führten die Häuserschluchten zentimetertiefe reißende Bäche. Blätter, abgerissene Zweige und verschiedenes Schwemmgut verstopften die Mäuler an den Straßenrändern. Das Wasser staute sich zurück. Die Feuerwehr war im Dauereinsatz, denn sie musste Keller leer pumpen oder Hilfe leisten, wenn sich irgendwo ein Gefahrenpotenzial zeigte. Holz, Karton, Kisten, Früchte, Blumen, Flaschen schwammen in einigen Kellerabteilen in der braunen Brühe. Dächer waren zum Teil beschädigt. Ziegelsteine donnerten in die Tiefe. Hilfsbereite Menschen halfen bei einer provisorischen Abdeckung. Ebenso versuchten Freiwillige die Abläufe in den Straßen wieder frei zu kriegen, sodass das Wasser wieder langsam abzufließen begann.

Pettersson warf einen dicken Wurm ins Wasser in nächster Nähe vors Maul des Riesenhechtes. Der arme zappelnde Wurm wand sich verängstigt seinem Tod entgegen. Doch der Hecht blickte zwar neugierig hin, wach und alle Muskeln gespannt, um sich blitzschnell darauf zu stürzen, aber der Köder war offenbar eine Nummer zu klein, unwürdig seiner erhabenen Majestät. Er blieb, wo er war, und dem kleinen Dicken war überraschend die Freiheit geschenkt.

„Wir müssen etwas Größeres finden!", rief Pettersson.

Findus sprang wieder vor Begeisterung ganz aufgedreht umher, sodass er bald die Harpune über den Haufen warf, und zeigte dann plötzlich auf kleine Fische am Weiherrand.

„Pettersson, die da musst du fangen und als Köder hinwerfen!", rief er.

„Ja natürlich. Gut, habe ich meine alte Rute mit!"

„Darf ich fischen?", fragte Findus ganz begeistert.

„Können Kater fischen, he?", lachte der Alte. „Aber wenn du willst, meinetwegen!"

„Mami, kann Kasimir auch fischen?", mischte sich wieder Annas Stimme an Mutters Ohr ein.

„Nicht unbedingt, er geht nicht ins Wasser!"

Dann guckten sie wieder dem Fortgang des Films zu.

Peter war schnell wieder zurück. Max war entschlossen, mit ihm zusammen aufs Dach zu steigen. Der Orkan war auf Sturmstärke abgeflaut. Der Regen war nur noch schwach. Er wollte keine Zeit verlieren. Wenn die Störche wieder zurückkommen sollten, muss der Horst besser gesichert sein. Peter band ein Seil um sich und verstaute diverses Werkzeug in einen Rucksack. Max nahm ihm den ab. Sie querten die Straße und verschafften sich Zugang zum Dach. Die Plattform zum Horst war über einen Giebel gebaut. Die oberste Anwohnerin unter ihm öffnete das Dachfenster zu einem kleinen Raum, der nur als Materialkammer genutzt war. Der Wind blies trotzdem noch immer heftig genug, sodass größte Vorsicht geboten war. Peter entrollte das Seil und befestigte es innen an den Heizungsröhren. Dann nahm er den Rucksack und kletterte zum Fenster hinaus. Er hatte sich das Seil in gleicher Manier wie beim Klettern an sich festgebunden. Max hielt das Seil und sollte es langsam nachgeben. Auch er war als Sicherung für Peter angeseilt. Würde Peter fallen, war er durch Max gesichert. Das entsprach einer Zweierseilschaft mit Sicherung des einen Mannes am Haken im Felsen, während der Partner weiter kletterte.

Langsam und vorsichtig arbeitete sich Peter auf der Dachschräge zum Giebel. Eine Sicherheitsstange war über der Dachrinne angebracht worden, als die Plattform montiert wurde. Die Unterlage unter Peters Füssen war sehr glatt und glitschig und der Wind versuchte ihn vom Dach zu blasen. Er musste sich mit aller Kraft gegen ihn anstemmen. Dann erreichte er die Plattform. Der Horst hatte sich gefährlich verschoben. Immer wieder blies der Wind Material weg und einmal geradewegs Peter ins Gesicht. Glücklicherweise hatte er die Schutzbrille auf. Er sicherte sich mit einem Extraseil am Mast der Plattform und legte den Rucksack neben sich, der ebenfalls an ihn gebunden war, und holte ein Netz hervor. Er wollte es um den Horst legen, um ihn so zusammenzuhalten und an der Plattform befestigen. Die Plattform selbst war stabil, denn sie war mit dem Dachstuhl fest verbunden und hatte durch den Sturm keinen Schaden genommen. Mit dem Handy konnte er mit Max in Verbindung bleiben, der seins ebenfalls eingeschaltet hatte. Nina blieb zuhause am Fenster und beobachtete per Fernglas die Männer. Sollte etwas geschehen, könnte sie rasch Hilfe herbeirufen. Sie sah den Einsatz mit Sorge. Es gefiel ihr nicht, sie in windiger Höhe arbeiten zu sehen. Andererseits vertraute sie der Erfahrung des gestandenen Alpinisten.

Jetzt kam der schwierigere Teil. Peter legte den Rucksack wieder an, verlängerte das kleinere Seil an der Plattform und stieg ganz auf den obersten Punkt des Giebels, während er gleichzeitig das Netz um den Horst zog, dessen Anfang er befestigt hatte. Beim Abstieg hinter der Plattform wieder zum unteren Punkt glitt er aus und rutschte auf den Ziegeln gegen die Dachrinne hinunter, als wäre er auf Glatteis gestoßen. Max erschrak und ebenso Nina, die sofort einen Ausrufer von sich gab, als sie Peters Rutschpartie miterlebte.

Findus warf die Angel ins Wasser. Wieder musste ein fetter Wurm daran glauben und zitterte dem Tod entgegen. Ein kleiner Bursche hatte Mitleid mit dem zappelnden Wesen, gab ihm den Gnadenbiss und war selber prompt an der Angel. Findus rief begeistert aus und zog den Köder an Land.

„Bravo, Findus!", lobte Pettersson und nahm den Fisch sorgfältig ab.
Er gab ihn in ein kleines Becken mit Wasser. Findus hüpfte erneut ans Wasser und warf die Angel aus, nachdem er wieder aus der Büchse einen Wurm angebracht hatte. Nicht lange und schon wieder zog er einen Köder heraus.

„He, wo hast du fischen gelernt?", lachte Pettersson.

„Das liegt in meinem Blut. Ich stamme von einem Fischclan ab!", lachte Findus und gab den Fang ebenfalls ins Becken.

Jetzt hielten beide wieder Ausschau nach dem Großen. Der war ein Stück disloziert, war aber noch immer in der Nähe zwischen den grünen Wasserpflanzen. Leise platzierte Pettersson seine Kanone ans Wasser und holte das Becken.

„Findus, du musst den Köder wieder vors Maul sinken lassen! Ich gehe mit der Harpune in Bereitschaft", kommandierte er.

Jeder ging auf seinen Posten. Findus ließ den Köder fallen. Der traf schon eher den Geschmack des Großen. Mit einem mächtigen Schlag des hinteren Flossentripels schoss er mit offenem Maul auf die Beute zu und verschlang sie. Pettersson zielte auf seine Flanke und drückte ab. Der Pfeil jagte aus dem kleinen Rohr und sauste ins Wasser. Verdammt, er stoppte urplötzlich dicht am Maul des Riesenhechtes und sank dann, allen Schwung verloren, nur noch langsam ab. Zum Teufel! Was hat ihn im letzten Augenblick gehemmt?

Pettersson schimpfte laut. Findus war in die Höhe gesprungen, als er den Pfeil wegzischen sah, siegesgewiss und überzeugt von einem vollen Erfolg. In seiner Begeisterung aber gab er zu wenig aufs Gelände Acht und rutschte über die Böschung und klatschte ins Wasser. Er schrie erschrocken auf. Pettersson, der nach der Ursache der Panne forschen wollte und somit mit der Technik beschäftigt war, hatte erst auf Findus geachtet, als dieser schrie. Der Riesenhecht freute sich, dass nach der leckeren Vorspeise endlich eine beachtliche und viel versprechende Hauptmahlzeit folgte. Er schwamm schnell Richtung Ufer zu den strampelnden Beinchen. Er sperrte sein Maul zur maximalen Ausdehnung auf und war eben dabei, dieses über Findus zu stülpen und zuzuklappen. Pettersson erkannte die Gefahr rechtzeitig genug, rannte zu Findus, so schnell ihn seine alten Beine tragen konnten, und riss ihn im letzten Augenblick aus dem Wasser, vielmehr aus dem Maul, das zuschnappte, aber nur Wasser fing. Beschämt und enttäuscht schwamm der Räuber ins Unterwassergebüsch. Das war mal gut gegangen.

Anna und viele Kids hatten mit Findus mitgeschrien. Sie atmeten hörbar auf, als er von Pettersson in Sicherheit gebracht wurde. Findus schlotterte noch eine Weile, so sehr war ihm der Schreck in die Katerknochen gefahren.

„Schluss für heute, Findus! Komm, wir gehen nachhause und fangen das Loch Ness ein andermal. Die Leine hatte sich verklemmt, ich weiß nicht, was da los war. Muss die Technik überprüfen. *Du* kannst ja fischen, wenn wir normale Kaliber brauchen", schlug Pettersson vor.

Findus war einverstanden und hatte sich wieder beruhigt. Er sprang Schmetterlingen nach, die vor seiner Nase und um die schönen Blumen im Felde herum zitterten, hatte aber keine Lust eine wirklich zu fangen. Er aß ja Besseres zuhause.

„Gell, Kasimir kann bestimmt auch fischen?", ließ Anna nicht locker, ihre Mutter immer wieder mit Fragen zu bombardieren.

Und Mutter antwortete ihr geduldig, so gut sie es vermochte.

Auch Miezy hatte eine Pfote leicht verletzt. Müde und daher etwas zu wenig konzentriert hatte sie sich durch die Öffnung gequetscht und dabei einen Glassplitter erwischt. Kitty, die sie aufmerksam beaufsichtigte, konnte ihn mit ihren Zähnen heraus beißen. Die Scherben lagen auf dem Kellerboden zerstreut. Sie bevorzugten daher mit Vorteil die Gestelle zum Verweilen, wo sie sicher vor den Einflüssen des Wetters waren. Zwischen Flaschen, Gläsern und Kartons konnten sie sich verkriechen. Regengüsse und Windböen puschten in Stoßwellen durch das Loch, konnten ihnen aber nichts anhaben. Kitty pflegte Miezys leicht blutende Wunde, indem sie sie leckte. Alle drei rückten dicht aneinander, dass sie sich mit ihren Flanken berührten, gaben so einander Schutz und Wärme und signalisierten gleichzeitig ihr Zusammengehörigkeitsgefühl als gestandenes Abenteuerteam.

Das Wasser goss noch immer unaufhörlich in Strömen vom Himmel, brachte in einigen Quartieren Unrat und Schwemmgut in die Häuserschluchten, verstopfte die Abläufe und setzte die Straßen zentimetertief unter Wasser. Das Trio hatte es in ein solches Quartier verschlagen. Ein kleiner Bach floss plötzlich durch das zerbrochene Fenster, goss auf den Kellerboden und sammelte sich zu einem kleinen schmutzigen Tümpel. Kasimir kletterte auf den Holzgestellen herum. Er wollte die geografischen Gegebenheiten des Kellerabteils ermitteln. Er stellte bald fest, dass sie gefangen waren. Die Holzstreben der Trennwände aller Abteilungen waren zu engmaschig, als dass sie einen Durchschlupf ermöglichten. Auch schien der ganze Keller durch eine Tür verschlossen zu sein. Der Boden wurde immer weniger einladend. Es blieb ihnen nichts anderes übrig, als solange auszuharren, bis das Unwetter abgezogen und die Straßen ohne Schwimmwesten oder Schlauchboote benutzbar waren.

Ihr Jagdglück im Lagerraum der Großbäckerei hatte sie einstweilen mit genug Energie versorgt, sodass sie kaum von Hunger geplagt waren. Einzig von Müdigkeit und dem nassen Fell mussten sie sich erholen. Und das erhofften sie zu Recht, im trockenen Raum zu können, indem sie sich befanden.

Kasimir war bald wieder unternehmungslustig. Auch Kitty wurde schnell wieder guter Dinge, zumal die Gemeinschaft, die sie zusammen erlebten, gewiss das ihre dazu beitrug. Beide flüsterten Miezy Mut zu, die ebenfalls zusehends sich erholte und die Lebensgeister wieder zurück gewann. Kasimir sprang von Zeit zu Zeit auf den inneren Fenstersims und prüfte die Situation außer Haus. Aufs Gestell zurück, scharrte er die nassen und dreckigen Pfoten sauber, ehe er sich wieder zu seinen Freundinnen gesellte.

Geistesgegenwärtig hatte Peter beim Rutschen sein Sicherheitsseil sofort fest gezurrt, das ihn zurückhalten sollte. Max war trotz des Schreckens, der ihm in seine Knochen gefahren war, ganz konzentriert auf der Hut gewesen, hatte das große Seil ebenfalls gestrafft und sich gegen den plötzlichen Zug gestemmt. Peter konnte sich unmittelbar vor der Dachrinne abbremsen, einen Absturz übers Dach verhindern. Er hatte sich aber offensichtlich Schürfungen zugezogen. Die Hände waren zum Teil aufgerissen und schmerzten. Wäre er abgestürzt, hätte Max ihn am Seil halten müssen. Aber das Auspendeln unterhalb des Daches hätte Peter unvermeidbar gegen die Hausmauer geschleudert. Eine schwere Verletzung wäre nicht auszuschließen gewesen. Max hatte durchs Handy mitgehört. Peter hatte sein Gerät eingeschaltet um den Hals baumeln, damit die Hände frei verfügbar waren. Es war unbeschädigt. Außerdem war es in einer wasserdichten Hülle. Man konnte es auch auf Yachten mitnehmen. Der Regen konnte ihm nichts anhaben.

Peter brachte sich wieder mühsam auf die Beine und konnte endlich das Ende des Netzes ebenfalls am Horst und an der Plattform befestigen. Jetzt war das Nest seitlich eingepackt und gesichert. Er konnte zurückgehen. Dazu musste er allerdings den Giebel erneut besteigen und um die Plattform herum zum Ausgangspunkt zurückklettern. Der Wind hatte zwischenzeitlich nachgelassen und die Sturmstärke verloren. Vorsichtig und langsam, jeden seiner Tritte bemessend, kam er wieder zum Dachfenster zurück. Max hatte das Seil stets nachgespannt und war in Dauerbereitschaft. Nina hatte zur Apotheke gegriffen, als sie Hinweise auf eine mögliche Verletzung sah. Dann war sie zu den beiden hinauf gekommen.

Nina behandelte die aufgerissenen und blutenden Hände. Auch einen Teil des Unterarms war betroffen. Die Anwohnerin lud sie in ihre Wohnung ein, tischte heißen Kaffee und etwas zum Essen auf. Sie waren froh, dass nichts mehr zu befürchten war.

Die Überraschung war gelungen, wie man sich denken konnte, als die kleine Schar Zuschauer die Sauerei auf den Straßen gewahrte, nachdem sie aus der romantischen Abenteuerwelt hinaus auf die nasse Straße traten. Es war nur noch mäßig windig, aber es regnete noch schwach. Der Sturm hatte die Wolken durcheinander gebracht. Es war heller geworden, die Schwärze hatte sich verloren und blaue Löcher guckten vom Himmel, wo der Wind die Wolken auseinander getrieben hatte. Plötzlich drangen Sonnenstrahlen durch und erzeugten einen großen und prächtigen, ja sogar einen doppelten Regenbogen über die Orangenstadt.

Dennoch, manch vorwurfsvolle Blicke gingen nach oben. Wo war die Herrscherin am Himmel geblieben? Warum hatte sie den Navigator nicht Mores gelehrt? Warum hatte sie ihn nicht mit Nachdruck angewiesen, die Verkehrsregelung intelligenter anzugehen, keine Massierung auf demselben Highway zu erzeugen und damit Chaos und Schäden zu stiften, als wäre man in Zürich oder London oder Barcelona, wo das Verkehrschaos seine Stilblüten treibt? Aus 150 Millionen Kilometern Distanz ist doch für die Himmlische all diese irdische Unbill nur ein unbedeutender Klax. Doch als Trostpreis und Versöhnungsgeschenk zauberte sie ein betörendes Abendrot an den Himmel, das jedes Gemüt bezirzt, alles Übel vergessen macht und zum Glauben an die Romantik verführt, von weit stärkeren Gefühlen gefesselt und geknebelt, als Jack und Rose auf der Titanic es waren.
Und der Mond war diesmal nicht dabei, es war Neumond.

Die Mutter und Anna guckten zuhause nach der Terrasse. Glücklicherweise hatten sie nichts draußen gelassen, die Fenster in weiser Voraussicht gut verschlossen und die Läden runter gelassen. Das tat Mutter stets, wenn sie wegging und kommenden Regen witterte. Die Kontrolle in ihrem Keller ergab keine Schäden, kein Wasser war eingedrungen, ebenso wenig bei Nina und Max.

Am späten Nachmittag war das Wasser auf der Straße vor der Unterkunft der drei Katzen soweit wieder abgeflossen, dass an ein Ausbrechen aus ihrem temporären Gefängnis zu denken war. Sie wollten nicht warten, bis Noahs Turteltauben das Ende der Sintflut anzeigen kommen. Die wussten ja auch nicht um ihre Gefangenschaft, zumal Noah sich weigerte Autostopperinnen aufzunehmen. Sie wollten nur hier raus, so schnell es irgendwie gehen konnte. Auch Miezy war wieder fit genug dank Kittys professioneller Kranken- und Unfallpflege.

In der ganzen Zeit ihres Aufenthaltes in der Kellerpension hatte sich keine einzige Menschenseele gezeigt. Dennoch war Kasimir stets auf der Hut, sollten sie von einer überrascht, verfolgt und für ihr unerwünschtes Eindringen bestraft werden. Sie fühlten sich allerdings reinen Gewissens.

Sherlock Holmes, dieser dürre Kommissar, der wie eine geschrumpfte und verrunzelte Kartoffel herumschnüffelt und vorwiegend aus Hirnmasse besteht, würde bestimmt akribisch Spurensicherung betreiben.

„Watson!" würde er seinen Assistenten fragen, „Wir haben Katzenhaare am Boden und am Fensterglas gefunden. Was schließt du daraus?"

Und Watson würde antworten:

„Eine Katze hat sich am Fenster verletzt."

„Nein, du Dummkopf, eine Katze hat die Scheibe eingeschlagen und ist eingedrungen!"

Er würde der Einbrecher habhaft werden und sie unerbittlich der Polizei übergeben. Maigret aber, der füllige Kommissar mit der außerordentlichen Menschen- und Tierkenntnis, würde ruhig und gelassen die Friedenstabakpfeife rauchen und käme zur Überzeugung, dass die Vertreter der Stadtfauna schon wesentlich älter sind als die ältesten Menschen und durch die Urbanisierung dieser Region wie die Aborigines in Australien oder die Natives in Amerika marginalisiert und zu einem entwürdigenden Überlebenskampf gedrängt werden. Er würde erklären, dass der Schaden am Fenster aus Notwehr geschehen ist und keine böse Absicht im Spiel war. So zu handeln, wie sie es taten, ist das Recht eines jeden Lebewesens, wäre seine Meinung. Demzufolge seien sie unschuldig. Und diesem Urteil schloss sich das Katzentrio uneingeschränkt an.

In den Augen der Stadttiere hatten die Zweibeiner in der Orangenstadt bewiesen, dass sie über viele tolle Instrumente und Techniken verfügen, die es ihnen erlauben, Schäden an ihren Behausungen mit Leichtigkeit wieder in Ordnung zu bringen. Sie dagegen seien als Katzen ihnen gegenüber eindeutig im Nachteil. Nichtsdestotrotz fühlten sie eine ehrliche Dankbarkeit gegenüber der Stadt, die ihnen ein wunderbares Katzendasein ermöglicht. Solche Gedanken und Gefühle mögen mitgespielt haben, als sie mit Begeisterung im Lager der Bäckerei auf Mäusejagd gingen, wenn sie zugegebenermaßen auch selber Früchte ernten durften.

Dann fanden sie es an der Zeit ihren Hort zu verlassen und krochen vorsichtig durchs Fenster oder was von ihm übrig war. Niemand verletzte sich diesmal, ihre alte Körperbeherrschung und Geschicklichkeit waren wieder da. Sie trotteten durch die Pfützen und restlichen Wasserlachen, manchmal mit Dreck und Unrat gesegnet, doch sie achteten nicht darauf. Sie stromerten weiter und suchten sich über ihre Position in der Stadt im

Klaren zu werden, auch ohne GPS, das sie sich noch nicht leisten konnten, zu viele Mäuse würde sie dies kosten. Im Gegensatz zu Findus mussten sie keine Hechte oder andere gefräßige Monster fürchten, die ihnen nach dem Leben trachteten, auch keine Krokodile hatten es in die Orangenstadt geschafft. Es regnete nur noch ganz schwach und hörte schließlich ganz auf. Diese letzte Dusche jedoch reinigte erfreulicherweise ihr Fell. In Quartieren, wo das Wasser normal abfließen konnte, wurde die Wanderung angenehmer. Sie kamen an einem Park vorbei und konnten es nicht lassen, da zu jagen. Das eine oder andere Kleintier musste daran glauben.

Auf einem Gemäuer legten sie sich schließlich hin, trockneten definitiv ihr Fell und wärmten sich an der Sonne, die sich in zuvorkommender Weise wieder zeigte. Zufrieden räkelten sie sich, um alle Muskeln und den ganzen Körper zu entspannen und schnurrten dabei zufrieden.

Anna hatte Kasimirs Box untersucht und sie in Ordnung gebracht. Als sie ihn kommen sah, rannte sie auf ihn zu. Er war trocken und die Fellhaare locker wie nach einem wohltuenden Schaumbad in einer Luxussuite. Seine kleine Wunde war unsichtbar unter den Haaren verborgen. Er hielt still und wartete, bis sie bei ihm war. Dann durfte Anna ihre Beine von seiner Flanke reiben lassen. Er schnurrte zufrieden und Anna lachte und streichelte ihn über seinen wohligen Katzenbuckel. Auch Kitty und Miezy kamen und flirteten mit ihm und mit ihr. Anna ging ins Haus, holte wieder eine große Schale Milch der Grösse XL und stellte sie zu den Katzen hin. Glücklich schaute sie eine Weile zu, wie sie genüsslich tranken und dazwischen befriedigt miauten. Dann hüpfte sie ins Haus zurück.

Erst am folgenden Tag, als alles Wasser abgeflossen war, offenbarte sich, welche Schäden der Sturm an einigen Plätzen angerichtet hatte. Polizei, Feuerwehr und viele Freiwillige halfen aufzuräumen, vor allem in jenen Quartieren, wo das Wasser die Straßen und Keller überspülte. Hätte das Unwetter länger seine Passion ausgelebt, wäre der See über die Ufer getreten und die Orangenstadt wäre ein Venedig geworden. Pettersson und Findus hätten in den Häuserschluchten auf Fischfang gehen können, aber sie waren nicht entschlossen, die ländliche Romantik ihres Zuhauses gegen urbanes Dasein zu tauschen.

Max und Peter waren wieder im Gewächshaus. Der Unwetterengel war da zwar auch vorbeigezogen, ließ es aber unbeschadet.

„Glück gehabt!", meinte Peter.

„Glück gehabt!", wiederholte Max, fügte aber hinzu: „Es hat sich aber auch gelohnt, etwas in die Sicherheit für solche Fälle zu investieren."

Dann trällerte sein Handy. Dino war dran. Ein kurzer Dialog erfolgte, Max schaltete wieder ab und wandte sich an Peter.

„Dino hat angerufen. Er will mir etwas zeigen. Ich fahre zum Park. Mach du einfach weiter. Ich bin per Handy erreichbar, wenn etwas los ist."

Dino war mit Biologen der landwirtschaftlichen Forschung im Park, als Max eintraf. Sie standen vor einem umgestürzten Baum.

„Ich finde es wichtig, dass du das hier siehst", begrüßte ihn Dino und zeigte auf den Baum am Boden. „Wir untersuchen alle umgestürzten Bäume auf ihre Schäden, besonders deren Ursache steht im Fokus. Es sind nur wenige, aber die krachten nicht zufällig. Es sind teilweise kranke, geschwächte Exemplare oder von Parasiten befallene. Echt gesunde halten einiges aus. Bei vielen ist der Luftschadstoffe wegen das Wurzelwerk nicht mehr optimal, mangelnde Ernährung des Baumes ist die Folge und die Verankerung ist zu schwach, sodass solche Bäume keinen Halt mehr haben und bei starkem Wind umstürzen. Leider ist seit einiger Zeit ein neues Problem aufgetaucht: der Laubholzbockkäfer verbreitet sich schnell und befällt immer mehr Laubbäume, die ihn nicht ertragen und absterben. Es ist ein aus Asien eingeschleppter Parasit."

Die Biologen zeigten Max einen konservierten Käfer und die Spuren am Baum. Max betrachtete den Bockkäfer mit Interesse und fragte, wie dieser hierher gelangen könne.

„Er wird in der Regel mit Frachtgut, vor allem in Holzverpackungen verborgen, eingeschleppt", erklärten sie.

„Du musst unbedingt in deinem Gewächshaus Kontrollen deiner Pflanzen durchführen", forderte Dino.

„Klar, mach ich, wenn mir jemand dabei hilft, der die Sache gut kennt", war Max einverstanden.

„Wollte ich vorschlagen, dass ein Experte bei dir reinschaut und Anleitungen gibt", sagte Dino.

„Wir müssen unsere Pflanzen, vor allem die Exoten unter ihnen, untersuchen, ob sie mit dem Laubholzbockkäfer etwas am Hut haben!"

Max war wieder zurückgekehrt und saß beim Kaffee mit Nina und Peter zusammen und rapportierte.

„Wie geschieht das?", wollten Nina und Peter wissen.

„Dino schickt uns einen Sachverständigen ins Haus. Mit ihm ziehen wir die Sache durch. Der weiß, worauf zu achten ist und welche Pflanzen überhaupt in Frage kommen", teilte Max mit.

„Da hat Otto doch nicht ganz so Unrecht, wenn er Unmut über diese Ausländer motzt und bessere und effizientere Grenzkontrollen verlangt. Und wenn es Aliens sind, die den Käfer auf dem Gewissen haben, müssen wir die UFO-Leute verständigen", grinste Peter.

„Du bist auf der richtigen Spur. Dino und seine Leute sind sich einig, sie wollen tatsächlich an den Grenzen rigorose Parasitenkontrollen durchführen. Sie tüfteln Methoden aus, wie man die effizient durchführen könnte. Da gibt's die Idee von abgerichteten Spürhunden. In Österreich haben sie Erfolg mit ihnen", erklärte Max.

„Und einigen aufgespürten Käfern werden Chips oder Sender eingepflanzt, sie frei gelassen und deren Wanderungen verfolgt?", fragte Peter halb im Spaß und halb im Ernst.

„Ja warum nicht, du kannst zuhause am Computer sitzen und ihre Wege verfolgen. Verhaften und wieder ausschaffen können wir sie im Gegensatz zu menschlichen Ausländern nicht, denn sie wissen nicht, was sie tun oder?", antwortete Max und lachte.

„Tiere, die einwandern, haben mehr Freiheit das zu tun als jeder Bürger! Sie benötigen keine Papiere!", meinte Nina.

Genüsslich schlürften sie ihren Kaffee und Nina tischte einen selbst gebackenen Kuchen auf.

HERBST

So zog der Sommer dahin. Anna genoss ihre Ferien mit ihren Eltern am Meer. Sie freute sich aber auch wieder, zuhause Kasimir und all seinen und ihren Freunden zu begegnen. Überrascht war sie, als sie sah, dass Kitty, die am häufigsten mit ihm zusammen war, schwanger war. Später warf sie fünf putzige Babys. Sie bat ihre Eltern, Kitty eine Box für den herzigen Nachwuchs zur Verfügung zu stellen. Sie entsprachen ihrer Bitte.

„Gelt, Kasimir ist der Vater?", war sie überzeugt.

Das war für sie klar, dass nur dieser edle Kater solch edlen Nachwuchs zeugen kann. Mutter bejahte im Prinzip, meinte aber, mit größter Wahrscheinlichkeit sei es so, doch sicher sei es nicht, da Katzen polygam seien und er doch mit vielen Freundinnen zusammen war. Das sei halt nicht bei allen Tieren gleich wie bei Menschen. Bei vielen Vögeln und den großen Raubkatzen sei es bei einigen tatsächlich ähnlich wie bei Menschen. Die Paare blieben lebenslänglich zusammen.

Die Störche hatten nach dem Unwetter, das viele Schäden in der Orangenstadt verursacht hatte, den Horst wieder bewohnt. Doch ehe der Sommer zur Neige ging, entstand Unruhe. Die Jungstörche fieberten und flogen viele Runden über dem Horst. Anna fragte ihre Mutter, was das zu bedeuten hatte. Mutter hatte ihr erzählt, dass manche Jungtiere früher als die Eltern ins Winterquartier zögen.

„Ich glaube, Anna, es ist soweit. Beobachte sie weiter! Wahrscheinlich sind sie reisefertig und werden in den nächsten Tagen abfliegen. Nächstes Jahr kommen sie bestimmt wieder, vielleicht sogar zum gleichen Horst, sofern ihn die Eltern nicht belegen."

Auch Max hielt den Horst im Auge, um auch zu prüfen, ob sich die Reparatur bewährt hatte. Sie hatte sich. Er und Peter beabsichtigten, im Winter eine bessere Unterlage für das Nest herzurichten. Sie sollte einen gewissen Schutz bei Unwettern gewährleisten. Mit Interesse verfolgte er das Gehabe im Horst und beobachtete die bevorstehende Abreise der Jungstörche. Einige Tage später waren sie definitiv weg.

Dann begannen sich die Blätter da und dort zu verfärben, auf leisen Sohlen zog der Herbst ins Land. Den Bewohnern bot sich das jährlich wiederkehrende Schauspiel. Die ganze restliche Storchengesellschaft, vorwiegend die Elterntiere, sammelten sich zu einem großen Festzug und segelten in prächtiger Formation über die Orangenstadt hinweg und traten definitiv die Reise nach Marokko in ihre Winterquartiere an. Auch die andern Zugvögel sah man in Scharen Ade winkend und nicht selten lautstark wegziehen. Der Herbstbeginn war endgültig besiegelt.

Mit dem Wegzug der fliegenden Sommergäste und den sinkenden Temperaturen zerfielen die Wespenstaaten, die an manchen Stellen in der Orangenstadt ihre Kartonburgen bewohnten. Nun zerstreuten sich deren Insassen in der ganzen Stadt, manchmal sehr zum Ärger der Zweibeiner, die glauben, mit Armen und Händen in Dauerabwehrübungen verfallen zu müssen.

„Ich krieg Besuch!", rief Max, als eben Wespen durchs Fenster ins Gewächshaus geflogen kamen.

„Wir müssen feine Moskitonetze vor die Fenster kleben, dann bleibt dieses Gesindel draußen!", meckerte Peter und versuchte die Ankömmlinge mit einer Fliegenklatsche hinaus zu scheuchen. „Degeneriertes Volk!", rief er aus und grinste, als es ihm nicht gelingen wollte.

Max lachte nur und parierte: „Lass sie doch! Den Lebensabend wollen wir ihnen doch nicht vermiesen! Sie stechen nicht. Es ist völlig normal, dass in ihrem Lebensabschnitt allerlei Düfte sie anzulocken vermögen. Und hier kommen sie gewiss auf ihre Rechnung."

„Wenn du meinst!", zuckte Peter die Schultern und arbeitete weiter, begoss Blumen und bereitete eine Lieferung vor.

„Sprich mit ihr, wenn dir eine zu nahe fliegt und intim zu werden droht! Nicht lange geht's und sie fallen alle todmüde vom Himmel. Die Orangenstadt muss sich mit allen ihren Bewohnern, von welcher Natur auch immer sie sind, arrangieren. Außerdem macht sie das Herumfuchteln mit Armen und Beinen und Händen nur erst recht nervös. In der Regel fliegen sie von alleine weg!", beschwichtigte Max.

Eine Wespe umkreiste den Kopf von Peter, als wollte sie die Ausführungen von Max bestätigen, blieb in der Luft tänzelnd und mit schwirrenden Flügeln dicht an seinem Ohr hängen, als überlegte sie sich noch, den Gehörgang zu erkunden oder mit Peter ihren Spott zu treiben, schwebte dann langsam auf und runter, ohne den Abstand zu Peters Ohr zu verändern. Aber Sekunden später sauste sie wieder fort. Andere surrten ebenso nervös und unruhig zwischen den Pflanzen umher, um alsbald durch ein geöffnetes Fenster wieder zu verschwinden.

„Siehst du, Peter, sie halten es kaum lange aus, an der gleichen Stelle zu verharren, es drängt sie immer wieder weg! Weißt du, ich möchte kein Gitter vor den Fenstern. Insekten, die in unserem Gewächshaus ins Leben treten, sollen ungehindert den Weg hinaus in die freie Natur finden. Sehr viele unter ihnen sind Nützlinge, die wir so gerne auswildern lassen. Wir sind hier eine nicht unbedeutende Kinderstube für viele!", erläuterte Max und stieß dann doch noch auf überzeugende Zustimmung bei Peter.

Nardi bekam ein dickeres Fell. Max war wie immer um sein Wohl besorgt, wenn er zuhause ist. Aber auch er war nicht mehr allein. Eines

Tages war eine Fähe bei ihm eingezogen. Nina hatte zu Recht darauf bestanden, dass der Unterschlupf großzügig genug zu sein hat, um eine Familie zu beherbergen. Im Frühling werden putzige Welpen erscheinen.

Die Bewohner der Orangenstadt blickten voller Stolz und Freude auf die zu Ende gehende Saison zurück. Noch nie vorher kamen so viele Touristen. Die Bilderwelt in den Straßen und an den Fassaden, die schon fertig gestellt war, hatte sich weit herum gesprochen. Die Orangenstadt wurde mehr und mehr zu einem Magneten für Touristen aus aller Welt. Die Verwaltung musste außerhalb der Stadt neue Parkplätze anbieten, die sie aber unter die Erde brachte, um kein Kulturland zu verlieren. Fahrten ins Zentrum waren mit einigen Ausnahmen untersagt. Genug öffentliche Verkehrsmittel standen zur Verfügung. Die Orangenpartei und viele Sympathisanten beantragten, nach einer angemessenen Übergangsfrist nur noch Elektrofahrzeuge zuzulassen. Überraschend fand der Antrag eine beachtliche Mehrheit.
Seither fahren eine wachsende Zahl E-Busse, E-Taxis, ja sogar E-Lieferwagen und E-PWs in der Stadt. Bald dürften alle Fahrzeuge mit fossilen Brennstoffen der Vergangenheit angehören. Selbstredend waren viele neue Arbeitsplätze geschaffen worden. Das städtische EW mietete eine große Zahl an Hausdächern und bestückte sie mit Solarzellen der neuesten und effizientesten Generation und am Stadtrand war ein geothermisches Kraftwerk im Bau. Die Orangenstadt mauserte sich zu einer echten Ökostadt.

Ob das Aufwachen aus dem Dornröschenschlaf, ob die Zunahme all dieser Bemühungen, ob die Wende in eine neue soziale und ökologische Wirtschaftsweise und Gesellschaftsform auf die Einflüsse der Orangenbäume, die sich einer großen Verbreitung erfreuten, zurückzuführen waren, oder vielleicht auf die Raben, die unterhalb der Vordächer des Rathauses Nistplätze eingerichtet und offenbar mit ihrem Witz den guten Geistern zur Rückkehr verholfen hatten, von denen die Stadt so lange verlassen war, oder ob beide Einflüsse im gleichen Masse den Wandel verursacht hatten, blieb für die späteren Historiker und Chronisten bis heute eine ungelöste Frage.

ENDE

ANHANG

Ich erlaubte mir einen kleinen Gag, indem ich einige Titel aus Filmen, Büchern, Radio-oder TV-Sendungen und Liedern in den Text eingeflochten habe. Wer sie kennt, darf schmunzeln, wem sie unbekannt sind, wird es nicht bemerken, da sie organisch integriert wurden. Dagegen wurden keine Texte aus den Werken abgeschrieben.
Nachfolgend die zitierten Titel in der Reihenfolge ihres Auftretens im Text:

Per Anhalter durch die Galaxis. Roman von Douglas Adams 1998
Die Steinlaus. DVD-Sammelbox von Loriot 2007
Schneewittchen und die sieben Zwerge. Hausmärchen von Brüder Grimm, Bd.1, 1812
Das Dschungelkind. Autobiographie von Sabine Kuegler 2006
Das Dschungelbuch. Roman von Rudyard Kipling 1894
Draussen vor der Tür. Schauspiel von Wolfgang Borchert 1946
Von der unerträglichen Leichtigkeit des Seins. Roman von Milan Kundera 1984
Spiel mir das Lied vom Tod. Film von Sergio Leone 2004
Mäusejagd. Film von Gore Verbinski 1997
Memoiren einer Tochter aus gutem Hause. Roman von Simone de Beauvoir 1958
Der Gesang des Waldes. Autobiographie von Louis Sarno 1993
Der Dieb von Bagdad. Märchen aus *1001 Nacht*, ca. 8. Jh.
Sandmännchen. Gute-Nacht-Geschichten, TV-Serie
Land des Lächelns. Operette von Franz Léhar 1929
Dornröschen. Hausmärchen von Brüder Grimm, Bd. 1, 1812
Kabale und Liebe. Schauspiel von Friedrich Schiller 1783
Peter Pan. Hauptfigur in den Kindergeschichten von James Matthew Barrie 1902. Als gleichnamiges Bühnenstück von ihm 1904
Sie küssten und sie schlugen ihn. Spielfilm von François Truffaut 1959
Wächter der Nacht. Krimi von Sergej Lukianenko 2005
Die Katze auf dem heißen Blechdach. Komödie von Tennessee Williams 1955
Vom Winde verweht. Roman von Margaret Mitchell 1936
Tauben fliegen auf. Roman von Melenda Nadj Abonji 2010
Die Möwe Jonathan. Erzählung von Richard Bach 1970
Cats, Musical von Lloyd Webber 1981
Velvet Cats. Kabarettistinnen bei *Die größten Schweizer Talente*, SF 2012
Der mit dem Wolf tanzt. Film von Kevin Kostner 1990
Der zerbrochene Krug. Heinrich von Kleist 1807
Zwei Jahre Ferien. Roman von Jules Verne 1889

Alice im Wunderland. Märchen von Lewis Carroll 1865
In den Spiegel hinein. Märchen von Lewis Carroll 1872
Katzenmenschen. Film von Jaques Tourneur 1942
Die Zauberflöte. Oper von Wolfgang Mozart 1791
Rattenfänger von Hammeln. Saga, vermutlich aus dem 16. Jh.
Der letzte Samurai. Film von Edward Zwick 2003
Die Brücke am Quai. Spielfilm von David Lean 1957
Die kleine Meerjungfrau. Märchen von Hans Christian Andersen 1837
Tausend strahlende Sonnen. Roman von Khaled Hosseini 2008
Abenteuer von Tim & Struppi. Comic-Alben von Hergé ab 1929
Der gestiefelte Kater. Theaterstück von Ludwig Tieck 1797
Königliche Hoheit. Roman von Thomas Mann 1909
Winnetou I, II, III. Romane von Karl May 1893
Es geschah am helllichten Tag. Film von Ladislao Vajda 1958
Der Traum ein Leben. Schauspiel von Franz Grillparzer 1834
Und ewig singen die Wälder. Film 2004
Der Schatten des Windes. Roman von Carlos Ruiz Zafòn 2001
Rapunzel. Hausmärchen von Brüder Grimm, Bd. 1, 1812
Bonjour Tristesse. Roman von Françoise Sagan 1954
Die Elenden (Les Miserables). Roman von Victor Hugo 1862
Die Gespenster. Schauspiel von Henrik Ibsen 1881
Struwwelpeter. Geschichte von Heinrich Hoffmann 1845
Der Suppenkasper. Geschichte von Heinrich Hoffmann 1845
Wüstenblume. Autobiographie von Waris Dirie 1998
Max und Moritz. Bildergeschichte von Wilhelm Busch 1865
Nachts schlafen die Ratten doch. Erzählung von Wolfgang Borchert
1946/47
Die Ratten. Tragikomödie von Gerhart Hauptmann 1911
Unter Geiern. Abenteuerroman von Karl May 1890/1913
Die Entdeckung der Langsamkeit. Roman von Sten Nadolny, 1983
Angst essen Seele auf. Film von Reiner Werner Fassbinder 1973
Die unendliche Geschichte. Märchen von Michael Ende 1979
Hundert Jahre Einsamkeit. Gabriel Garcia Màrques 1967
Die Unverschämten. Spielfilm von François Truffaut 1957
Früchte des Zorns. Roman von John Steinbeck 1939
Früchte des Zorns. Western von John Ford 1940
Die göttliche Komödie. Dichtung von Dante 1307-1320
Freude schöner Götterfunken. Symphonie Nr. 9 von Ludwig Van
Beethoven 1815-1824
Der längste Tag. Film von B. Wicki, A. Marton und K. Annakin 1962
127 Stunden im Canyon. Erlebnisbericht von Aron Ralston 2004

Scream. Horrorfilm von Wes Craven 1996

Schreckmümpfeli. Schweizer Radio DRS1, Serie

Oh, wie schön ist Panama. Kinderbuch von Janosch 2003

Momo. Märchen von Michael Ende 1973

Die Antwort weiß nur der Wind. Song von Bob Dylan1962

Was ihr wollt. Komödie von William Shakespeare 1623

Ein Zwilling kommt selten allein. Film von Nancy Meyers 1998

Das Parfüm. Roman von Patrick Süskind 1985

Die Kammer des Schreckens. Roman von J.K. Rowling 1998

Von Mäusen und Menschen. Roman von John Steinbeck 1937

Wall-E - Der Letzte räumt die Erde auf. Trickfilm von Andrew Stanton 2008

Theo, wir fahr'n nach Lodz! Anlehnung an diesen von Vicky Leandros 1974 interpretierten Schlager. Altes Lied, vermutlich aus dem Dreißigjährigen Krieg. Im 19. Jh. Von Juden gesungen im Zuge der Industrialisierung und infolge Landflucht in die Stadt Lodz. 1914 als Soldatenlied abgewandelt.

Die Dame mit dem Hündchen. Erzählung von Anton Pawlowitsch Tschechow 1899

Karneval der Tiere. Musikstück von Camille Saint Saën 1886

Wetten, dass…? Live-Sendung ZDF ab 1981

Hans-guck-in-die-Luft. Geschichte von Heinrich Hoffmann 1845

Die Krähen fliegen abends nach Hause. Erzählung von Wolfgang Borchert 1946/47

Schlag den Raab! TV-Serie: Deutschland sucht den Superstar

Le Corbeau et le Renard. Fabel von La Fontaine 1663

Die größten Schweizer Talente. Show Schweizer Fernsehen SF1

Deutschland sucht den Superstar. Show Deutsches Fernsehen ZDF

Am Brunnen vor dem Tore. Altes Volkslied (ursprünglich: Der Lindenbaum) von Wilhelm Müller 1823

Der Sandmann. Roman von E.T.A. Hoffmann 1816

Der Sandmann. Film von Nico Hofmann 2008

Robin Hood. Film von Errol Flinn 1938, Trickfilm Walt Disney 1973

Odysseus. Romangedicht von Homer ca. 750 v.Chr. (?)

Die tollkühnen Männer in ihren fliegenden Kisten. Filmkomödie von Ken Annakin 1965

Die Vögel. Horrorfilm von Alfred Hitchcock 1963

Taubenvergiften. Lied von Georg Kreisler 1955

Aschenpudel. Hausmärchen von Brüder Grimm, Bd.1, 1812

Gesang im Feuerofen. Schauspiel von Carl Zuckmayer 1950

Der Untergang der Titanic. Film von James Cameron 1997

Bernard und Bianca - die Mäusepolizei. Trickfilm von Wolfgang Reithermann 1977
Apollo 13. Spielfilm von Ron Howard 1995
Der Geist aus der Flasche. Märchen aus *1001 Nacht*, ca. 8. Jh.
Als die Welt den Atem anhielt (AKW Tschernobyl 26.04.1986, World Trade Center USA 11.09.2001)
Der Transporter. Blockbuster von Louis Leterrier 2002
Pettersson zeltet. Bildergeschichte von Sven Nordqvist 1993
Pettersson und Findus. Alle Abenteuer auf DVD
Walfischjagd - Erlebnisse bei Walfängern an der norwegischen Küste. Buch von René Gardi 1947
Denn sie wissen nicht, was sie tun. Film von Nicholas Ray 1955
Sprich mit ihr. Spielfilm von Pedro Almodòvar 2002

Hintergründe

Geschichten in der Literatur haben oft Auslöser und Motive im Erlebten und im Beobachteten oder in offiziellen Ereignissen in der Umwelt des Autors. Anlass zur vorliegenden Erzählung gaben drei Dinge. Ich hatte Gelegenheit, in Zürich einige Jahre Unterricht zu erteilen. Die Lage des Schulzimmers gab mir Gelegenheit, einen Blick in Hinterhöfe und auf Dächer zu werfen. Die Gestaltung dieser Rückzugsgebiete, die sich oft drastisch von den grauen Straßenschluchten (wie in der Langstraße im Kreis Vier) abheben, zogen meine Aufmerksamkeit auf sich. Mich faszinierte deren Gartengestaltung. Sogar eine Hausnummer an der Langstraße zeigte einen Balkon üppig mit Blumen übersät und die Fenster ebenso als eine blühende Oase inmitten des Stadtgraus. Da gedieh in mir eine erste Idee, über diese Oase eine Geschichte zu schreiben. Ich machte mir viele Notizen.

Das zweite war insbesondere die Dächerlandschaft, die mich schon als Stadtkind beeindruckte. Im Asphaltdschungel aufgewachsen, erlebte ich sie als eigene Siedlung. Wir hatten dort oben jährlich das Feuerwerk während des Seenachtsfestes geschaut. Oben haben Menschen ihre Weekends gefeiert oder es wurden Teppiche geklopft, die Wäsche aufgehängt, die im Waschhäuschen oben auf oder gleich unter dem Ziegeldach gewaschen wurden, in einer Zeit noch, als nur mit Holz befeuerte Waschküchen existierten, noch keine Waschmaschinen und Tummler. Ich dachte an eine Geschichte mit Tieren wie Vögeln, Katzen, Hunden und eventuell auch mit Menschen.

Eine kleine Zeitungsnotiz, die über eine wahre Begebenheit berichtete, wonach eine Gruppe von Katzen ein Baby gehütet haben sollen, war der dritte Anlass. Aus einzelnen Szenen, die ich schrieb, wuchs am Ende die vorliegende Erzählung. Die Geschichte wuchs aus vielen Spontaneinfällen während des Schreibens, entwickelte sich wie von alleine und erhielt auch sukzessive eine Struktur. Das Thema *Stadtfauna* ergab sich erst während der Arbeit, war nicht schon von Anfang an da. Man beginnt mit ersten Einfällen und weiß gar nicht gleich, wohin die Sache hinausläuft. Um am Ende ist eine Erzählung da. Zuerst beabsichtigte ich nur eine Kurzgeschichte, dann wurde daraus ein ganzes Buch mit einzelnen Kapiteln.

Ich wünsche, der Leser erlebe so viel Spaß bei der Lektüre wie ich beim Schreiben und kriege ein bisschen Interesse an unseren nichtmenschlichen Mitbewohnern.

shindoro 2012

INHALT